das kochbuch

Rezepte von heute – Klassiker von morgen

Rezeptfotos:
Dirk Albrecht

Autoren:
Tanja Dusy
Volker Eggers
Christina Kempe
Martina Kittler
Christiane Kührt
Kay-Henner Menge

Kochvergnügen wie noch nie
Rezepte von heute – Klassiker von morgen

Kochen macht Spaß. Das bedeutet für uns einzusteigen ohne viel Theorie – einfach ausprobieren und experimentieren nach Geschmack, Lust und Laune.
Das Kochbuch bietet eine üppige Auswahl an bewährten Rezepten, die schon heute zu den Klassikern zählen, und es ist voller neuer Ideen, die so einfach und gut sind, dass sie das Zeug zum Klassiker von morgen haben. Denn einfache Küche kann raffiniert sein. Wenig reicht oft schon, es muss nur das Richtige sein.
Auf den nächsten Seiten stellen wir die Grundzutaten unserer Küche vor: Werkzeuge, Zutaten für den Vorrat sowie Kräuter und Gewürze. Zusätzlich sind in Info-Baukästen die wichtigsten Zutaten unserer Küche, aber auch der asiatischen und mediterranen beschrieben – Kräuter, Gewürze und andere Zutaten, mit denen Sie vielen Gerichten einen besonderen Kick geben, die Sie gegeneinander austauschen und mit denen Sie vertraute Gerichte interessant variieren können.
Mit den in den Info-Baukästen enthaltenen Informationen können Sie sofort in die sieben Rezeptkapitel einsteigen. Wir beginnen mit leckeren Snacks, dann folgen Suppen und Vorspeisen. Salate und Gemüse finden Sie im dritten Kapitel, Reis, Nudeln, Kartoffeln und Getreide im vierten. Zwei weitere Kapitel sind Fleisch und Fisch gewidmet. Desserts und Süßspeisen bilden den Abschluss.
Zur leichten Orientierung sind die Rezepte innerhalb der Kapitel unter Rubriken wie »Braten« oder »Kurz gebratenes Fleisch« zusammengefasst. Beilagen- und Getränketipps sowie Vorschläge zum Zutatentausch laden bei jedem Rezept zum Kombinieren und Experimentieren ein. Außerdem werden in jedem Kapitel klassische Grundrezepte mit Varianten vorgestellt werden, z. B. die klassischen Kartoffelklöße und ihre Variante Rucola-Gnocchi.
Wenn Sie Hilfe brauchen oder mehr wissen wollen, schlagen Sie unter »Tipps und Tricks« am Ende des Buches nach. Hier finden Sie schnell praktische, knappe Informationen, konkret auf die Rezepte bezogen.
Und nicht zuletzt erleichtern Vorschläge für Menüs und Büfetts die Planung und Vorbereitung für entspanntes Feiern mit Freunden und Familie. Wir wünschen Ihnen viel Vergnügen!

Inhalt

Das Know-how

Die Rezepte

Der Service-Teil

Kochen heute

Wie wir kochen und genießen

Es hat sich viel getan in unseren Töpfen. Wir kochen und essen heute so vielfältig und abwechslungsreich wie nie zuvor. Klassiker sind entfettet, Saucen verfeinert worden, es kommt mehr Gemüse auf den Tisch, und die Fleischportionen sind kleiner geworden. Die letzten zwei Jahrzehnte haben uns neue Lieblingszutaten wie Basilikum oder Rucola beschert und längst vergessene wie Kürbis oder Rote Bete wieder neu entdecken lassen.
Kochen und Essen spiegeln den heutigen Lebensalltag und die Bedürfnisse der Menschen wider: schnelle unkomplizierte Gerichte für Berufstätige, kleinere, leichtere Mahlzeiten für Singles oder Kleinfamilien und nicht zuletzt viele Spezialitäten aus fremden Ländern – eine Folge gestiegener Reiselust, die auch den kulinarischen Horizont ständig erweitert.
Spaghetti bolognese, Chili con carne oder Nasi Goreng waren vor 25 Jahren noch exotische Spezialitäten, heute gehören sie zum Standard. Wir essen im thailändischen Restaurant, wählen zwischen feinen Sushi-Häppchen oder Döner und Fritten im Stehimbiss. Doch sonntags lassen wir uns immer noch gerne mit klassischem Schweinebraten und Knödeln verwöhnen.
Zwei bedeutende Küchen der Welt haben den mitteleuropäischen Küchenalltag in den vergangenen Jahrzehnten besonders beeinflusst: die mediterrane und die asiatische Küche. Sie sind leicht, gesund, unkompliziert und besonders abwechslungsreich.

Pasta, Kräuter und Olivenöl – gesund schlemmen auf mediterrane Art

In der Mittelmeer-Küche, egal ob es die italienische, die spanische, die türkische, griechische oder südfranzösische ist, haben Olivenöl, Kräuter, Knoblauch, Gemüse und Fisch einen besonderen Stellenwert. Ergänzt um ein Glas Rotwein ist das eine heute auch wissenschaftlich anerkannt gesunde Mischung. Die Kreta-Küche ist zum Symbol für eine herz- und kreislaufgesunde Ernährung schlechthin geworden.
Fleisch spielt in südlichen Ländern eine geringere Rolle, ist eine kleine, aber durchaus feine Nebensächlichkeit.
Das wird am Beispiel der italienischen Menüfolge deutlich: Den Auftakt bilden Antipasti – kleine Vorspeisen wie gegartes kaltes Gemüse, Meeresfrüchte, Omeletts in Form einer Frittata oder auch ein kleiner Salat. Als »Primi Piatti« folgen Pasta oder eine Suppe. Die Fleisch- oder Fischportionen der eigentlichen Hauptgerichte, der »Secondi«, fallen eher klein aus und werden ergänzt durch Gemüsebeilagen oder Salat. Zum Dessert gibt es oft frisches Obst oder Käse.
Viele kleinere Gänge werden kombiniert. Schon die Vielfalt der kleinen Vorspeisen, Antipasti in Italien, Tapas in Spanien oder die in Griechenland und der Türkei beliebten Meze haben einen besonderen Reiz und laden zum Probieren und Naschen ein; nicht selten mit der Folge, dass statt zum Hauptgericht gleich zum Dessert übergegangen wird.

Reis, Gewürze und der Wok – die schlanke, schnelle Küche Asiens

In Indien und China hat man schon vor Jahrhunderten die positiven Wirkungen bestimmter Gewürze und Lebensmittel auf den menschlichen Organismus erkannt. Ernährung und Gesundheit werden in eine ganzheitliche Lebensvorstellung integriert.
Wie die mediterrane Küche ist auch die asiatische fett- und kalorienarm. Kleine Fleischportionen, kombiniert mit viel Gemüse und Reis, garantieren ausgezeichnete Bekömmlichkeit. Milchprodukte und tierische Fette spielen eine Nebenrolle; oft ersetzt Soja tierisches Eiweiß. Vegetarische Ernährung ist sehr verbreitet, nicht zuletzt weil Fleisch etwas Besonderes und Kostbares ist. Wichtiges Merkmal aller asiatischen Küchen ist der verschwenderische Umgang mit aromatischen Gewürzen und Kräutern. Die Palette reicht von mild, süßlich über säuerlich und herb-intensiv bis brennend scharf. Ergänzt werden die Gewürze und Kräuter durch eine Vielzahl an Mischungen und würzenden Ölen, Pasten und Saucen. Das sorgt nicht nur für äußerst viel Geschmack, sondern hat auch einen den Stoffwechsel anregenden, gesundheitsfördernden Effekt.
Nicht nur Wok-Fans lieben an Asiens Küche die schnellen und unkomplizierten Zubereitungsarten. Die Zutaten wandern meist gemeinsam in den Topf. Das spart nicht nur Zeit und Küchengeräte, sondern schont, wie beim Wokbraten oder Dämpfen, auch wertvolle Vitamine und Nährstoffe.
Klassisch strenge Menüfolgen gibt es in Asien kaum. Essen ist oft ein geselliges Ereignis. In China, Thailand, Indien oder Japan werden die verschiedensten Gerichte gleichzeitig aufgetragen. Eine große Schüssel mit Reis ist zentraler Bestandteil einer solchen Tafel, dazu gehören verschiedene Saucen und Dips. Jeder nimmt sich, worauf er Appetit hat. Oft wird die Suppe zum Schluss gereicht.

Wie wir von fremden Küchen profitieren

Es gibt also mindestens zwei wichtige Gründe, sich für die mediterrane und die asiatische Küche zu interessieren: den Genuss und die Gesundheit. Und es ist leicht, Elemente dieser Küchen in unsere gewohnte Küche zu integrieren – oft reicht schon ein Gewürz, ein Kraut oder eine andere Garmethode, um Speisen einen mediterranen Touch oder diesen besonderen Hauch von Asien zu verleihen. Es geht hier nicht um die völlige Umstellung, sondern um eine Bereicherung unserer Küche.
Wie wär's also mal mit kräftig gewürztem Kasseler mit Sauerkraut aus dem Wok oder der italienischen Rouladen-Variante mit Spinat und Schinken? So lassen sich ganz traditionellen Rezepten neue Reize abgewinnen.
Genau dazu will das Kochbuch ermuntern. Es ist eine Einladung zum Ausprobieren und Genießen.

Küchenwerkzeuge und erste Arbeitsschritte

Zum Kochen ohne Stress bedarf es einiger wesentlicher Küchenwerkzeuge und einer gewissen Planung. Es empfiehlt sich, einmal in Grundwerkzeuge von solider Qualität zu investieren – auf die würde auch ein wahrer Profikoch am allerwenigsten verzichten.

Am Start – gute Vorbereitung ist alles

Vor der praktischen Küchenarbeit steht aber erst einmal die aufmerksame Rezeptlektüre. Dann gilt es abzuchecken, ob alle Zutaten vorhanden sind und diese evtl. bereits abgewogen bereitzustellen, damit man später zwischen zwei Arbeitsschritten nicht in Hektik gerät. Hierzu braucht man **Küchenwaage** und **Messbecher**. Bevor es richtig losgeht, müssen häufig Packungen, Dosen oder Flaschen geöffnet werden. **Haushaltsschere**, **Dosenöffner** und **Flaschenöffner** liegen dazu griffbereit nebeneinander in der Schublade. Danach werden Gemüse, Salat oder Fleisch gewaschen und gesäubert. Das gewaschene Gemüse kommt zum Abtropfen in ein **Salatsieb.** Fleisch sollte kurz unter fließendem, kaltem Wasser gewaschen und trockengetupft werden, dazu am besten eine Küchenrolle griffbereit legen.

Auf die Plätze – richtig schneiden, schälen, hacken

Kartoffeln, Möhren oder Spargel müssen geschält werden. Das funktioniert am besten mit einem **Sparschäler**. Dann wird geschnippelt und gehackt. Grundlage hierfür ist ein **Küchenbrett**, möglichst hygienisch aus abwaschbarem Kunststoff. Messer gibt es in zahlreichen Varianten. Völlig ausreichend sind aber ein kurzes **Küchenmesser** (auch als Gemüsemesser im Handel) mit 5–10 cm langer Klinge zum Putzen und Schneiden von Gemüse, evtl. ein großes **Koch- oder Hackmesser** mit gebogener Klinge für Zwiebeln und Kräuter (eine mittlere Klingenlänge von 20 cm ist empfehlenswert) und ein **Fleisch- oder Filetiermesser** mit biegsamer Klinge, um Fleisch von Sehnen befreien zu können oder um Fisch zu filetieren. In Mode gekommen sind asiatische Küchenmesser mit breiter, nicht allzu langer Klinge. In Asien sind sie Allround-Messer für alle Schneide- und Hacktätigkeiten – ein wunderbares Werkzeug für alle, die damit umgehen können, aber nicht jedermanns Sache. Fleischklopfer sind heute nicht mehr zwingend nötig, und wer ab und zu Rouladen oder dünne Schnitzel zubereiten möchte, legt eine Frischhaltefolie übers Fleisch und klopft es mit dem Nudelholz. Für fein gehobeltes Gemüse und Rohkostsalate braucht es eine **Rohkostreibe**. Hier gibt es oft praktische Modelle mit austauschbaren Einsätzen zum Hobeln von feinen und groben Streifen oder Scheiben.
Eine oder mehrere **Schüsseln** aus Kunststoff, Metall oder Porzellan sind nützlich, um die vorbereiteten Zutaten aufzubewahren, aber auch, um darin Dressings, Cremes oder Teige anzurühren. Im Schrank, gleich neben den Schüsseln, sollte auch noch eine **Zitruspresse** stehen.

An die Töpfe – was man am Herd braucht

Nun lautet das Motto: Ran an die Töpfe! Die sollten möglichst aus rostfreiem Edelstahl sein. Als Grundausstattung reicht ein **großer, nicht zu niedriger Topf** mit zwei Henkeln, der sich zum Kochen mit viel Flüssigkeit (Suppen, Nudeln, Kartoffeln), zum Schmoren oder auch zum Erhitzen von Frittierfett eignet. Zwei oder drei kleine zusätzliche Töpfe reichen vollkommen. Einer davon sollte möglichst ein **Stieltopf** sein, der sich beim Rühren von Saucen oder Flüssigkeiten gut festhalten lässt. Wer schonendes Garen schätzt, sollte sich einen **Dämpfeinsatz** für einen Topf mittlerer Größe leisten oder die preiswerten Bambusdämpfkörbe, die es in Asienläden gibt. Wer häufig einen ganzen Braten schmort, dem ist über kurz oder lang die Anschaffung eines Bräters mit Deckel anzuraten. Jetzt fehlt nur noch die **Bratpfanne**: Möglichst beschichtet sollte sie sein. Gut ist, wenn sie einen etwas höheren Rand und Deckel hat, dann eignet sie sich auch zum Dünsten oder Schmoren. Damit beschichtete Pfannen nicht verkratzen, unbedingt **Kochlöffel** aus Holz oder hitzebeständigem Plastik benutzen. Zum Rühren von Flüssigkeiten braucht man einen **Schneebesen**, zum Wenden von Fleisch einen **Pfannenwender** und während sowie speziell zum Ende des Kochens eine **Schöpfkelle**, eine **Schaumkelle** und ein **Sieb** aus hitzebeständigem Stahl zum Abgießen oder Durchpassieren.

Für Könner – was den Küchenalltag erleichtert

An Elektrogeräten reicht als Grundausstattung ein **Mixer**. Mit ihm werden Saucen oder Suppen ohne viel Muskeleinsatz aufgeschlagen oder Teige angerührt. Am besten leistet man sich einen mit Pürieraufsatz zum feinen Zerkleinern und Zermusen.
Für das Garen im Ofen sind eine **Auflaufform** und eine möglichst antihaftbeschichtete **Spring- oder Quicheform** erforderlich. Ein **Backpinsel** hilft beim Ausfetten, lässt sich aber durch ein Stück zusammengeknülltes Pergamentpapier ersetzen. Damit ist man für die meisten Küchenaktionen gerüstet.
Daneben gibt es noch einige zusätzliche Helfer, die das Küchenleben leichter und schöner gestalten. Eine größere Anschaffung ist z. B. für alle Fans der Asia-Küche und als möglicher Ersatz oder Ergänzung zur Bratpfanne ein **Wok**. Hier reicht die Bandbreite vom einfachen Metallwok aus dem Asienladen bis hin zum antihaftbeschichteten Modell, integriert auf strombeheizbarer Tischplatte. Etwas weniger ins Geld geht die Anschaffung von kleineren Küchengeräten wie z. B. einem **Mörser** zum Zerdrücken von Gewürzen und Kräutern. (Notfalls kann man das aber auch mit einem Messerrücken machen oder die Gewürze in einen Gefrierbeutel geben und mit dem Nudelholz zerkleinern.) Weitere mögliche Anschaffungen sind eine **Knoblauchpresse** und ein **Zestenreißer**, mit dem man Schalenstreifen von Zitrusfrüchten gleichmäßig abzieht.
Neben allen Geräten sollten auch **Pergament** oder **Backpapier**, **Alu-** und **Klarsichtfolie** immer im Haus sein. Mit ihnen lassen sich Speisen oder Zutaten optimal schützen, abdecken und lagern. Und ein Bogen Alufolie über einem Topf, einer Backofenform oder einer Pfanne, an den Kanten gut eingeschlagen, ist ein erprobter Ersatz für einen fehlenden Deckel.

Küchenwaage
Messbecher
Haushaltsschere
Dosenöffner
Flaschenöffner
Salatsieb
Sparschäler
Küchenbrett
Küchenmesser
Kochmesser
Fleischmesser
Rohkostreibe
Schüssel
Zitruspresse
Großer Topf
Stieltopf
Bratpfanne
Kochlöffel
Schneebesen
Pfannenwender
Schöpf- und
Schaumkelle
Sieb
Mixer
Auflaufform
Quiche- oder
Springform
Backpinsel

Grundzutaten und schlaue Vorratshaltung

Das Kochbuch bietet eine Vielzahl raffinierter und trotzdem unkomplizierter Rezepte, die mit einem überschaubaren Grundvorrat nachzukochen sind.
Dazu bedarf es einiger Produkte, die eigentlich immer im Schrank oder Kühlschrank stehen sollten und die im Folgenden kurz aufgelistet sind. Hat man dann noch die Zutaten der auf den folgenden Seiten vorgestellten Baukästen zur Hand, ist man für alle Rezepte in diesem Buch bestens gerüstet und verfügt über einen soliden Grundstock für jede Menge Kochvergnügen.

Was man immer im Schrank haben sollte

Eine solide Grundausstattung beinhaltet **Salz** und **Pfeffer**. Sie geben bereits einer schlichten Tomate Würze und Pep, **Essig** und **Öl** dazu, und schon ist der Tomatensalat fertig. Eine Prise **Zucker** oder ein Löffel **Honig** und etwas **Senf** zusätzlich – und Sie haben eine wunderbare Vinaigrette. So einfach beginnt sinnvolle Vorratshaltung.
Brühe ist Grundlage von Suppen und vielen anderen Gerichten. Sie gibt außerdem Würze und ersetzt kalorienreiche Sahne oder Wein und anderen Alkohol. Wählen kann man hier zwischen gekörnter Brühe, Brühwürfeln und fertigem Fond im Glas.
Stärke oder **Mehl** braucht man zum Binden von Saucen. Beides wird in etwas kaltem Wasser gelöst und in die kochende Flüssigkeit gerührt – das klappt genauso gut wie mit einem speziellen Saucenbinder.
Ein Glas **Senf**, am besten Dijon-Senf oder wer's mag, auch körniger Senf, **Meerrettich** in Glas oder Tube, **Tomatenmark**, vielleicht noch ein Glas **Mayonnaise** und eine Flasche **Ketchup** sind prima zum Würzen und Abschmecken. Wer gern mit Alkohol kocht, sollte **Rot- und Weißwein** oder eine Flasche **Sherry** im Haus haben.
Zwiebeln und **Knoblauch** sowie eine **Zitrone** sind als unkomplizierte Würze unverzichtbar und können an einem kühlen Ort einige Zeit gelagert werden.

Was man immer im Kühlschrank haben sollte

Im Kühlschrank sind **Butter**, eine Flasche oder Packung **Milch** (kann auch als haltbare H-Milch unangebrochen außerhalb des Kühlschranks lagern) und eine 6er-Packung **Eier** bereits ein guter Grundstock.
Sahne gibt vielen Speisen einen wunderbar samtig-schmelzenden Geschmack und sollte daher nicht fehlen. **Saure Sahne**, **Schmand**, **Crème fraîche** oder die fettärmere **Crème légère** kann man im Regelfall ganz gut gegeneinander austauschen und so reicht eins davon. Wer es etwas leichter mag, ersetzt bei kalten Gerichten Sahne oder saure Sahne problemlos durch **Joghurt** (Achtung: wird er mitgekocht, gerinnt er).

Was ebenfalls nicht fehlen darf

Wer in Schrank, Keller oder Tiefkühlfach zusätzlichen Platz hat, besorgt sich noch einige Sachen, die man häufig braucht und die z. B. ganz schnell als Beilage gekocht werden können, wie etwa **Kartoffeln** (kühl und dunkel lagern), **Reis** und **Nudeln**. Auch **Konserven** sind von Vorteil, Dosentomaten sogar ein absolutes Muss. Man kann Dosen mit ganzen Tomaten, stückigen Tomaten und passierten Tomaten kaufen. Wer ganze kauft, liegt auf jeden Fall richtig, denn klein schneiden oder pürieren kann man notfalls selbst. Mais, Bohnen, Tunfisch oder andere Basiskonserven sind ebenfalls okay – hier entscheiden v. a. der persönliche Geschmack und die Häufigkeit, mit der man die Produkte verwendet, darüber, was man sich ins Regal stellt.

Was es bei frischen Produkten zu beachten gibt

Jetzt fehlen nur noch **frische Lebensmittel** wie Gemüse, Fisch und Fleisch. Die sollte man im Regelfall tatsächlich frisch kaufen, im Kühlschrank aufbewahren und möglichst schnell aufbrauchen. Oder man greift auf **Tiefkühlware** zurück. Das hat bei manchen Produkten wie Gemüse einerseits den Vorteil, dass es bereits gebrauchsfertig ist – was bei Spinat, Erbsen, Rosenkohl oder Bohnen sicher nicht zu verachten ist. Zum anderen bekommt man so auch Produkte außerhalb der Saison. Wer übrigens noch glaubt, Tiefkühlgemüse habe weniger Vitamine als frisches, der irrt. Direkt nach der Ernte zu TK-Ware verarbeitetes Gemüse enthält oft mehr Vitamine als solches, das lange im Supermarkt oder im Gemüsefach des Kühlschranks gelegen hat. Auch bei Fisch und Fleisch kann man auf Tiefkühlware zurückgreifen oder selbst das ein oder andere schöne Stück in Tiefkühlbeutel verpackt einfrieren. **Kräuter** kann man in getrockneter Form im Gewürzregal stehen haben, als fertig gekaufte TK-Ware oder frisch gehackt und in kleinen Döschen abgefüllt im Gefrierfach aufbewahren oder ganz dekorativ als Topfpflanze auf Balkon oder Fensterbrett stellen.

Mit einem solch prall gefüllten Vorrat ist man bestens gerüstet. Man braucht eigentlich keinen Schritt mehr vor die Tür zu tun, sondern kann sich sofort an den Herd stellen und anschließend ganz entspannt genießen.

Salz

Pfeffer

Essig

Öl

Zucker

Honig

Brühe

Stärke

Mehl

Senf

Meerrettich

Tomatenmark

Mayonnaise

Ketchup

Wein

Sherry

Zwiebeln

Knoblauch

Zitrone

Butter

Milch

Eier

Sahne

Saure Sahne

Schmand

Crème fraîche

Joghurt

Nudeln

Unter Nudeln oder Teigwaren versteht man hierzulande meist Eiernudeln auf Mehl- und Ei-Basis. Traditionell dienen sie als Beilage zu Fleisch oder als Suppeneinlage. Die Auswahl reicht von kleinen Spiralen und Hörnchen, dünnen Fadennudeln bis zu Bandnudeln, wobei es zu fast allen Arten auch eine Vollkornvariante gibt. Der ambitionierte Koch stellt seine Nudeln oder Spätzle selbst her.

Speziell die italienische Küche ist ohne ihre »Pasta« nicht denkbar. Im Gegensatz zu Eiernudeln wird Pasta im Regelfall nur aus Mehl und Hartweizengrieß hergestellt. Letzterer verleiht ihr den berühmten Biss, wenn man die Nudeln klassisch »al dente« kocht. Für die Entscheidung, ob dick oder dünn, gilt die Regel: Je feiner die Sauce, desto dünner die Nudel; also z. B. Tagliatelle für Sahnesaucen und Penne zu dickem Sugo mit Fleisch.

Asien gilt als Wiege der Nudel. Vorgedämpfte Mie-Weizennudeln, die nur kurz in heißem Wasser ziehen, sind bei uns leicht erhältlich sowie Glasnudeln aus Mungbohnen, Tapioka- oder Sojabohnenstärke, die durch Einweichen weich und transparent werden. Teigplatten für Frühlingsrollen und Wan-Tans gibt es frisch oder tiefgefroren im Asienladen. Wichtig beim Verarbeiten: ein feuchtes Tuch über die angebrochene Packung legen.

Reis

Reis wird je nach Form seines Korns in Langkorn-, Mittelkorn- und Rundkornreis unterschieden. Als Beilage ist Langkornreis am gebräuchlichsten. Rundkornreis eignet sich eher für Süßspeisen wie Milchreis. Alle Sorten werden sowohl in verarbeiteter Form als auch als Vollkorn- oder Naturreis angeboten. Beim »parboiled« Reis handelt es sich zwar um geschälten Reis, bei dem aber dank eines speziellen Dampfverfahrens Vitamine und Mineralstoffe erhalten bleiben.

In vielen Mittelmeerländern wird Reis angebaut. Und so gehört beispielsweise Langkornreis in die spanische Paella oder ins türkische Pilaw. Der italienische Risotto gelingt am besten mit Rundkornreis, wie z. B. Vialone- oder Arborioreis, der beim Kochen reichlich Flüssigkeit aufsaugen kann. Roter Reis aus der Camargue ist etwas für Feinschmecker: Er bleibt auch beim Kochen schön bissfest und schmeckt kräftig nussig.

Reis ist in Asien Hauptnahrungsmittel – daher die unüberschaubare Vielfalt der Sorten. Bei den meisten handelt es sich um Langkornreis. Der edelste unter ihnen ist der aromatisch duftende Basmatireis aus Indien. Geschmacklich am nächsten kommt ihm thailändischer Duft- oder Jasminreis. Für Sushi benötigt man Ketan-Reis, einen speziellen Rundkornreis, der sogar meist schon unter der Bezeichnung »Sushi-Reis« angeboten wird.

Essig

Weinessig ist die am weitesten verbreitete Essigsorte. Er wird aus reinem Weiß- oder Rotwein gewonnen. Weißweinessig passt zu milden Blattsalaten, Fisch und Geflügel, der kräftige Rotweinessig zu winterlichen Blattsalaten und Fleisch. Bei Wein-Branntweinessig handelt es sich um einen Verschnitt aus Traubenwein und Branntwein. Milder und leicht fruchtig im Geschmack ist der aus Apfelmost gewonnene Apfelessig, der ideal für Rohkost ist.

Der aus Modena stammende Aceto balsamico wird aus Trebbiano-Traubenmost hergestellt und lagert mehrere Jahre in Eichenfässern. Sein süßlich-würziges Aroma passt zu Salaten und eignet sich zum Abschmecken warmer Gerichte. Neben Balsamessig aus roten Trauben gibt es auch den aus weißen gewonnenen Aceto bianco. Spanischer Sherry-Essig hat ein leichtes Nussaroma und kommt dem Aceto geschmacklich nahe.

Reisessig aus vergorenem Reiswein ist in Asien unentbehrlich zum Aromatisieren von Sushi-Reis und süß-sauren oder scharf-sauren Gerichten. Japanischer Reisessig ist meist milder und heller als der saure chinesische. Reisessig ist in Asien- oder Bioläden erhältlich. Ein guter Ersatz für Reisessig ist Weißwein- oder Apfelessig, mit etwas Wasser verdünnt oder Aceto balsamico für den dunklen, fast schwarzen China-Reisessig.

Öl

Speziell für Salate empfiehlt sich kaltgepresstes unraffiniertes Öl, z. B. Distelöl, Kürbiskernöl oder aromatisches Walnuss- oder Haselnussöl. Zum Braten bedarf es dagegen hoch erhitzbarer Öle wie z. B. Sonnenblumen- oder Maiskeimöl. Gegenüber Butter oder Schmalz haben Öle den Vorteil, über reichlich ungesättigte gesunde Fettsäuren bei geringerem Cholesterinanteil zu verfügen.

In Mittelmeerländern wird Olivenöl vielseitig verwendet: in Salaten genauso wie zum Braten, Frittieren oder Backen. Man sollte immer – besonders in Salaten – hochwertiges Öl aus erster Pressung nehmen (»native« oder »extra vergine«). Zweitpressungen sind gut zum Kochen und Braten geeignet. Chemisch gereinigtes Öl (meist einfach als Olivenöl etikettiert) ist nicht empfehlenswert.

In Asien wird Öl in erster Linie zum Braten im Wok oder zum Frittieren verwendet und muss daher hoch erhitzbar sein. Sorten wie Soja- oder Erdnussöl erfüllen diese Anforderung problemlos. Neben normalem Sojaöl gibt es noch ein Würzöl aus gerösteten Sesamsamen, das sich nicht für hohe Temperaturen eignet. Es wird am Ende des Garvorgangs in kleinen Mengen über Speisen geträufelt.

Balsamico
PEARL RIVER BRIDGE
RED VINEGAR

Scharf

Richtige »Scharfmacher« finden sich in unserer Küche eher selten. Verbreitet sind schwarzer oder weißer Pfeffer. Sie sollten immer möglichst frisch gemahlen werden. Eine Alternative zu normalem Pfeffer sind eingelegte grüne Pfefferkörner, die einem Braten in Sahnesauce den richtigen Pep geben. Für besondere Würze sorgt Meerrettich. Frisch gerieben oder aus dem Glas schmeckt er in Salatdressings, Saucen, auf Brot oder als Sahnemeerrettich.

Rot und schön scharf sind Ajvar aus der Türkei und das nordafrikanische Harissa. Die auf Paprika basierende Gemüsepaste Ajvar schmeckt als Brotaufstrich, Dip – evtl. mit Joghurt entschärft – oder kann zum Abschmecken verwendet werden. Das brennend scharfe Harissa aus roten Chilis wird in etwas Brühe gelöst traditionell zu Couscous-Gerichten gereicht, ist aber auch zum Würzen zu gebrauchen. Es ist gut durch Sambal oelek zu ersetzen.

Schärfe ist eine Grundkomponente asiatischer Küche. Geradezu mild ist Wasabi, der japanische Meerrettich, den es als grüne Paste oder als Pulver zu kaufen gibt; er gleicht unserem Meerrettich. Schärfer sind dagegen Würzpasten auf Chilibasis. Anfänger sollten mit den indonesischen Sambals beginnen, die sich als Würze oder Dip eignen. Neben Sambal oelek gibt es noch das mildere Sambal manis mit leicht süßlicher Note.

Salzig

Salz ist unumstritten die Hauptwürze unserer Küche. Wer es aus gesundheitlichen oder geschmacklichen Gründen reduzieren will, kann auf Instant-Brühen zurückgreifen: einfach anstelle von Salz etwas körnige Brühe in kochende Flüssigkeiten einrühren oder aufgelöste konzentrierte Brühe in Salatdressings oder zu Gerichten geben. Man hat die Wahl zwischen Fleisch-, Gemüse- oder Hefebrühe, gekörnt im Glas oder als Würfel.

Natürlich spielt Salz auch im Süden eine maßgebliche Rolle im Gewürzregal, zumal in den Mittelmeerländern Meersalz mit hohem Mineralgehalt von jeher verfügbar war. Daneben sorgen aber noch einige weitere Produkte für das nötige Salz in der Suppe, z. B. in Meersalz eingelegte Kapern oder Sardellen. Gibt man sie z. B. klein gehackt in Salat-Dressings, Saucen oder andere Gerichte, wird zusätzliches Salzen meist überflüssig.

In Asien wird Salz oft durch Würzsaucen ersetzt. Sojasauce variiert je nach Herkunftsland: Die chinesische gibt es mild mit heller Farbe, die dunkle ist wesentlich salziger, würziger. Japanische »Shoyu« ist feiner und indonesische Sojasaucen (»Ketjap«) sind süßlich und dickflüssiger. Grundlage für Dips ist oft salzig-würzige Fischsauce, »Naam Plaah« (thail.) oder »Nuoc Mam« (vietn.). Ersatzweise mischt man etwas Sojasauce mit Sardellenpaste.

Sauer

Hauptsächlich Essig und Zitrone geben Salaten und vielen Speisen Saures. Zitronensaft ersetzt in Salatdressings oft den Essig, mariniert Fisch oder dient zum Abschmecken von Sahnesaucen oder Gemüsegerichten. Und hat man keine Zitrone zur Hand: inzwischen bekommt man reinen Zitronensaft im Reformhaus oder Bioladen bereits als Konzentrat in kleinen Flaschen.

Zitronen werden in vielen Mittelmeerländern frisch geerntet. Oft werden sie nur geviertelt zu gebratenem oder gegrilltem Fleisch oder Fisch oder auch zu gedünstetem Gemüse gereicht und vor dem Essen direkt darüber gepresst. Manchmal wird Zitronenschale mitgekocht oder gerieben mit Kräutern über das fertige Gericht gestreut. Für milde Säure sorgt oft trockener Weißwein, der Gerichten eine dezent säuerliche Note verleiht.

Richtig sauer wird es in Asien mit Limetten oder Tamarinde. Limettensaft oder -schale wird zum Garende als Würze zugegeben. Das klebrig braune, zu Blöcken gepresste Mark der Tamarindenfrucht muss in Wasser eingeweicht werden. Mit dem Abguss lassen sich Gerichte, v. a. Fisch und Meeresfrüchte, säuerlich-herb abschmecken. In Asienläden gibt es flüssiges Tamarindenkonzentrat, ansonsten verwendet man Limettensaft.

Süß

Die gebräuchlichste Allround-Süße liefert Zucker. An seiner Stelle wird und wurde schon früher Honig verwendet. Er ist eine gesunde Alternative, um Süßspeisen, Dressings oder herzhafte Gerichte abzuschmecken. Auch durch Zugabe von Rosinen oder Trockenfrüchten wie Aprikosen oder Pflaumen lässt sich eine leichte Süße erreichen, die zu herzhaften Gerichten wie Sauerbraten passt.

In vielen südlichen Ländern wird Honig nach wie vor dem Zucker vorgezogen. Joghurt, Obst oder Süßspeisen werden oft mit Honig und Nüssen überzogen. Trockenfrüchte, v.a. Rosinen und getrocknete Feigen, aber auch kandierte Früchte wie Melonen, Pfirsiche oder Zitronat und Orangeat sorgen ebenfalls für Süße. Sie schmecken z. B. in Eis (Cassata), Gebäck oder Milchreis.

Süßspeisen und Desserts sind in Asien weniger populär als in Europa, aber ein Hauch von Süße ist in vielen herzhaften Gerichten beliebt. Dafür wird in Südostasien häufig Palmzucker mit einem leichten Karamellgeschmack verwendet. Er ist durch braunen Rohrzucker ersetzbar. In Indien gehören süß-pikante Chutneys zu jedem Gericht oder dienen auch zum Abschmecken vieler Speisen.

Harissa
S&B
SELECTED SPICE
粉わさび
WASABI POWDER

Umhüllendes

Jedermann kennt Kohlrouladen aus Weißkohl. Aber auch Kohlsorten wie Wirsing, Spitzkohl oder Rotkohl (muss etwas länger blanchiert werden) eignen sich zum Einrollen von Hackfleisch, Reis, Gemüse u. a. Blattsalate wie Kopfsalat oder Romana-Salat kann man ebenfalls verwenden, sollte aber sanfte Garmethoden wie Dünsten oder kurze Garzeiten wählen. Blanchieren entfällt hier.

Mit Reis oder Hackfleisch gefüllte Weinblätter gibt es in Griechenland und der Türkei als Vorspeise. Auch Braten lassen sich gut mit den eingelegten Blättern umhüllen, am besten mit einer würzenden Paste bestreichen. Mangold wird in Italien und Spanien zum Einwickeln von Fleisch oder Fisch verwendet oder mit den unterschiedlichsten Füllungen zu Päckchen gerollt oder geschnürt.

Die tollste Verpackung kommt aus Japan: Dort werden Sushi einfach in Algen gehüllt. Man kann Nori-Algen als runde oder eckige Blätter, geröstet und ungeröstet kaufen. Ungeröstete werden in einer heißen Pfanne geröstet, bis sie duften; anschließend mit der Schere je nach Bedarf zurechtschneiden. Wer will, packt statt Sushi-Reis einmal eine andere Füllung wie Reis- oder Matjessalat hinein.

Getrocknetes

Früher war das Trocknen von Obst und Gemüse gängiges Mittel der Konservierung. Und manche Produkte, z. B. Pilze, entwickeln dadurch ein intensiveres Aroma. Pfifferlinge, Steinpilze und Morcheln müssen vor ihrer Verarbeitung ca. 1 Std. in Wasser eingeweicht werden. Mit Pilz-Brühwürfeln oder Extrakt lässt sich ein ähnlicher Geschmack erreichen. Beides ist in Supermärkten, Reformhaus oder Bioladen erhältlich.

Getrocknete Steinpilze sind in der französischen und italienischen Küche ebenfalls verbreitet. Und getrocknete Tomaten sind eine wunderbare Erfindung, die die ganze getankte Sommersonne der Früchte bewahrt. Meist gibt es sie schon in Öl eingelegt zu kaufen. Das häufig mit Kräutern aromatisierte Öl lässt sich zusätzlich hervorragend für Salatsaucen, für Marinaden oder zum Braten verwenden.

In Asien dienen getrocknete Pilze eher als Würze denn als Gemüse. Beliebt sind Shiitake-Pilze, auch Tongku-Pilze genannt, mit dunkelbraunem, glattem Schirm, die es inzwischen auch oft frisch gibt, und Mu-Err-Pilze. Aufgrund ihrer gekräuselten Form heißen sie auch »Wolkenohren«. Grundsätzlich gilt: Pilze ca. 20 Min. in heißem Wasser einweichen, bei Shiitake-Pilzen zusätzlich den harten, gummiartigen Stiel entfernen.

Cremiges

Für sämige Saucen oder Suppen wird meist Sahne, saure Sahne, Crème fraîche oder Schmand eingesetzt. Das schmeckt zwar toll, ist aber sehr fett- und cholesterinhaltig. Abspecken lassen sich diese Kalorienbomben, indem man sie einfach mit etwas Brühe oder fettarmer Milch mischt. Joghurt ist ebenfalls eine gute Alternative, speziell für kalte Dips und Dressings oder unter fertige warme Gerichte gerührt.

Im Süden werden Milchprodukte eher selten zum Verfeinern von Gerichten verwendet. Damit Saucen aber trotzdem eine cremige Konsistenz bekommen, rührt man z. B. in Italien gerne zerbröckelten sahnigen Käse (z. B. Gorgonzola) oder Parmesanspäne unter. Für Dips und als Beilage zu kurz gebratenem oder gegrilltem Fleisch und Fisch wird häufig eine Mayonnaise gereicht, wie z. B. Aïoli in Südfrankreich.

Viele Milchprodukte sind in Asien nicht gebräuchlich und würden im dortigen Klima schnell verderben. Dafür lassen sich mit Kokosmilch wunderbar sahnig-cremige Suppen und Saucen zaubern, was die thailändische Küche beweist. Kokosmilch ist in Dosen oder im Tetra-Pack erhältlich, in pulverisierter Form oder als Konzentrat zu Blöcken gepresst. Wer keine Kokosmilch bekommt, kann einige Esslöffel Kokosraspel verwenden.

Knuspriges

Hasel- und Walnüsse, Kürbis- und Sonnenblumenkerne gedeihen in fast ganz Nordeuropa. Sie passen fast zu jedem Gericht, egal ob über Salat, Gemüse, Obst oder einen Auflauf gestreut oder gehackt als Panade für Fleisch oder Fisch. Mehr Aroma bekommen sie, wenn man sie in einer Pfanne röstet; einfach ohne Fett oder mit etwas Öl, Salz und Gewürzen wie Curry oder mit Zucker und Zimt.

Das Mittelmeer kennt vor allem Mandeln, Pinienkerne und Pistazien, die ebenfalls zur Abrundung vieler Gerichte dienen. Pinienkerne sind Bestandteil des italienischen Pesto, und in Spanien schätzt man eine dem Pesto ähnliche Sauce aus gemahlenen, gerösteten Mandeln, pürierter Tomate und etwas Öl und Essig zu Fleisch und Fisch. In dieser Art lassen sich immer wieder neue Saucenvarianten kreieren.

Mit Cashewkernen, Erdnüssen, Kokosnussraspeln und Sesamsamen wird in Asien geknuspert. In Japan rundet »Gomasio«, eine Streuwürze aus gemahlenem, geröstetem Sesam und Meersalz, Speisen ab. Man erhält sie in Asien-, Bioläden oder Reformhäusern. Solche Würzmischungen kann man selbst aus gemahlenen Nüssen – pur oder geröstet – mit Kräutern und Gewürzen herstellen.

CHAOKOH
COCONUT MILK
LAIT DE COCO
Net Cont : 400 mL (13.5 fl oz)
Contenance : 400 mL (13.5 fl oz)

Petersilie

Das beliebteste Kraut in Deutschlands Küchen gibt es mit glatten und krausen Blättchen. Glatte Petersilie ist intensiver im Geschmack, krause vor allem als Deko beliebt. Beide Sorten schmecken in Quark oder Frischkäse, zu Kartoffeln, Salaten, Suppen und Gemüse. Petersilie lässt sich gut mitkochen, ohne allzu viel an Geschmack zu verlieren, sollte aber immer nur als frisches Kraut verwendet werden, notfalls tiefgefroren.

Schnittlauch

Schnittlauch erinnert geschmacklich leicht an Zwiebeln, ist aber wesentlich milder. Frisch in Röllchen geschnitten passt Schnittlauch besonders zu Quark, Salaten, Eiern und kalten Saucen. Er sollte immer frisch verwendet werden. Für einen kleinen Vorrat eignet sich daher ein Töpfchen auf Balkon oder Fensterbank. Würzige Alternative zu Schnittlauch ist der intensivere Schnittknoblauch, den die asiatische Küche kennt.

Dill

Die feingefiederten Blättchen mit dem leicht an Anis erinnernden Aroma sind vor allem in kühleren Ländern als Küchengewürz beliebt, im Mittelmeerraum dagegen eher unbekannt. Neben der klassischen Kombination mit Gurke oder Fisch passt Dill zu vielen Salaten, Gemüsen und Kartoffeln und harmoniert gut mit Petersilie. Keine gute Kombination: Dill und Knoblauch oder Olivenöl. Frische oder tiefgefrorene Blättchen verwenden.

Kerbel

Kerbel sieht glatter Petersilie ähnlich, allerdings mit viel feineren Blättchen. Das typische Frühlingskraut ist klassischer Bestandteil der Frankfurter Sauce und schmeckt hervorragend in Sahnesaucen, Salatsaucen auf Joghurtbasis oder zu Fisch. Getrockneter Kerbel besitzt kaum Aroma. Frischen gibt es vor allem im Frühjahr. Er lässt sich ganz leicht selbst im Topf ziehen.

Estragon

Man schätzt ihn vor allem in Frankreich und in Osteuropa. So ist eine bestimmte Estragonart auch als »Russischer Estragon« auf dem Markt. Er gehört klassischerweise in die Sauce béarnaise und schmeckt hervorragend in Fisch- und Geflügelgerichten und Gemüse; in Kombination mit Senf ein ganz besonderes Geschmackserlebnis. Da Estragon sehr intensiv würzt, braucht man wenig, sollte aber immer frische Blätter verwenden.

Bohnenkraut

Es wäre schade, seinen pfeffrigen, intensiven Geschmack nur an Bohnen zu verschwenden. Bohnenkraut passt zu vielen Hülsenfrüchten und Gemüsen. Im Gegensatz zu anderen Gewürzen entfaltet es sein volles Aroma erst bei langem Kochen und schmeckt auch in getrockneter Form sehr ausgeprägt. Daher immer die ganzen Stängel mitkochen und erst kurz vor dem Servieren entfernen.

Lorbeer

Lorbeer kennt man meist in getrockneter Form. Die ledrigen, dicken Blätter würzen intensiv herb und leicht bitter, sodass selten mehr als ein Blatt in einem Gericht verwendet werden muss; in Suppen oder Fonds einfach mitkochen und am Ende entfernen. Ansonsten eignen sich die Lorbeerblätter besonders für Fleisch- und speziell für Wildmarinaden.

Muskatnuss

Wer sie nur zum Würzen von heller Sauce zum Blumenkohl kennt, verpasst was. Muskatnuss, die man möglichst immer frisch reiben sollte, schmeckt sehr gut zu vielen Gemüsen, Fisch und Fleisch, aber auch zu Backwaren. Trocken gelagert halten sich die Nüsse mehrere Jahre, ohne allzu sehr an Geschmack zu verlieren.

Nelken

Sie eignen sich mit ihrem würzig-scharfen Aroma zum Würzen von Herzhaftem wie auch von Süßspeisen. Ganze Nelken werden gern in Bratenmarinaden, Schmorgerichten oder Suppen mitgekocht. Das Pulver eignet sich gut zum Backen, für süße Aufläufe oder zum Abschmecken von dunklem Fleisch oder Gemüse, z. B. Rotkohl. Allerdings immer sparsam verwenden: Nelken würzen sehr intensiv.

Kümmel

Er gilt als typisch deutsches Gewürz. Er gibt Eintöpfen, Kohlgerichten und speziell Sauerkraut nicht nur ein kräftiges Aroma, sondern wirkt hier mit seinen ätherischen Ölen verdauungsfördernd. Am besten die ganzen Körner mitkochen oder frisch im Mörser zerstoßen. Ganzer Kümmel ist lange haltbar, bereits gemahlener verliert in der Regel schnell an Aroma.

Zimt

Die süßlich bis angenehm brennend schmeckende Rinde kann man im Ganzen als Stange oder gemahlen verwenden. Stangen einfach in Kompotten oder auch Fleischgerichten mitkochen, das Pulver zum Würzen von Backwaren, Süßspeisen etc. verwenden. Leider verliert Zimt oft sehr schnell an Geschmack, deshalb nur einen kleinen Vorrat anlegen.

Vanille

Wurde lange ausschließlich für Süßspeisen benutzt, in jüngster Zeit aber auch in Verbindung mit Fisch und Geflügel, in Salatsaucen oder Gemüse. Schoten aufritzen, auskratzen und Mark und Schote mitkochen. Für Süßspeisen eignet sich Vanillezucker als Ersatz. Der lässt sich auch gut selbst herstellen: Ausgekratzte Schale in ein Glas mit Zucker geben und durchziehen lassen.

Basilikum

Klassisch in Kombination mit Tomate – aber es gibt kaum ein Gericht, zu dem Basilikum nicht passt. Nie mitkochen, sondern immer über das fertige Gericht streuen. Basilikum gibt es inzwischen ganzjährig im Bund oder Topf zu kaufen. In ein feuchtes Tuch eingeschlagen halten sich die Stängel 2–3 Tage im Kühlschrank; eingefroren verliert Basilikum an Aroma. Rotes oder Thai-Basilikum erweitert heute das Geschmacksspektrum.

Thymian

Sein herber Geschmack passt besonders gut zu Fleisch-, Gemüse- und Kartoffelgerichten. Zum Verarbeiten die kleinen Blättchen von den holzigen Stielen streifen oder die ganzen Stiele mitkochen und nach Garende entfernen. Thymian lässt sich gut trocknen und würzt dann sogar noch intensiver. Auf Märkten und in Gärtnereien bekommt man ab und zu auch Zitronenthymian im Topf, der schön mit Fisch und Geflügel harmoniert.

Majoran + Oregano

Majoran, das typische Wurstgewürz, schmeckt besonders zu Bratkartoffeln, deftigen Eintöpfen und fettem Fleisch. Frischen Majoran erst zum Schluss zugeben, getrockneter kann gut mitkochen. Oregano ist eine wilde, südliche Variante des Majoran. Mit ihm lassen sich Tomatensauce und Pizza stilecht würzen. Ob frisch oder getrocknet, er entfaltet sein volles Aroma beim Kochen.

Salbei

Die samtig-silbrigen Blätter haben einen herben, leicht bitteren Geschmack und sollten daher sparsam verwendet werden. Einfach nur in Butter knusprig gebraten schmeckt Salbei hervorragend zu Pasta und als Gewürz besonders gut zu Fisch oder Braten. Getrockneter Salbei reicht geschmacklich kaum an frischen heran. Zum Aufbewahren frische Blättchen besser einzeln mit Olivenöl bestreichen, in Alufolie legen und einfrieren.

Rosmarin

Unverwechselbar durch seine tannenartigen spitzen Nadeln und den intensiven Geschmack. Passt hervorragend zu gegrilltem Fleisch oder Braten. Dazu die Nadeln von den Stielen zupfen und fein hacken oder die ganzen Zweige zum Würzen zugeben. Getrocknet verliert Rosmarin leider viel an Geschmack. Ein schönes Würzöl erhält man, wenn man 2–3 frische Zweige in 1/2 Liter Olivenöl einlegt.

Minze

Minze schmeckt nicht nur als Tee. In Griechenland, der Türkei und Nordafrika schätzt man Minze als erfrischendes Gewürz in vielen deftigen Speisen, hierzulande hat man Minze zunächst eher für den Dessertbereich entdeckt. Da es viele unterschiedliche Minzarten gibt, sollte man immer erst testen, wie intensiv sie schmeckt. Frische Blättchen lassen sich oft durch getrocknete ersetzen.

Kräuter der Provence

Wer schnell eine mediterrane Würze braucht, sollte auf diese Kräutermischung zurückgreifen. Sie setzt sich aus getrocknetem Thymian, Rosmarin, Oregano, Bohnenkraut und je nach Mischung weiteren südländischen Kräutern wie Lavendel, Fenchel, zerdrückten Lorbeerblättern sowie geriebener Orangenschale zusammen. Mit Öl gemischt, kann man damit Fleisch und Fisch marinieren oder Gemüse würzen, wie z. B. Ratatouille.

Knoblauch

Die Knolle steht für Süden pur. Mit ihr lassen sich fast alle Gerichte – bis auf Süßspeisen – würzen, allerdings sparsam, so jedenfalls lautet die Devise. Wer den intensiven Geschmack nicht mag, der sollte es einmal mit dem frischen, noch sehr milden Frühjahrsknoblauch versuchen. Knoblauchfreunde können dagegen auch mal geräucherte Knollen probieren, die einen ganz besonderen Geschmack besitzen und lange haltbar sind.

Safran

Die getrockneten Stempelfäden einer Krokusart sind das teuerste Gewürz. Die orangeroten Fäden und das gemahlene Pulver färben intensiv gelb und schmecken leicht bitter. Safran ist ein typisches Gewürz für Paella und Risotto milanese, passt aber auch zu vielen anderen Gerichten. Safran wird mit wenig heißem Wasser übergossen und samt Wasser weiterverarbeitet.

Paprikapulver + Cayennepfeffer

Beides wird aus getrockneten Gewürzschoten gewonnen, nicht aus Gemüsepaprika. Der matt rote Cayennepfeffer ist brennend scharf. Paprikapulver gibt es in unterschiedlichen Schärfegraden: fruchtig-süßlich unter der Bezeichnung »edelsüß« oder »delikatess«, brennend-scharf als »Rosenpaprika«. Beide Gewürze nie mitkochen, sie werden bitter.

Pesto

Die Würz- und Pastasauce aus Basilikum, Nüssen, Käse und Öl wird inzwischen in verschiedenen Varianten angeboten: klassisch grün als »Pesto verde« oder »Pesto genovese« oder rot als »Pesto rosso« mit getrockneten Tomaten. Die Mischungen variieren je nach Hersteller. Angebrochenes Pesto mit einer Schicht Olivenöl bedecken und im Kühlschrank aufbewahren. Es hält so einige Wochen.

Tapenade

Diese Spezialität aus der Provence ist eine Paste auf Olivengrundlage, die je nach Sorte mit Kräutern, Sardellen und Olivenöl abgeschmeckt wird. Ein hervorragender Dip oder Aufstrich für Röstbrot, eine schnelle Füllung für Fleisch und Fisch oder ein würziger Ersatz für Oliven in vielen Gerichten; gibt es aus grünen oder schwarzen Oliven in Gläsern abgefüllt im Supermarkt zu kaufen.

SAFRAN

Kaffir-Limettenblätter

Die in der Thai-Küche beliebten Blätter gibt es frisch oder tiefgefroren im Asienladen. Sie werden in ganz feine Streifen geschnitten (dazu dicke Blattrippe herausschneiden) oder im Ganzen mitgekocht und vor dem Essen entfernt. Nicht aufgebrauchte Blätter lassen sich gut einfrieren. Limetten- oder Zitronensaft sind als Ersatz weniger geeignet, eher sind sie durch Zitronengras zu ersetzen.

Zitronengras

Das zitronig duftende Gras gibt es im Asienladen frisch, getrocknet oder in pulverisierter Form unter dem Namen »Sereh«. Bei frischem Zitronengras werden äußere Blätter und Wurzelansatz entfernt. Damit es sein Aroma voll entfaltet, drückt man die (evtl. in Stücke geschnittene) Staude leicht an. In Papier eingeschlagen hält Zitronengras zwei Wochen im Kühlschrank, klein geschnitten kann man es in Plastikdöschen einfrieren.

Koriander

Koriandergrün gibt es als Bund im Asienladen oder im Topf im Supermarkt. Es lässt sich auch aus Korianderkörnern in Blumentöpfen ziehen. Die zarten Blättchen dürfen nicht mitgekocht werden, sondern werden über das fertige Gericht gestreut. Wer Koriander nicht mag, ersetzt ihn durch glatte Petersilie. Ganze oder gemahlene Korianderkörner würzen leicht süßlich mit orangenartigem Aroma.

Thai-Basilikum

Bei dem im Asienladen als Thai-Basilikum angebotenen »Bai horapha« handelt es sich um ein rotstieliges Kraut mit grünen Blättern. Sein anisartiger, süßlicher Geschmack entfaltet sich am besten, wenn es grob zerzupft unter gekochte Speisen gemischt wird. In ein feuchtes Tuch eingeschlagen hält sich Thai-Basilikum 2–3 Tage im Kühlschrank. Auf Märkten wird es oft im Topf angeboten. Ersatz: notfalls normales Basilikum.

Chilis

Ob grün oder rot, frisch oder getrocknet – als Faustregel für Chilischoten gilt: je kleiner desto schärfer. Entschärft werden sie, indem man Kerne und Innenwände mit einem Messer herausschneidet (Gummihandschuhe benutzen!). Frische Schoten im Gemüsefach des Kühlschranks aufbewahren oder an luftigem Ort trocknen. Anstelle der frischen Schoten sparsam getrocknete oder Chilisauce (z. B. auch süß-saure) oder Tabasco verwenden.

Ingwer

Frische Ingwerwurzeln und Ingwerpulver gibt's in jedem Supermarkt. Die Wurzeln sollten prall und fest, nie schrumplig sein. In Zeitungspapier gewickelt halten sie ca. zwei Wochen im Gemüsefach des Kühlschranks. Ingwerprodukte für den Vorrat und guter Ersatz sind kandierter Ingwer (für Süßspeisen), in Sirup eingelegter Ingwer (»Ingwernüsse«, auch für herzhafte Speisen) und »Gari«, in Essig eingelegter Ingwer (für Sushi).

Kreuzkümmel

Die kümmelähnlichen, auch als »Kumin« bekannten Samen werden ganz oder gemahlen in jedem Supermarkt angeboten. Ihr intensiver, leicht bitterer Geschmack hat nichts mit normalem Kümmel zu tun. Kreuzkümmel wird nicht nur in der asiatischen Küche, sondern auch in der orientalischen und mexikanischen verwendet und ist Bestandteil der indischen Curry- und Garam-Masala-Gewürzmischungen.

Kurkuma

Mit seiner intensiv gelben Farbe ist Kurkumapulver (»Gelbwurz«) wichtigster Bestandteil von Currypulver. Aufgrund seines erdigen und leicht bitteren Geschmacks sollte es nur sparsam verwendet werden. Vorsicht: Das Pulver färbt in Verbindung mit Nässe auch Hände und Textilien. Anstelle von Kurkuma kann in den meisten Gerichten auch Currypulver verwendet werden.

Kardamom

Aus der Weihnachtsbäckerei ist vor allem gemahlener Kardamon bekannt. Die kleinen Samenkörner in den grünen Kapseln werden in Asien aber gern im Ganzen mitgekocht und geben ein kräftiges leicht süßliches Aroma. Am besten die Kapseln immer leicht anritzen oder die Körner aus den Kapseln lösen und mit dem Mörser oder Nudelholz anquetschen.

Curry + Currypasten

Indische Currymischungen aus bis zu 30 Gewürzen variieren in Geschmack und Schärfe. Deshalb vorsichtig dosieren! Currypasten aus Thailand sind Grundlage der beliebten Kokos-Curry-Gerichte. Die Pasten auf Basis von Chilischoten gibt es in Gelb, Rot und Grün (oder die würzigen Sorten »Massaman« oder »Panang«) im Asienladen. Sie sind notfalls durch Curry und Chilischoten ersetzbar.

Garam Masala

Neben Curry ist Garam Masala die wichtigste Gewürzmischung Indiens. Nelken, Pfeffer, Kreuzkümmel, Zimt und Kardamom gehören meist dazu. Der nelkige Grundton entfaltet sich am besten, wenn man Garam Masala erst zum Ende der Garzeit zugibt. Zu bekommen ist die Mischung im Asienladen oder Supermarkt. Sie lässt sich auch aus den genannten Gewürzen selber mischen.

5-Gewürze-Pulver

Eine chinesische Gewürzmischung, die meist Szechuan-Pfeffer, Fenchel, Sternanis, Nelken und Zimt als Grundzutaten enthält und deshalb im Geruch leicht an Weihnachtsgebäck erinnert. Sie eignet sich zum Würzen vieler Gerichte und besonders für Marinaden; möglichst erst gegen Ende der Garzeit zugeben. 5-Gewürze-Pulver gibt es im Asienladen oder Supermarkt.

Snacks

Unglaublich, was sich dahinter alles verbirgt: eine kleine warme Mahlzeit, ein schickes Abendessen oder ungewöhnliche Häppchen für Gäste. Ebenso vielfältig ist die internationale Rezeptauswahl zu diesem Thema. Sie reicht von Wraps über Frühlingsröllchen bis zu Quiche und Pizza. So bekommt auch der Begriff »Brotzeit« eine völlig neue Dimension: Crostini, Tramezzini, Croque, Sandwich, Pita oder Bagel – Brot in jeder Form, heiß oder kalt und eines so delikat wie das andere. Oder aber, man nimmt nur ein Scheibchen Brot und knabbert es zu einem der anderen Snacks, z. B. zu Eierklassikern wie Tortilla, Frittata oder einem der leckeren Dips.

mediterran Crostini mit Rucolapaste

2 EL Pinienkerne
100 g Rucola
50 g Basilikum
2 Sardellenfilets
2 Knoblauchzehen
1 EL grüne Tapenade (Olivenpaste)
100 ml Olivenöl
1 TL Zitronensaft
15 Scheibchen Weißbrot
Salz – Pfeffer

Zubereitung: 30 Min.
Für 15 Stück / Pro Stück: ca. 70 kcal

1 Pinienkerne in einer Pfanne rösten, herausnehmen. Backofen auf 220° vorheizen. Rucola waschen, trockenschütteln, grob hacken. Basilikum abreiben, hacken. Sardellenfilets waschen, trocknen, klein schneiden. Knoblauch schälen, hacken.
2 Rucola, Basilikum, Pinienkerne, Sardellen, Knoblauch und Tapenade fein pürieren. Nach und nach Öl einfließen lassen, bis eine sämige Paste entsteht. Mit Zitronensaft, wenig Salz und Pfeffer abschmecken.
3 Weißbrotscheiben auf ein Backblech legen und im Ofen (Mitte, Umluft nicht geeignet) in 3–5 Min. goldbraun rösten. Brot mit der Paste bestreichen. Passt als Häppchen zu einem Aperitif wie Prosecco oder Martini.

Variante:
Statt Rucola: zarten Blattspinat oder Sauerampfer verwenden

Tipp
Sie können die Weißbrotscheiben auch im Toaster rösten oder in einer Pfanne in wenig Olivenöl knusprig braten.

raffiniert Pilz-Bruschetta

2 reife Tomaten
200 g Shiitake-Pilze
50 g Räucherspeck
1 Bund Schnittlauch
4 EL Olivenöl
4 große Scheiben Bauernbrot oder italienisches Weißbrot
1 Knoblauchzehe
Salz – Pfeffer

Zubereitung: 30 Min.
Für 4 Personen / Pro Portion: ca. 370 kcal

1 Tomaten waschen, trocknen und klein würfeln. Pilze putzen, Stiele entfernen, in feine Scheibchen schneiden. Speck klein würfeln. Schnittlauch waschen, trockenschütteln und in Röllchen schneiden.
2 In einer Pfanne 2 EL Olivenöl heiß werden lassen, Speck und Pilze darin bei starker Hitze ca. 3 Min. braten. Tomaten und Hälfte des Schnittlauchs dazugeben, salzen und pfeffern.
3 Brote halbieren und ca. 4 Min. rösten – im Toaster oder unter dem Backofengrill auf höchster Stufe. Knoblauchzehe schälen und halbieren. Die gerösteten Brote damit kräftig einreiben und mit dem übrigen Olivenöl beträufeln. Pilzmischung darauf verteilen, mit Pfeffer übermahlen und mit restlichem Schnittlauch bestreuen. Dazu passt Sekt.

Varianten:
Statt Shiitake-Pilzen: Champignons oder Egerlinge verwenden
Statt Schnittlauch: 1 Bund Koriandergrün verwenden
Zusätzlich: Brote mit je 1 Scheibe Taleggio belegen und im 200° heißen Ofen (Mitte, Umluft nicht geeignet) ca. 10 Min. gratinieren
Zusätzlich: mit 2 EL Parmesanspänen belegen

Klassiker Tunfischsandwich

2 Dosen Tunfisch im eigenen Saft (à 125 g Abtropfgewicht)
2 Stangen Staudensellerie (ca. 150 g)
1/2 Bund glatte Petersilie
1 rote Chilischote
100 g Salat-Mayonnaise
50 g saure Sahne
1 TL Limettensaft
4 Blätter Kopfsalat
8 Scheiben Sandwichbrot oder Kasten-Weißbrot
Salz – Pfeffer

Zubereitung: 25 Min.
Für 4 Personen / Pro Portion: ca. 435 kcal

1 Tunfisch in einem Sieb abtropfen lassen, mit einer Gabel zerpflücken. Sellerie waschen, klein würfeln. Petersilie waschen, trockenschütteln, fein hacken. Chilischote waschen, längs halbieren, entkernen und in winzige Würfel schneiden.
2 Mayonnaise mit saurer Sahne verrühren. Tunfisch, Sellerie, Petersilie und Chilischote untermischen. Mit Limettensaft, Salz und Pfeffer abschmecken.
3 Salatblätter waschen, trocknen. Die Hälfte der Brotscheiben damit belegen und Tunfischcreme darauf streichen. Übrige Brotscheiben diagonal zerteilen und obendrauf legen. Leicht andrücken und Brote diagonal ganz durchschneiden. Dazu passen Gurkensalat mit Joghurtsauce (Seite 74) und kühles Bier oder Ginger Ale.

Variante:
Statt Petersilie: 1/2 Bund frisches Koriandergrün verwenden

zum Mitnehmen Sauerkraut-Bagel

4 Roggen-Bagel (ersatzweise große Roggenbrötchen)
4 EL Schmand
4 TL körniger Senf
4 Blätter Lollo-rosso-Salat
100 g Schweinebraten-Aufschnitt
200 g frisches Sauerkraut
2 EL Apfelessig
1 TL flüssiger Honig
2 EL Walnussöl
4 Walnusskerne
1/2 Bund Schnittlauch
Salz – Pfeffer

Zubereitung: 20 Min.
Für 4 Personen / Pro Portion: ca. 570 kcal

1 Bagel waagrecht halbieren und die untere Hälfte mit Schmand und Senf bestreichen. Salatblätter waschen, trocknen und zerpflücken, auf die Brötchenhälften verteilen. Mit Schweinebratenscheiben belegen.
2 Sauerkraut mit einer Gabel zerpflücken. Essig, Honig, Salz, Pfeffer und Walnussöl verrühren und mit dem Kraut vermischen. Ebenfalls auf den unteren Brötchenhälften verteilen.
3 Nüsse hacken. Schnittlauch waschen, trockenschütteln und in Röllchen schneiden. Beides auf das Sauerkraut streuen. Obere Brötchenhälften darauf setzen. Dazu passt Weißbier.

Tipp
Wenn es sehr schnell gehen soll, ersetzen Sie das marinierte Sauerkraut durch fertigen Krautsalat.

gelingt leicht Ciabatta mit Huhn

400 g Hähnchenbrustfilet
1 TL abgeriebene unbehandelte Zitronenschale
2 EL Öl
4 Ciabatta-Brötchen
60 g Butter
4 TL Dijon-Senf
150 g Edamer Käse in Scheiben
1 Bund Rucola
Salz – Pfeffer

Zubereitung: 40 Min.
Für 4 Personen / Pro Portion: ca. 480 kcal

1 Hähnchenbrustfilet waschen, trockentupfen, mit Zitronenschale und Pfeffer einreiben. Öl in einer Pfanne stark erhitzen, das Fleisch scharf darin anbraten und bei mittlerer Hitze ca. 10 Min. auf beiden Seiten weiterbraten.
2 Backofen auf 220° (Umluft 200°) vorheizen. Brötchen waagrecht halbieren und beide Schnittflächen mit Butter und Senf bestreichen.
3 Fleisch aus der Pfanne nehmen, salzen und in dünne Scheibchen schneiden. Untere Brötchenhälften mit Filet- und Käsescheiben belegen.
4 Rucola waschen und trockenschütteln. Als Garnitur auf die Brötchen verteilen und mit der zweiten Hälfte abdecken. Brötchen im Ofen (Mitte) ca. 10 Min. überbacken. Dazu passen Rucola- oder Tomatensalat und ein leichter Rotwein, z. B. Chianti.

Variante:
Statt Hähnchenbrustfilet und Rucola: 300 g ausgelöstes Kaninchenrückenfilet und 4 Stängel fein gehackten Estragon verwenden

mediterran Kornspitz mit Ricotta-Creme

4 Kornspitz oder andere Vollkornstangen
2 EL Sonnenblumenkerne
200 g Ricotta
75 g Parmesan, frisch gerieben
3 EL Sahne
1 Tomate
2 getrocknete in Öl eingelegte Tomaten
2 Zweige Oregano
2 kleine grüne Spitzpaprika
Salz

Zubereitung: 30 Min.
Für 4 Personen / Pro Portion: ca. 390 kcal

1 Kornspitzstangen waagrecht halbieren. Sonnenblumenkerne ohne Fett unter Rühren anrösten, abkühlen lassen.
2 Ricotta, Parmesan und Sahne in einer Schüssel glatt rühren. Tomate waschen und mit den getrockneten fein würfeln. Oregano waschen, trockenschütteln, Blätter abzupfen und hacken. Sonnenblumenkerne, Tomaten und Oregano unter die Ricottacreme ziehen, mit Salz abschmecken.
3 Backofen auf 225° (Umluft 200°) vorheizen. Paprikaschoten waschen, halbieren, putzen und in Streifen schneiden.
4 Untere Kornspitzhälften mit der Käsecreme bestreichen, Paprikastreifen darauf legen. Mit der oberen Brothälfte abdecken. Im heißen Ofen (Mitte) ca. 10 Min. auf Backpapier überbacken. Dazu passen der Tomatensalat mit Sardellen-Vinaigrette (Seite 76) und spanischer Rioja.

Variante:
Statt Spitzpaprika: 4 EL abgetropfte Maiskörner aus der Dose auf die Vollkornstangen streuen

vegetarisch Pizza-Fladenbrot

1 großes türkisches Fladenbrot (ca. 500 g)
4 EL Olivenöl
4 Tomaten (ca. 300 g)
250 g Mozzarella
1 TL getrockneter Oregano
4 Stängel Basilikum
Salz – Pfeffer

Zubereitung: 30 Min.
Für 4 Personen / Pro Portion: ca. 700 kcal

1 Fladenbrot waagrecht halbieren und beide Schnittflächen mit je 2 EL Öl beträufeln. Backofen auf 225° (Umluft 200°) vorheizen.
2 Tomaten waschen, abtrocknen und quer in Scheiben schneiden. Mozzarella ebenfalls in Scheiben schneiden. Untere Fladenhälfte abwechselnd mit Tomaten- und Mozzarella-Scheiben belegen, mit Salz, Pfeffer und Oregano bestreuen. Basilikum waschen, trockenschütteln, abzupfen und obendrauf legen. Mit der zweiten Brothälfte abdecken.
3 Fladenbrot im heißen Ofen (Mitte) ca. 10 Min. überbacken. Dazu passen grüner Salat und Campari mit Soda oder Orangensaft.

Variante:
Zusätzlich: 150 g aufgetauten und ausgedrückten Blattspinat als Belag auf dem Fladenbrot verteilen

Tipp
Heizen Sie den Ofen zum Überbacken von Brötchen oder Brot auf jeden Fall vor. Schiebt man die Brote in den kalten Ofen, werden die Zutaten trocken, bevor der Käse geschmolzen ist.

mediterran Tzatziki-Pitabrot

200 g Kalbsschnitzel
1 TL getrockneter Thymian
1 EL Olivenöl
150 g Joghurt
75 g Fetakäse
1 Knoblauchzehe
100 g Gurke
2 Blätter Romana-Salat
2 Tomaten
2 Frühlingszwiebeln
4 Pitafladen (ca. 250 g)
Salz – Pfeffer

Zubereitung: 30 Min.
Für 4 Personen / Pro Portion: ca. 330 kcal

1 Schnitzel in feine Streifen schneiden. Mit Thymian und Olivenöl vermischen. Joghurt und Feta pürieren. Knoblauch schälen und dazupressen. Gurke schälen, raspeln und untermischen. Salzen und pfeffern.
2 Salat putzen und feinstreifig schneiden. Tomaten waschen und klein würfeln. Zwiebeln putzen und in feine Ringe schneiden.
3 Backofen auf 200° (Umluft 200°) vorheizen. Fleisch in sehr heißer Pfanne unter Wenden 2–3 Min. braten, salzen und pfeffern.
4 Pitabrote im Ofen (Mitte) 2–3 Min. aufbacken. Die warmen Brote einschneiden, zu einer Tasche öffnen und Zutaten abwechselnd mit Gurkencreme einfüllen. Dazu passt eiskalter Ouzo oder Raki.

Variante:
Statt Kalbsschnitzel: 200 g Hähnchen- oder Putenbrustfilet verwenden

Tipp
Pitabrote finden Sie fertig abgepackt im Supermarkt.

macht was her

Gefüllte Spinat-Wraps

Für die Tortillas:
275 g Weizenmehl
75 g gehackter Spinat (TK)
4 EL Öl
Mehl für die Arbeitsfläche
Für die Füllung:
150 g Joghurt
75 g Salat-Mayonnaise
3 EL Zitronensaft
200 g geräucherte Putenbrust in 1/2 cm dicken Scheiben
150 g Emmentaler in 1/2 cm dicken Scheiben
1 roter Apfel
1/2 Kopf Eisbergsalat
30 g Sonnenblumenkerne
Salz – Pfeffer
Holzspießchen

Zubereitung: 45 Min.
Für 8 Stück / Pro Stück: ca. 375 kcal

1 Mehl mit aufgetautem Spinat, 1–2 TL Salz, 6–8 EL lauwarmem Wasser und Öl verrühren. Teig mit den Händen kräftig kneten, 30 Min. zugedeckt beiseite stellen.

2 Inzwischen Joghurt, Mayonnaise und 1 EL Zitronensaft verrühren, salzen und pfeffern. Putenbrust und Käse in 1 cm dicke Streifen schneiden. Apfel waschen, vierteln, entkernen, in 1/2 cm dicke Scheiben schneiden und mit 2 EL Zitronensaft mischen.

3 Salat putzen und in 1 cm breite Streifen schneiden. Mit Putenbrust, Käse und Apfel mischen. Sonnenblumenkerne ohne Fett unter Rühren hellbraun rösten.

4 Tortillateig in acht Portionen teilen und auf der bemehlten Arbeitsfläche zu dünnen Fladen (ca. 24 cm Ø) ausrollen. Die Fladen in heißer Pfanne ohne Fett bei mittlerer Hitze 2 Min. backen, dabei einmal wenden. Tortillas in ein Geschirrtuch schlagen, bei 75° im Backofen warm halten (Umluft nicht empfehlenswert).

5 Joghurt und Salatmischung auf Tortillas verteilen, mit Sonnenblumenkernen bestreuen. Den unteren Rand 2 cm breit auf die Füllung klappen. Einen Seitenrand darüber klappen und die Tortilla zur anderen Seite zusammenrollen, so dass eine Tüte entsteht. Mit Holzspießchen zusammenstecken und sofort servieren. Dazu passt mexikanisches Bier.

Variante:
Statt Spinat: 3 EL Tomatenmark oder 1 EL Kurkumapulver oder 1 Bund gehacktes Koriandergrün unter den Teig mischen. Das bringt Geschmack und Farbe; oder für normale Weizentortillas Spinat einfach weglassen

Tipp

Man kann den restlichen Eisbergsalat klein schneiden, mit Joghurtsauce (Seite 74) anmachen und dazu servieren.

asiatisch India-Wraps

1 kleine Dose Kichererbsen (225 g Abtropfgewicht)
300 g Süßkartoffeln (ersatzweise normale Kartoffeln)
1 kleine Dose stückige Tomaten (400 g Füllgewicht)
1/2 TL Chilipulver
1 TL gelbe Thai-Currypaste
100 g junger Blattspinat
1 Bund Koriandergrün
150 g Joghurt
1 Packung Weizenmehltortillas (ca. 340 g; Fertigprodukt oder Rezept Seite 30)
Salz – Pfeffer
Holzspießchen

Zubereitung: 55 Min.
Für 8 Stück / Pro Stück: ca. 230 kcal

1 Für die Füllung Kichererbsen in einem Sieb abtropfen lassen. Kartoffeln schälen, in 2 cm große Würfel schneiden und in 10–15 Min. in Salzwasser bei kleiner Hitze bissfest kochen.
2 Tomaten mit Chilipulver und Currypaste aufkochen und in ca. 25 Min. dicklich einkochen lassen. Inzwischen Spinat putzen, waschen und trockenschleudern. Kartoffeln abgießen und mit dem Spinat unter die Tomaten heben. Zugedeckt aufkochen lassen, vom Herd nehmen und mit Salz und Pfeffer würzen.
3 Koriander waschen, trockenschütteln, fein hacken und mit Joghurt verrühren.
4 Die warmen Tortillas wie unter »Spinat-Wraps« beschrieben füllen. Dazu passen Joghurt oder Gurken-Minze-Raita (Seite 48) und Pils oder Orangensaft mit Mangosaft gemischt.

Tipp
Bei Verwendung von gekauften Tortillas müssen diese einfach nur nach Packungsanleitung im Backofen erwärmt werden. Bereitet man die Tortillas selbst zu, sollte man den Teig vor der Füllung zubereiten.

mediterran Italia-Wraps

40 g Pinienkerne
400 g Doppelrahmfrischkäse
4 EL Pesto (aus dem Glas oder Rezept Seite 120)
1 TL abgeriebene unbehandelte Zitronenschale
250 g Mozzarella
1 Bund Basilikum
3 EL weißer Aceto balsamico
4 EL Olivenöl
400 g Kirschtomaten
50 g Parmesan am Stück
2 Bund Rucola
1 Packung Weizenmehltortillas (ca. 340 g; Fertigprodukt oder Rezept Seite 30)
Salz – Pfeffer
Holzspießchen

Zubereitung: 45 Min.
Für 8 Stück / Pro Stück: ca. 480 kcal

1 Für die Füllung Pinienkerne ohne Fett unter Rühren hellbraun rösten. Frischkäse, Pesto und Zitronenschale verrühren. Pinienkerne hacken und untermischen.
2 Mozzarella trockentupfen, in 1 cm große Würfel schneiden. Basilikum waschen, trockenschütteln und die Blättchen hacken. Salz, Pfeffer, Essig und Öl verrühren und mit Basilikum und Mozzarella mischen.
3 Tomaten waschen, vierteln und unter die Marinade heben. Parmesan in Späne hobeln. Rucola putzen und trockenschütteln. In mundgerechte Stücke zupfen.
4 Die warmen Tortillas wie unter »Spinat-Wraps« beschrieben mit Pesto-Frischkäse, Rucola, Mozzarella-Tomaten-Mischung und Parmesan füllen. Dazu passt kräftiger Rotwein, z. B. ein italienischer Barolo.

Klassiker Spinat-Feta-Börek

300 g Blattspinat (frisch oder TK)
1 Zwiebel
1 Knoblauchzehe
3 EL Butter
1 Bund Minze
200 g Schafkäse
2 ovale Yufka-Teigblätter (ersatzweise 4 TK-Blätterteigplatten, ca. 300 g)
Salz – Pfeffer

Zubereitung: 50 Min.
Für 4 Personen / Pro Portion: ca. 510 kcal

1 Spinat putzen, waschen und grob zerkleinern. Zwiebel und Knoblauch schälen und klein würfeln. 1 EL Butter in einem großen Topf zerlassen, Zwiebel und Knoblauch bei mittlerer Hitze kurz andünsten. Spinat dazugeben und unter Rühren in 1–2 Min. zusammenfallen lassen. Abkühlen lassen.
2 Minze waschen, trockenschütteln und fein schneiden. Schafkäse zerbröckeln. Spinat mit Minze und Käse mischen, salzen und pfeffern. Backofen auf 200° (Umluft 180°) vorheizen.
3 Restliche Butter zerlassen. Teigblätter vierteln. Je 2 EL Füllung in der Mitte verteilen. Teigränder mit Butter einpinseln. Seitliche Ränder über die Füllung klappen, erst oberen Rand, dann unteren Rand über die Füllung klappen.
4 Päckchen auf ein mit Backpapier ausgelegtes Blech legen, mit Butter einpinseln und im Ofen (Mitte) in ca. 15 Min. knusprig backen. Dazu passen die Gurken-Minze-Raita (Seite 48), Tomatensalat und ein fruchtig-frischer Weißwein, z. B. ein Chardonnay, oder Ayran, Joghurt mit einer Prise Salz und mit kaltem Mineralwasser aufgegossen.

scharf Tomaten-Lamm-Päckchen

1 rote Chilischote
1/2 Bund glatte Petersilie
250 g Kirschtomaten
250 g Lammfilet
5 EL Olivenöl
2 ovale Yufka-Teigblätter (ersatzweise 4 TK-Blätterteigplatten, ca. 300 g)
Saft von 1/2 Zitrone
Salz

Zubereitung: 35 Min.
Für 4 Personen / Pro Portion: ca. 500 kcal

1 Chilischote waschen und entstielen, Petersilie waschen und trockenschütteln. Beides fein hacken. Tomaten waschen und halbieren. Backofen auf 200° (Umluft 180°) vorheizen.
2 Fleisch in 1/2 cm große Würfel schneiden und in 2 EL Öl in einer Pfanne bei starker Hitze 2–3 Min. braten. Petersilie, Chili und Tomaten dazugeben und kurz mitbraten, salzen.
3 Teigblätter vierteln. Je 2–3 EL Füllung in der Mitte verteilen, mit Zitronensaft beträufeln. Teigränder mit Öl bepinseln. Seitliche Ränder über die Füllung klappen, erst oberen Rand, dann unteren Rand über die Füllung klappen.
4 Auf ein mit Backpapier ausgelegtes Blech legen und im Ofen (Mitte) in ca. 8 Min. goldgelb und knusprig backen. Dazu passen die Gurken-Minze-Raita (Seite 48) und ein kräftiger Rotwein, z. B. italienischer Barolo.

Tipp
Yufka-Teig ist in türkischen Lebensmittelgeschäften erhältlich. Er kann sofort verarbeitet werden, ein Ausrollen entfällt. Besprüht man den Teig mit ein wenig Wasser, lässt er sich leichter formen. Dann ist allerdings zügiges Arbeiten notwendig, da der feuchte Teig schnell reißt und sich aufwellt.

mediterran Knusprige Spargelstangen

8 Stangen grüner Spargel
200 g Mozzarella
2 Stängel Basilikum
100 g Strudelteig (aus dem Kühlregal)
8 hauchdünne Scheiben Parmaschinken
Salz – Pfeffer

Zubereitung: 40 Min.
Für 4 Personen / Pro Portion: ca. 260 kcal

1 Spargel waschen, unteres Drittel der Stangen schälen, Enden abschneiden. In kochendem Salzwasser 2–3 Min. vorgaren. Kalt abbrausen und mit Küchenpapier trockentupfen.
2 Mozzarella in 16 ganz dünne Scheiben, Basilikumblätter in feine Streifen schneiden. Strudelteig auf der Arbeitsplatte ausbreiten und in acht ca. 10 x 15 cm große Rechtecke schneiden. Backofen auf 200° (Umluft 180°) vorheizen.
3 Jedes Teigrechteck mit je 2 Scheiben Mozzarella und 1 Scheibe Parmaschinken belegen. Pfeffern, mit Basilikum bestreuen.
4 Je 1 Spargelstange längs darauf legen und in den Teig einrollen. Auf einem mit Backpapier ausgelegten Blech im Ofen (Mitte) in 8–10 Min. goldgelb und knusprig backen. Dazu passen Rucolasalat und ein üppiger Weißwein, z. B. ein Chablis, oder Zitronenlimonade mit einem Schuss Waldmeistersirup.

Variante:
Statt grünem Spargel: weißen verwenden und die Stangen statt mit Parma- mit Serranoschinken umwickeln

gelingt leicht Lachs-Täschchen

250 g Lachsfilet
2 EL Pesto (aus dem Glas oder Rezept Seite 120)
4 Platten Blätterteig (TK, ca. 300 g)
1 Eigelb
2 EL Sahne
200 g cremiger Ricotta
Salz – Pfeffer
Mehl für die Arbeitsfläche

Zubereitung: 40 Min. (+ 30 Min. Marinierzeit)
Für 4 Personen / Pro Portion: ca. 490 kcal

1 Vom Lachsfilet evtl. die Haut abschneiden, Filet in 1 cm große Würfel schneiden. Mit Pesto vermischen und im Kühlschrank 30 Min. marinieren lassen.
2 Blätterteigplatten auf einer leicht bemehlten Arbeitsfläche in ca. 5 Min. auftauen lassen. Teigplatten etwas größer ausrollen und quer halbieren. Eigelb mit Sahne verrühren. Backofen auf 200° (Umluft 180°) vorheizen.
3 Ricotta auf einer Hälfte jeder Teigplatte verteilen, dabei einen kleinen Rand frei lassen. Mit Salz und Pfeffer würzen. Lachswürfel auf Ricotta setzen. Teigränder mit Eigelb bestreichen, die andere Teighälfte über die Füllung klappen, Ränder zusammendrücken.
4 Täschchen auf ein mit Backpapier ausgelegtes Blech setzen, mit Eigelb bestreichen und im Ofen (unten) in 10–12 Min. goldbraun backen. Dazu passen der Frühlingssalat (Seite 77) und Prosecco.

Variante:
Statt Pesto: 2 EL geriebenen Meerrettich (aus dem Glas) als Marinade verwenden. Ricotta durch Schmand ersetzen und mit 2 EL fein geschnittenem Basilikum verrühren

asiatisch Garnelen-Bällchen

1 Knoblauchzehe
1 Schalotte
1 Stück frischer Ingwer (ca. 1 cm)
2 Stängel Koriandergrün
100 g Glasnudeln
250 g geschälte rohe Garnelen
1 Eiweiß
1/4 TL Sambal oelek
Salz
1 l neutrales Öl oder Pflanzenfett zum Frittieren

Zubereitung: 30 Min.
Für 16 Stück / Pro Stück: ca. 85 kcal

1 Knoblauch, Schalotte und Ingwer schälen. Koriander waschen und trockenschütteln. Alles fein zerkleinern. Glasnudeln mit der Küchenschere in 2–3 cm lange Stücke schneiden.
2 Garnelen waschen, trockentupfen, grob schneiden und mit Eiweiß im Mixer fein pürieren. Knoblauch, Schalotte, Ingwer und Koriander untermischen, mit Salz und Sambal würzen. Kühl stellen.
3 Öl in einem hohen Topf oder einer Fritteuse erhitzen. Garnelenmasse zu Bällchen formen (ca. 3 cm Ø), in Glasnudeln wenden und gut andrücken.
4 Bällchen in dem heißen Öl in 3–4 Min. goldbraun frittieren. Die Bällchen schmecken mit feuriger Paprikasauce, Mango-Chutney (Seite 49) oder Tomaten-Papaya-Salsa (Seite 50) und einem kühlen Bier.

Variante:
Statt Glasnudeln: 6 dicke Zitronengrasstangen waschen und längs vierteln. Die Garnelenmasse in 24 Portionen teilen und jeweils in Form einer Wurst um das untere Ende der Zitronengrasviertel formen, dann frittieren

gelingt leicht Polenta-Parmesan-Krapfen

1 EL Butter
50 g Polenta (Maisgrieß)
1 Ei
2 Zweige Rosmarin
50 g Parmesan, frisch gerieben
1 gestrichener TL Backpulver
Pfeffer
Muskatnuss, frisch gerieben
1 l neutrales Öl oder Pflanzenfett zum Frittieren

Zubereitung: 45 Min.
Für 12 Stück / Pro Stück: ca. 85 kcal

1 Butter mit 1/8 l Wasser zum Kochen bringen. Maisgrieß vorsichtig einstreuen und bei schwacher Hitze im geschlossenen Topf 15 Min. garen. Ab und zu umrühren.
2 Polenta in eine Schüssel füllen, Ei einrühren, abkühlen lassen. Rosmarinzweige waschen, trockenschütteln und 12 kleine Zweigchen abschneiden.
3 Parmesan und Backpulver unter die Polentamasse mischen. Mit Pfeffer und Muskat würzen.
4 Öl in einem hohen Topf oder einer Fritteuse erhitzen. Aus der Polentamasse mit zwei angefeuchteten Teelöffeln zwölf Kugeln (ca. 3 cm Ø) ausstechen und im heißen Öl in 2–3 Min. goldgelb und knusprig ausbacken.
5 Krapfen auf Küchenpapier abtropfen lassen und jeweils 1 kleinen Rosmarinzweig hineinstecken. Dazu passt ein kühles Bier.

orientalisch Falafel-Taler

1 kleine Dose Kichererbsen (225 g Abtropfgewicht)
1 Zwiebel
2 Knoblauchzehen
1 Ei
je 1 Bund glatte Petersilie und Minze
2 Msp. Cayennepfeffer
je 1 TL gemahlener Kreuzkümmel und Koriander
1 gestrichener TL Backpulver
3 EL Kichererbsenmehl (ersatzweise Mehl Type 405)
Salz
1 l neutrales Öl oder Pflanzenfett zum Frittieren

Zubereitung: 25 Min.
Für 4 Personen / Pro Portion: ca. 195 kcal

1 Kichererbsen in einem Sieb abtropfen lassen. Zwiebel und Knoblauch schälen und grob hacken. Mit Kichererbsen und Ei mit einem Pürierstab fein zerkleinern.
2 Petersilie und Minze waschen, trockenschütteln und die Blätter grob hacken. Mit Cayennepfeffer, Kreuzkümmel und Koriander zu den Kichererbsen geben, salzen und gut vermengen.
3 Öl zum Frittieren in einem hohen, weiten Topf oder einer Fritteuse erhitzen. Backpulver und Mehl gründlich unter den Falafel-Teig mischen. Jeweils 1–2 EL vom Teig abnehmen und zu kleinen Talern formen.
4 Taler portionsweise im heißen Öl in 3–4 Min. goldgelb ausbacken. Auf Küchenpapier abtropfen lassen. Dazu passen Hummus (Seite 51) oder Gurken-Minze-Raita (Seite 48) sowie heißer Minztee.

asiatisch Frühlingsrollen

1 große Möhre
150 g Chinakohl
1 Bund Frühlingszwiebeln
2 Knoblauchzehen
250 g Hähnchenbrustfilet
2 EL Erdnussöl
1 EL Austernsauce
2 EL Fischsauce
1 TL brauner Zucker
8 Blätter Frühlingsrollenteig (21,5 x 21,5 cm)
1 l neutrales Öl oder Pflanzenfett zum Frittieren

Zubereitung: 50 Min.
Für 8 Stück / Pro Stück: ca. 135 kcal

1 Gemüse waschen, putzen, in feine Streifen bzw. Zwiebeln in Ringe schneiden. Knoblauch schälen und durchpressen.
2 Filet klein würfeln und in stark erhitztem Öl 4–5 Min. braten. Dann Möhre und Knoblauch 1 Min. mitbraten. Chinakohl und Zwiebeln untermischen und nur ganz kurz mitbraten. Füllung mit Austern-, Fischsauce und Zucker abschmecken.
3 Teigblätter jeweils mit einer Ecke nach unten ausbreiten. 2 EL Füllung im unteren Drittel verteilen. Erst die untere Ecke, dann die seitlichen Ecken darüber schlagen und von unten her straff aufrollen. Die letzte Ecke mit Wasser anfeuchten und leicht festdrücken.
4 Öl in hohem Topf oder Fritteuse erhitzen. Frühlingsrollen hineingeben und in 3–5 Min. goldbraun frittieren. Auf Küchenpapier abtropfen lassen. Dazu passen die feurige Paprikasauce (Seite 49) und grüner Tee oder Jasmintee.

Tipp
Die dickflüssige Austernsauce wird in China zum Würzen und Marinieren verwendet; notfalls durch Sojasauce ersetzen.

Klassiker Pizza mit Rucola

Für den Teig:
500 g Mehl
2 Päckchen Trockenhefe
1 TL Zucker
6 EL Olivenöl
Für den Belag:
1 Bund Frühlingszwiebeln
2 Knoblauchzehen
3 EL Olivenöl
1 kleine Dose stückige Tomaten (400 g Füllgewicht)
250 g Mozzarella
1 Bund Basilikum
1 Prise Zucker
150 g Parmaschinken in Scheiben
2 Bund Rucola
Salz – Pfeffer
Mehl für die Arbeitsfläche
Fett für das Backblech

Zubereitung: 1 Std. (+ 25 Min. Backzeit)
Für 1 Backblech (12 Stücke) / Pro Stück: ca. 315 kcal

1 Mehl, Hefe, Zucker und 1 TL Salz mischen. 300 ml lauwarmes Wasser und Olivenöl zugeben. Erst mit den Knethaken des Handrührgeräts, dann mit den Händen zu einem glatten Teig verkneten. Zugedeckt an einem warmen Ort ca. 1 Std. gehen lassen, bis sich das Volumen verdoppelt hat.

2 Inzwischen Frühlingszwiebeln putzen, waschen und in 1/2 cm dicke Ringe schneiden. Knoblauch schälen. Frühlingszwiebeln im heißen Öl unter Rühren 2 Min. dünsten, Knoblauch dazupressen. Tomaten zufügen und 15 Min. bei mittlerer Hitze offen kochen lassen. Backofen auf 220° vorheizen.

3 Mozzarella trockentupfen und würfeln. Basilikum waschen, trockenschütteln, Blättchen abzupfen und in Streifen schneiden. Tomaten mit Salz, Pfeffer und Zucker würzen.

4 Ein Backblech fetten und dünn mit Mehl bestäuben. Teig durchkneten, ausrollen und auf das Blech legen. Tomatensauce darauf verstreichen, mit Mozzarella und Basilikum gleichmäßig belegen. Im Ofen (unten, Umluft 200°) in 20–25 Min. knusprig backen.

5 Schinkenscheiben in Streifen schneiden. Rucola verlesen, waschen, trockenschleudern und in mundgerechte Stücke zupfen. Heiße Pizza in Stücke schneiden. Rucola und Schinken darauf verteilen. Dazu passt ein würziger Rotwein, z. B. ein Pinot Nero aus Italien.

Varianten:
Statt Rucola und Parmaschinken: Mortadella und Radicchio oder Endivie (in Streifen geschnitten) verwenden
Vegetarisch: Statt Schinken 100 g abgetropfte getrocknete, in Öl eingelegte Tomaten in Streifen schneiden oder 6–8 Artischockenherzen vierteln. Dann zusätzlich 80 g Parmesan mit dem Sparschäler in Streifen hobeln und mit den Tomatenstreifen oder Artischockenvierteln auf die Rucola streuen

scharf

scharf Calzone »Mexiko«

1 Portion Pizzateig (Rezept Seite 36)
1 Bund Frühlingszwiebeln
2 Knoblauchzehen
3 EL Olivenöl
je 1 TL gemahlener Kreuzkümmel und Koriander
1 kleine Dose stückige Tomaten (400 g Füllgewicht)
1 Dose Mais (285 g Abtropfgewicht)
1 kleine Dose Kidney-Bohnen (225 g Abtropfgewicht)
200 g Chorizo am Stück (ersatzweise Kabanossi)
1 Prise Zucker
1 Bund Koriandergrün
150 g Cheddar, frisch gerieben
Salz – Pfeffer
Mehl für die Arbeitsfläche

Zubereitung: 1 Std. 15 Min. (+ 30 Min. Backzeit)
Für 2 Pizzen (8 Stücke) / Pro Stück: ca. 655 kcal

1 Teig wie bei »Pizza mit Rucola« vorbereiten. Frühlingszwiebeln putzen, in 1/2 cm dicke Ringe schneiden. Knoblauch schälen, durchpressen, beides in Öl 2 Min. dünsten, mit Kreuzkümmel und Koriander würzen. Tomaten zufügen und 15 Min. offen kochen.
2 Mais und Bohnen abtropfen lassen. Chorizo würfeln. Tomaten mit Salz, Pfeffer und Zucker würzen, Koriander waschen, hacken, untermischen. Backofen auf 220° vorheizen.
3 Teig durchkneten, in zwei Portionen teilen. Rund (ca. 32 cm Ø) ausrollen, mit Käse bestreuen, einen 2 cm breiten Rand lassen. Tomaten, Mais, Bohnen und Chorizo auf dem Käse verteilen, leicht andrücken. Fladen je zur Hälfte zusammenklappen, Ränder festdrücken. Auf ein mit Backpapier ausgelegtes Blech legen. Im heißen Ofen (unten, Umluft 200°) in 25–30 Min. knusprig backen. Dazu passt kühles Pils.

asiatisch Pizza »Asia«

1 Portion Pizzateig (Rezept Seite 36)
1 Bund Frühlingszwiebeln
8 EL Olivenöl
1 kleine Dose stückige Tomaten (400 g Füllgewicht)
400 g Hähnchenbrustfilet
1 Stück frischer Ingwer (ca. 2 cm)
4 EL süße Sojasauce
1 rote Paprikaschote
150 g Shiitake-Pilze
1 Bund Thai-Basilikum
300 g Brokkoliröschen
250 g Mozzarella
Salz – Pfeffer

Zubereitung: 1 Std. (+ 25 Min. Backzeit)
Für 2 Pizzen (8 Stücke) / Pro Stück: ca. 505 kcal

1 Teig wie bei »Pizza mit Rucola« vorbereiten. Frühlingszwiebeln putzen, in 1/2 cm dicke Ringe schneiden. In 3 EL Öl 2 Min. dünsten und mit den Tomaten 15 Min. offen kochen lassen.
2 Hähnchenbrust in 1 cm breite Streifen schneiden. Ingwer schälen, fein würfeln, mit 3 EL Sojasauce und dem Fleisch mischen. Paprikaschote putzen, in 1 cm dicke Streifen schneiden. Pilze ohne Stiele in 1/2 cm dicke Streifen schneiden.
3 Tomaten mit restlicher Sojasauce, Salz und Pfeffer würzen. Basilikum in Streifen schneiden, unterheben. Teig durchkneten, in 2 Portionen teilen, rund (ca. 34 cm Ø) ausrollen. Ränder umklappen und andrücken. Fladen auf mit Backpapier ausgelegte Bleche legen. Backofen auf 220° vorheizen.
4 Im restlichen Öl nacheinander Pilze, Brokkoli und Paprika, dann mariniertes Fleisch jeweils ca. 2 Min. braten. Mozzarella in Scheiben schneiden. Fladen mit Tomatensauce bestreichen, Gemüse und Fleisch darauf verteilen, mit Käse belegen. Im Ofen (unten, Umluft 200°) 20–25 Min. backen. Dazu passt ein frischer Weißwein, z. B. Frascati.

Klassiker Elsässer Flammekuchen

250 g Mehl
10 g Hefe
1/2 TL Zucker
3 EL Öl
50 g Räucherspeck
200 g saure Sahne
50 g Sahne
1 große Zwiebel
Salz – Pfeffer
Mehl für die Arbeitsfläche
Fett für das Backblech

Zubereitung: 1 Std. 15 Min. (+ 15 Min. Backzeit)
Für 6 Personen / Pro Portion: ca. 315 kcal

1 Mehl in eine Schüssel geben. Hefe zerbröckeln, in 1/8 l lauwarmes Wasser geben, Zucker darüber streuen, in eine Mulde im Mehl geben und mit etwas Mehl mischen. Zugedeckt bei Zimmertemperatur 15 Min. gehen lassen.
2 1/2 TL Salz und 2 EL Öl zum Mehl geben und alles zu einem glatten Teig verarbeiten. Zugedeckt 45 Min. gehen lassen.
3 Speck in dünne Streifen schneiden. Saure Sahne mit Sahne verrühren. Zwiebel schälen, längs halbieren, in feine Streifen schneiden. In 1 EL Öl goldgelb braten, abkühlen lassen, unter die Sahne rühren, sparsam mit Salz und Pfeffer würzen.
4 Backofen auf 250° vorheizen. Ein Backblech fetten. Teig auf etwas Mehl nochmals durchkneten, halbieren, zu zwei dünnen Fladen (ca. 25 cm Ø) ausrollen und auf das Blech legen. Sahne darauf verstreichen. Speck darüber streuen. Flammekuchen im heißen Ofen (Mitte, Umluft 220°) in 12–15 Min. knusprig braun backen. Dazu passen grüner Salat und ein fruchtiger Weißwein, z. B. Elsässer Gewürztraminer oder Pils.

deftig Zwiebelkuchen

500 g Mehl
20 g Hefe
1/2 TL Zucker
4 EL Öl
150 g Räucherspeck
750 g Zwiebeln
250 g saure Sahne
4 Eier
1 TL Kümmel
Salz – Pfeffer
Mehl für die Arbeitsfläche
Fett für das Backblech

Zubereitung: 1 Std. 15 Min. (+ 25 Min. Backzeit)
Für ein Backblech (9 Stücke) / Pro Stück: ca. 435 kcal

1 Mehl in eine Schüssel geben und in die Mitte eine Mulde drücken. Hefe in 1/4 l lauwarmes Wasser bröckeln. Zucker darüber streuen, in die Mulde geben, mit dem Mehl mischen. Zugedeckt bei Zimmertemperatur 15 Min. gehen lassen.
2 1 TL Salz und 2 EL Öl zum Mehl geben und zu einem glatten Teig verarbeiten. Teig zugedeckt 45 Min. gehen lassen.
3 Speck in feine Streifen schneiden. Zwiebeln schälen, in feine Streifen schneiden, in 2 EL heißem Öl andünsten und etwas abkühlen lassen.
4 Saure Sahne und Eier verquirlen, mit Kümmel, Pfeffer und wenig Salz abschmecken. Backofen auf 180° vorheizen.
5 Den Teig auf einer bemehlten Arbeitsfläche nochmals durchkneten, ausrollen, auf ein Blech geben, dabei einen Rand formen. Zwiebeln, Sahne und Speck darauf verteilen. Im heißen Ofen (Mitte, Umluft 160°) in ca. 25 Min. braun backen. Dazu passt Federweißer oder Apfelmost.

für Gäste Hähnchen-Curry-Pie

300 g Mehl
1 TL Backpulver
8 EL Öl
1/4 l Geflügelbrühe
2 TL gelbe Thai-Currypaste
400 g Hähnchenbrustfilet
150 g Lauch
250 g Möhren
400 g Kartoffeln
150 g Joghurt
1 Bund Koriandergrün
150 g Erbsen (TK)
1 Ei
1 EL Milch
Salz – Pfeffer
1 Tarte-Form (30 cm Ø)

Zubereitung: 50 Min. (+ 35 Min. Backzeit)
Für 6 Personen / Pro Portion: ca. 420 kcal

1 280 g Mehl, Backpulver und 1 TL Salz mischen, 5 EL Öl und 150 ml kaltes Wasser zugeben, zu einem glatten Teig kneten, abdecken.
2 Brühe und Currypaste aufkochen. Fleisch zufügen und in ca. 15 Min. gar ziehen lassen, herausnehmen. Lauch putzen, waschen und in Ringe schneiden. Möhren und Kartoffeln schälen und klein würfeln. Lauch, Möhren, Kartoffeln im restlichen heißen Öl 3 Min. andünsten, Brühe zugießen und 5 Min. kochen lassen.
3 Fleisch würfeln. Joghurt und 20 g Mehl verrühren und in die Brühe rühren, aufkochen lassen. Koriander hacken und mit Fleisch, Erbsen, Salz und Pfeffer zugeben. In die Form füllen.
4 Ei trennen, Formrand mit Eiweiß bestreichen. Teig etwas größer als Form ausrollen, in der Mitte ein Loch (2 cm Ø) ausstechen. Teig auf Füllung legen, andrücken. Eigelb und Milch verquirlen, auf Teig streichen. Mit Alufolie abdecken, unten in den kalten Backofen stellen und bei 200° (Umluft 180°) ca. 35 Min. backen. Nach 15 Min. Folie entfernen und Pie fertig backen. Dazu passen grüner Salat und kühles Bier.

vegetarisch Curry-Lauch-Fladen

150 g Magerquark
4 EL Milch
6 EL Öl
300 g Mehl
2 TL Backpulver
4 dicke Stangen Lauch
4 Eier
500 g Quark (20 %)
100 g Emmentaler, frisch gerieben
2 TL Currypulver
Salz – Pfeffer
Mehl zum Bearbeiten
Öl für das Backblech

Zubereitung: 50 Min. (+ 35 Min. Backzeit)
Für 4–6 Personen / Bei 6 Personen pro Portion: ca. 500 kcal

1 Magerquark in einem Tuch auspressen, mit Milch, Öl und 1/2 TL Salz verrühren. Mehl und Backpulver zugeben und zu einem glatten Teig verkneten. Zugedeckt 30 Min. kühl stellen.
2 Inzwischen Lauch waschen, putzen und in 1 cm dicke Ringe schneiden. In kochendem Salzwasser ca. 2 Min. blanchieren, in ein Sieb geben und kalt überbrausen.
3 Eier schaumig rühren, Quark und je die Hälfte Käse und Lauch unterrühren, mit Curry, Salz und Pfeffer abschmecken.
4 Backofen auf 200° vorheizen. Teig nochmals durchkneten und auf wenig Mehl zu einem Fladen (ca. 30 cm Ø) ausrollen. Auf ein geöltes Blech legen. Rand etwas hochdrücken.
5 Quarkmasse, restlichen Lauch und Käse darauf verteilen. Im Ofen (Mitte, Umluft 180°) in ca. 35 Min. knusprig backen. Dazu passt ein kräftiger Weißwein, z. B. Pinot Grigio.

Variante:
Statt Lauch: 4–5 in Streifen geschnittene Fenchelknollen (ca. 1 kg) 5–7 Min. in Salzwasser blanchieren. Zusätzlich 75 g grob gehackte Walnusskerne unter die Curry-Quarkmasse rühren.

1

2

3

Klassiker Quiche lorraine

Für den Teig:
200 g Mehl
1 Eigelb
100 g weiche Butter
Für die Füllung:
200 g Räucherspeck in Scheiben
1 EL Butterschmalz
300 g Sahne
2 Eigelbe
2 Eier
Muskatnuss, frisch gerieben
Salz – Pfeffer
Mehl für die Arbeitsfläche
Fett für die Form
1 Spring- oder Tarte-Form (26 cm Ø)

Zubereitung: 1 Std. (+ 45 Min. Backzeit)
Für 1 Form (12 Stücke) / Pro Stück: ca. 435 kcal

1 Mehl mit 1/2 TL Salz mischen und auf die Arbeitsfläche geben. In die Mitte eine Mulde drücken, Eigelb und 2 EL kaltes Wasser hineingeben. Butter in Flöckchen auf dem Rand verteilen. Alle Zutaten mit einem Messer durchhacken und zu einem glatten Teig verarbeiten. Teig in Folie wickeln und mindestens 30 Min. kühl stellen.
2 Speck in Streifen schneiden. Butterschmalz in einer Pfanne erhitzen und Speck darin bei mittlerer Hitze glasig braten. Den Backofen auf 220° vorheizen. Form fetten.
3 Teig auf wenig Mehl rund ausrollen. Boden und Rand der Form damit auslegen. Speckstreifen darauf verteilen. Sahne mit Eigelben und Eiern gut verrühren. Mit Muskat, Salz und Pfeffer würzen und über die Speckstreifen gießen. Quiche im heißen Ofen (Mitte, Umluft 200°) in ca. 45 Min. goldbraun backen. Mit grünem Salat und kühlem Bier servieren.

Varianten:

1 **Ratatouille-Quiche:** Speck weglassen, dafür je 1 klein gewürfelte Aubergine, rote Paprikaschote und Zucchino in 2 EL Öl andünsten und auf dem Teig verteilen, kräftig würzen, evtl. 1 TL Kräuter der Provence zugeben

2 **Birnen-Käse-Quiche:** Speck weglassen, dafür 3 längs in Viertel geschnittene, geschälte Birnen auf dem Boden verteilen und 150 g Roquefort oder Gorgonzola mit Eiern und Sahne pürieren und darüber gießen

3 **Champignon-Schinken-Quiche:** Speck weglassen, dafür 600 g in Scheiben geschnittene Champignons in 2 EL Öl andünsten und mit 200 g gewürfeltem Schinken auf dem Teig verteilen

Tipp

Besonders knusprig wird der Quiche-Teig, wenn Sie zusätzlich 2 EL Essig mit dem Wasser unter den Teig mischen. Den fertigen Teig in Alu- oder Frischhaltefolie am besten im Kühlschrank kalt stellen.

mediterran Tomaten-Tarte

Für den Teig:
250 g Mehl
100 g weiche Butter
Für die Füllung:
100 g getrocknete, in Öl eingelegte Tomaten
1 Bund Frühlingszwiebeln
1/2 Bund Thymian
4 Eier
3 EL Speisestärke
500 g Ricotta
250 g Kirschtomaten
Salz – Pfeffer
Mehl für die Arbeitsfläche
Fett für die Form
Hülsenfrüchte zum Blindbacken
1 Tarte-Form (28 cm Ø)

Zubereitung: 1 Std. 15 Min. (+45 Min. Backzeit)
Für 1 Form (12 Stücke) / Pro Stück: ca. 260 kcal

1 Mehl, Butter in Stückchen, 1 TL Salz und 6–8 EL kaltes Wasser zu einem glatten Teig verkneten, 1 Std. kalt stellen.
2 Getrocknete Tomaten abtropfen lassen, dabei Öl auffangen. Tomaten würfeln. Zwiebeln putzen, in Ringe schneiden. In 2 EL heißem Tomatenöl 2 Min. dünsten. Thymianblättchen abzupfen, ein Drittel davon beiseite legen, den Rest mit Tomatenwürfeln und Zwiebeln mischen. Backofen auf 200° vorheizen. Form fetten.
3 Teig auf wenig Mehl etwas größer als die Form ausrollen, in die Form geben, dabei einen Rand formen. Teig mit Gabel mehrfach einstechen, mit Backpapier und Hülsenfrüchten belegen. Im Ofen (unten, Umluft 180°) 15 Min. vorbacken.
4 Eier trennen. Eigelbe, Stärke, Ricotta und Zwiebel-Tomaten-Mischung verrühren, salzen, pfeffern. Eiweiße steif schlagen, unterheben. Papier und Hülsenfrüchte aus der Form entfernen, Füllung darauf geben, 20 Min. backen. Tomaten waschen, vierteln und auf die Füllung geben, salzen, pfeffern. Mit Thymian bestreuen und weitere 30 Min. backen. Abgekühlt servieren. Dazu passen Rucolasalat und fruchtiger Weißwein, z. B. italienischer Soave.

Variante:

Spinat-Teig: 75 g gehackten TK-Spinat nach Packungsanweisung auftauen und abgekühlt mit Mehl und Butter verkneten, dabei das Wasser esslöffelweise unterarbeiten, so dass ein geschmeidiger Teig entsteht. Wie beschrieben kalt stellen und backen

preiswert Rühirei mit Makrele

1 geräuchertes Makrelenfilet (ca. 150 g)
1 Zwiebel
8 Eier
6 EL Milch
1 Bund Dill
2 EL Butter
Salz – Pfeffer

Zubereitung: 20 Min.
Für 4 Personen / Pro Portion: ca. 310 kcal

1 Fischfilet häuten und in kleine Stücke schneiden. Zwiebel schälen und fein würfeln. Eier und Milch verquirlen. Mit Salz und Pfeffer würzen. Dill waschen, trockenschütteln und fein schneiden. Die Hälfte davon unter die Eier rühren.
2 Butter in einer Pfanne erhitzen. Zwiebel darin glasig dünsten. Eiermasse hineingeben, stocken lassen, dabei die Masse mit einem Pfannenwender oder Holzlöffel zusammenschieben.
3 Kurz bevor die Masse gestockt ist, Makrelenstücke zufügen. Rührei anrichten und mit übrigem Dill bestreuen. Dazu passen Vollkornbrot und Pils.

Varianten:
Statt Makrele: geräucherten Lachs (Stremel-Lachs) oder geräucherten Heilbutt zugeben
Statt Dill: gehackten Schnittlauch verwenden

Tipp
Das Rührei sollte nicht zu lange garen, damit es nicht trocken wird. Die Masse muss noch leicht glänzen.

gelingt leicht Strammer Max mit Sprossen

8 Scheiben Bauernbrot (à ca. 50 g)
4 EL Butter
300 g roher geräucherter Schinken
1/2 Bund Schnittknoblauch (ersatzweise Schnittlauch)
50 g Sprossen (z. B. Alfalfa, Mungbohnen- oder Radieschensprossen)
8 Eier
1 TL Garam Masala
Salz

Zubereitung: 30 Min.
Für 4 Personen / Pro Portion: ca. 800 kcal

1 Brote mit 2 EL Butter bestreichen. Schinken fein würfeln. Schnittknoblauch waschen, trockenschütteln und in Röllchen schneiden. Die Hälfte mit dem Schinken mischen und auf den Broten verteilen. Sprossen waschen und abtropfen lassen.
2 1 EL Butter in einer beschichteten Pfanne erhitzen. 4 Eier hineinschlagen und zu Spiegeleiern braten. Mit Salz und 1/2 TL Garam Masala würzen. Vorgang wiederholen.
3 Eier auf die Brotscheiben legen. Mit Sprossen und übrigem Schnittknoblauch bestreuen. Dazu passt kühles Bier.

Varianten:
Statt Spiegeleiern: Rührei braten, dabei vorher die Eier mit der Hälfte Schnittknoblauch, Salz und Garam Masala verquirlen
Statt Schinken: 4 in dickere Scheiben geschnittenen, in Butterschmalz gebratenen Leberkäse verwenden
Statt Schnittknoblauch: Frühlingszwiebeln oder Bärlauch verwenden

Klassiker Frittata

2 kleine Zucchini (ca. 200 g)
1 Zwiebel
1 Knoblauchzehe
1 Bund Basilikum
125 g Mozzarella
6 Eier
4 EL Olivenöl
Salz – Pfeffer

Zubereitung: 30 Min.
Für 4 Personen / Pro Portion: ca. 290 kcal

1 Zucchini waschen, putzen, fein würfeln. Zwiebel und Knoblauch schälen, ebenfalls fein würfeln. Basilikum waschen, trockenschütteln, Blätter hacken. Mozzarella würfeln. Eier verquirlen, salzen und pfeffern. Basilikum unterrühren.
2 In einer beschichteten Pfanne 2 EL Olivenöl erhitzen. Zwiebel und Knoblauch darin glasig dünsten. Zucchini zugeben und in 3–5 Min. hellbraun braten. Mit Salz und Pfeffer würzen und herausnehmen.
3 In der Pfanne 2 EL Öl erhitzen. Eiermasse hineingeben. Zucchini und Mozzarella darauf verteilen. Bei mittlerer Hitze in ca. 6 Min. stocken lassen. Omelett auf einen Teller gleiten lassen und umgedreht in die Pfanne geben. Ca. weitere 6 Min. braten. Frittata in Tortenstücke oder Würfel schneiden und anrichten. Dazu passen geröstetes Ciabatta und ein leichter Rotwein, z. B. Chianti.

Varianten:
Statt Mozzarella: 50 g gehobelten Parmesan oder Manchego verwenden
Statt Zucchini: in Streifen geschnittene Paprikaschoten verwenden

mediterran Pochierte Eier mit Tomatensugo

1 Zwiebel
1 Knoblauchzehe
3 EL Olivenöl
2 kleine Dosen Tomaten (à 240 g Abtropfgewicht)
50 g Rucola
3 EL Weißweinessig
4 Scheiben Toastbrot
2 EL Butter
4 ganz frische Eier
100 g Frühstücksspeck in Scheiben
Salz – Pfeffer

Zubereitung: 30 Min.
Für 4 Personen / Pro Portion: ca. 425 kcal

1 Zwiebel und Knoblauch schälen und würfeln und im Öl glasig dünsten. Tomaten zugeben und alles ca. 10 Min. offen köcheln lassen. Salzen, pfeffern. Rucola waschen, trockenschütteln und hacken. 1 l Wasser mit Essig aufkochen.
2 Toastbrot rösten und mit der Butter bestreichen. Eier einzeln in eine Tasse schlagen und ins leicht siedende Essigwasser gleiten lassen. Mit einem Löffel in Form halten und ca. 5 Min. pochieren.
3 Inzwischen Speck in einer Pfanne knusprig braten. Eier herausheben, abtropfen lassen, auf Toastscheiben verteilen. Rucola in Tomatensugo rühren und auf den Toasts verteilen. Mit Speck belegen. Dazu schmeckt ein milder Rotwein, z. B. Merlot.

Variante:
Statt Dosentomaten: frische Tomaten verwenden, diese waschen und grob würfeln

preiswert Tortilla

800 g Kartoffeln
1 Gemüsezwiebel (ca. 150 g)
6 EL Olivenöl
6 Eier
Salz – Pfeffer

Zubereitung: 1 Std.
Für 4 Personen / Pro Portion: ca. 405 kcal

1 Kartoffeln schälen, waschen und in Scheiben schneiden. Zwiebel schälen und fein würfeln. 3 EL Olivenöl in einer beschichteten Pfanne erhitzen. Kartoffeln und Zwiebeln darin bei mittlerer Hitze 20–25 Min. braten. Mit Salz würzen. Die Pfanne zwischendurch rütteln, Kartoffeln und Zwiebeln anschließend herausnehmen.
2 Inzwischen die Eier verquirlen und mit Salz und Pfeffer würzen. Kartoffeln etwas abkühlen lassen und zugeben.
3 In der Pfanne restliches Öl erhitzen. Eiergemisch hineingeben und bei mittlerer Hitze 6–8 Min. stocken lassen. Tortilla auf einen großen Teller gleiten lassen und umgedreht wieder in die Pfanne geben. Ca. 6 Min. weiterbraten. Tortilla in Tortenstücke oder Würfel schneiden und anrichten. Dazu passen Paprika-Tomatensalat und spanischer Landwein.

Varianten:
Zusätzlich: Tortilla mit 2 gehackten Knoblauchzehen braten
Zusätzlich: zum Schluss 100 g zerbröckelten Schafkäse und 1 Bund gehackte Minze darauf geben
Zusätzlich: 50 g gehackte getrocknete, in Öl eingelegte Tomaten und 1 EL gehackte Kapern in die Eiermischung geben
Zusätzlich: 1 fein gewürfelte Aubergine und 50 g grüne, in Scheiben geschnittene Oliven mit der Eiermischung braten
Zusätzlich: 1 Bund in feine Ringe geschnittene Frühlingszwiebeln, 1 TL gemahlenen Kreuzkümmel und 1 gehackte rote Chilischote unter die Eiermischung rühren

Tipp
Je nach verwendeter Kartoffelsorte sind die Garzeiten unterschiedlich. Fest kochende Sorten brauchen länger als mehlig kochende Kartoffeln. Deshalb evtl. eine Garprobe mit einer Gabel oder einem spitzen Messer machen.

asiatisch Tofu-Omelett

150 g Tofu
1 rote Chilischote
2 TL Currypulver
2 EL Sojasauce
750 g Kartoffeln
5 EL Sojaöl (ersatzweise Sonnenblumenöl)
3 Frühlingszwiebeln
6 Eier
Salz

Zubereitung: 1 Std.
Für 4 Personen / Pro Portion: ca. 390 kcal

1. Tofu würfeln. Chilischote putzen, längs aufschneiden, entkernen und in Ringe schneiden. Mit Tofu, 1 TL Curry und Sojasauce mischen. Zugedeckt marinieren.
2. Kartoffeln schälen und in ca. 1 cm große Würfel schneiden. 3 EL Sojaöl in einer beschichteten Pfanne erhitzen. Kartoffelwürfel darin bei mittlerer Hitze 20–25 Min. braten, salzen.
3. Zwiebeln putzen, waschen und in Ringe schneiden. Eier in einer Schüssel verquirlen, mit Salz und 1 TL Curry würzen.
4. Kartoffeln, Zwiebeln und Tofu mit Marinade unter die Eier mischen.
5. In einer Pfanne 2 EL Öl erhitzen. Eiergemisch hineingeben und bei mittlerer Hitze 6–8 Min. stocken lassen. Omelett auf einen großen Teller gleiten lassen und umgedreht wieder in die Pfanne geben. Ca. 6 weitere Min. braten. Omelett in Tortenstücke schneiden und anrichten. Dazu passen der Rettichsalat (Seite 76) und Reiswein.

Tipp
Lassen Sie die Eier bei mittlerer Hitze stocken, damit sie nicht verbrennen.

deftig Kartoffelomelett mit Apfel

750 g Kartoffeln
2 Zwiebeln
1 Knoblauchzehe
200 g Champignons
1 roter Apfel (ca. 200 g)
6 EL Olivenöl
6 Eier
1 Bund Majoran
Salz – Pfeffer

Zubereitung: 1 Std.
Für 4 Personen / Pro Portion: ca. 515 kcal

1. Kartoffeln schälen, waschen und in Spalten schneiden. Zwiebeln und Knoblauch schälen und würfeln. Champignons putzen, abreiben und vierteln. Apfel waschen, vierteln, entkernen und in Spalten schneiden.
2. In einer beschichteten Pfanne 2 EL Öl erhitzen. Champignons darin ca. 5 Min. anbraten und herausnehmen. Apfel ebenfalls anbraten und herausnehmen.
3. In die Pfanne 2 EL Öl geben. Kartoffeln, Knoblauch und Zwiebeln darin 20–25 Min. braten. Mit Salz würzen.
4. Eier in einer Schüssel verquirlen und mit Salz und Pfeffer würzen. Majoran waschen, trockenschütteln und Blättchen hacken. Unter die Eier rühren. Kartoffeln etwas abkühlen lassen und mit Champignons und Apfel zu den Eiern geben.
5. In der Pfanne 2 EL Öl erhitzen. Eiergemisch hineingeben und 6–8 Min. stocken lassen. Omelett auf einen großen Teller gleiten lassen und umgedreht wieder in die Pfanne geben. Ca. weitere 6 Min. braten. Tortilla in Tortenstücke schneiden und anrichten. Dazu passen Bauernbrot und Bier.

asiatisch Hähnchen-Saté

600 g Hähnchenbrustfilet
8 EL Sojasauce
3 EL brauner Zucker
1 EL Currypulver
4 Knoblauchzehen
Saft von 1/2 Limette
100 g geröstete Erdnüsse
2 rote Chilischoten
2 Schalotten
1 Stück frischer Ingwer (ca. 2 cm)
1/2 Bund Koriandergrün
Pfeffer
30 lange Holzspieße

Zubereitung: 1 Std. (+ 2 Std. Marinierzeit)
Für 4–6 Personen / Bei 6 Personen pro Portion: ca. 250 kcal

1 Fleisch in 10 cm lange und 2–3 cm breite Streifen schneiden, wellenförmig auf Holzspieße stecken. 6 EL Sojasauce, 2 EL Zucker, Curry und Pfeffer in eine Schüssel geben. Knoblauch schälen, 2 Zehen dazupressen. 1 EL Limettensaft zufügen, verrühren. Spieße mit Marinade bestreichen, 2 Std. kühl stellen.
2 Erdnüsse im Mixer fein zerkleinern. Chilischoten entkernen und in feine Streifen schneiden. Schalotten schälen, fein hacken. Ingwer schälen und mit restlichem Knoblauch durchpressen. Alles mit 1/8 l Wasser, 1 EL Zucker, 2 EL Sojasauce und restlichem Limettensaft 10 Min. köcheln lassen. Koriander waschen, trocknen und klein schneiden. Unter die erkaltete Erdnuss-Sauce mischen. Grill vorheizen.
3 Saté-Spieße von jeder Seite ca. 5 Min. grillen, dabei mit Marinade bestreichen. Mit Erdnuss-Sauce servieren. Dazu passt kühles Bier.

Tipp
Wer will, kann die Spieße auch in Öl 3–4 Min. pro Seite braten und das Wasser in der Sauce durch Kokosmilch ersetzen.

scharf Knoblauch-Garnelen mit Melonendip

1/2 reife Charantais-Melone
Currypulver
20 geschälte rohe Garnelen
2 Knoblauchzehen
1 kleine rote Chilischote
2 EL Öl (z. B. Sesamöl)
Salz
4 lange Holzspieße

Zubereitung: 15 Min.
Für 4 Spieße / Pro Spieß: ca. 100 kcal

1 Melonenfruchtfleisch von der Schale lösen, Kerne entfernen. Melone in Stücke schneiden, pürieren und mit Currypulver und Salz abschmecken.
2 Garnelen kalt abspülen, trockentupfen, evtl. Darm entfernen und je 5 Stück auf einen Holzspieß stecken. Knoblauchzehe schälen und in Scheiben schneiden. Chilischote in kleine Ringe schneiden.
3 Öl in einer Pfanne erhitzen. Knoblauch, Chili und die Garnelenspieße hineingeben. Spieße bei mittlerer Hitze von jeder Seite 1–2 Min. braten. Salzen und mit Dip servieren. Dazu passen frisches Baguette und leichter Roséwein, z. B. ein französischer Rosé d'Anjou.

Variante:
Statt Melonen: Mangos verwenden, frisch oder aus der Dose

Tipp
Schneiden Sie die restliche Melone in Viertel und stecken Sie die Spieße zum Servieren darauf.

orientalisch Lammbällchen mit Apfelmus

8 EL Apfelmus
je 1/2 TL gemahlener Kreuzkümmel, Zimt- und Ingwerpulver
1 Msp. Chilipulver
250 g Lammhackfleisch (ersatzweise Schweine- bzw. Rinderhack)
1 Knoblauchzehe
1 Ei
2 EL Semmelbrösel
je 2 EL gehackte Mandeln und Rosinen
2 EL Butterschmalz
Salz
8 lange Holzspieße

Zubereitung: 30 Min.
Für 8 Spieße / Pro Spieß: ca. 140 kcal

1 Apfelmus mit je 1 Prise der Gewürze würzen. Hackfleisch in eine Schüssel geben. Knoblauch schälen und dazupressen. Ei, Semmelbrösel, Mandeln, Rosinen und restliche Gewürze dazugeben. Salzen und alles gut verkneten.

2 Butterschmalz in einer großen Pfanne erhitzen. Aus dem Hackfleischteig ca. 24 walnussgroße Bällchen formen und in der Pfanne von jeder Seite 4–5 Min. braten. Das Fleisch muss ganz durchgegart sein. Je 3 Hackbällchen auf Spieße stecken und mit dem Apfelmus servieren. Dazu passen türkisches Fladenbrot, Möhrensalat mit Mandelblättchen und Rosinen sowie Beaujolais oder Pils.

Variante:
Statt Mandeln, Rosinen und Gewürzen: Teig mit Salz, Pfeffer und Thymian abschmecken. Den Dip nach Belieben durch eine würzige Tomatensauce ersetzen

für Gäste Dattel-Schinken-Spieße

12 frische Datteln
3 EL Crème fraîche
4 EL gehackte Mandeln
2 EL Sherry (nach Belieben)
6 Scheiben Serrano-Schinken (ca. 70 g, ersatzweise anderer geräucherter Schinken)
4 lange Holzspieße

Zubereitung: 25 Min.
Für 4 Spieße / Pro Spieß: ca. 235 kcal

1 Datteln halbieren und vom Stein lösen. Crème fraîche mit Mandeln und Sherry verrühren und die Datteln damit füllen.

2 Schinken längs halbieren und die Datteln darin einwickeln. Je 3 Datteln auf einen Spieß stecken. In einer beschichteten Pfanne ohne Fett von jeder Seite ca. 2 Min. braten. Dazu passen geröstete Toastbrotecken und ein Gläschen Sherry oder Cava (spanischer Sekt).

Varianten:
Statt Crème fraîche und Sherry: ganze Pinienkerne in die Datteln stecken
Statt Mandeln: Macadamianüsse, Pistazien oder Cashewkerne verwenden

Tipp
Die Spieße schmecken warm und kalt. Wer keine frischen Datteln bekommt, nimmt große getrocknete. Wer's ohne Füllung mag, kann auch nur Trockenpflaumen oder Trockenaprikosen in den Schinken wickeln.

Klassiker Guacamole

1 reife Tomate
1 Frühlingszwiebel
1 grüne Chilischote
1 TL Limettensaft
1/2 TL Olivenöl
1/4 TL gemahlener Kreuzkümmel
1 TL frisch gehacktes Koriandergrün (nach Belieben)
1 reife Avocado
Salz – Pfeffer

Zubereitung: 15 Min.
Für 4 Personen / Pro Portion: ca. 145 kcal

1 Tomate waschen und in kleine Würfel schneiden. Frühlingszwiebel waschen und mit dem Grün klein schneiden. Chilischote waschen, entkernen und winzig klein schneiden. Alle Zutaten mit Limettensaft, Öl, Kreuzkümmel, Salz, Pfeffer und nach Belieben Koriander vermischen.
2 Avocado längs halbieren, Kern entfernen und das Fruchtfleisch mit einem Löffel auslösen. Fruchtfleisch mit einer Gabel zerdrücken und mit den übrigen Zutaten locker vermischen. Passt zu Tortilla-Chips, kurz gebratenem Fleisch und Fisch sowie Gemüsesticks.

Varianten:
Statt Tomate, Koriandergrün und Kreuzkümmel: 100 g Mascarpone und 1 Bund gehacktes Basilikum unterrühren
Zusätzlich: Frühlingszwiebel durch 1 durchgepresste Knoblauchzehe ersetzen und 1 klein gewürfelte Paprikaschote unterrühren

erfrischend Gurken-Minze-Raita

1/2 Salatgurke
2 Knoblauchzehen
1 unbehandelte Zitrone
1 Bund Minze
250 g Joghurt
1 1/2 TL gemahlener Kreuzkümmel
1 EL Zucker
Salz – Pfeffer

Zubereitung: 15 Min.
Für 4 Personen / Pro Portion: ca. 60 kcal

1 Gurke schälen, längs halbieren und Kerne mit einem Löffel herausschaben. Gurke winzig klein würfeln, in ein Sieb geben, mit 1 TL Salz bestreuen und ca. 10 Min. ziehen lassen.
2 Knoblauch schälen und durch die Presse drücken. Zitrone waschen und Schale abreiben. Zitrone halbieren und Saft von einer Hälfte auspressen. Minze waschen, trockenschütteln, fein schneiden.
3 Gurke mit Knoblauch, Minze, Zitronenschale und Joghurt vermischen. Raita mit Zitronensaft, Kreuzkümmel, Zucker, Pfeffer und evtl. noch etwas Salz abschmecken. Passt zu scharfen Currygerichten, kurz gebratenem Fleisch (besonders Lamm) und Fisch oder mit Fladenbrot zu Salaten.

Varianten:
Statt Zitrone und Minze: 100 g zerdrückten Feta-Käse und 1 Bund gehackten Dill unterrühren; Zucker nach Belieben weglassen
Zusätzlich: fein gehackten Ingwer zugeben oder mit fein gehackter Chilischote (bzw. Cayennepfeffer) würzen

asiatisch Feurige Paprikasauce

2 rote Paprikaschoten
2 rote Chilischoten
2 Knoblauchzehen
1 Stück frischer Ingwer (ca. 2 cm)
150 ml heller Essig (z. B. Reis- oder Weißweinessig)
150 g Honig
2 EL Öl
4 EL helle Sojasauce
1 TL Salz

Zubereitung: 45 Min.
Für 4 Personen / Pro Portion: ca. 190 kcal

1 Paprika- und Chilischoten waschen, putzen und grob schneiden. Knoblauch und Ingwer schälen und ebenfalls grob zerschneiden. Alles in einen Mixer geben, Essig dazugießen und fein pürieren.
2 Püree mit den restlichen Zutaten in einen Topf geben und bei mittlerer Hitze in ca. 30 Min. zu einer sämigen Sauce einkochen, dabei ab und zu umrühren. Abkühlen lassen. Passt zu kurz gebratenem oder gegrilltem Fleisch und Fisch.

Varianten:
Statt Paprika: 3–4 Tomaten verwenden
Statt roter Paprika- und Chilischoten: grüne Schoten verwenden
Zusätzlich: mit 2–3 Chilischoten die Sauce schärfer machen

gut vorzubereiten Mango-Chutney

1 große Mango
1 säuerlicher Apfel
1 rote Chilischote
2 EL Butterschmalz
1 Vanilleschote
je 1 TL Kurkumapulver, gemahlener Kreuzkümmel und Koriander
1 Stange Zimt
2 Gewürznelken
Muskatnuss, frisch gerieben
80 g Palmzucker (ersatzweise brauner Zucker)
Salz

Zubereitung: 40 Min.
Für 4 Personen / Pro Portion: ca. 190 kcal

1 Mango schälen, Fruchtfleisch vom Stein schneiden. Apfel schälen, vierteln und entkernen. Beides in ca. 1/2 cm große Würfel schneiden. Chilischote waschen, putzen und in feine Streifen schneiden.
2 Schmalz zerlassen, Vanilleschote längs aufschlitzen und mit den anderen Gewürzen kurz bei mittlerer Hitze anbraten.
3 Mango, Apfel, Chili und Zucker untermischen, 200 ml Wasser aufgießen. In 20–25 Min. dickflüssig einkochen lassen.
4 Vanilleschote, Zimt und Nelken herausnehmen, mit Salz abschmecken. Passt zu scharfen, speziell indischen Gerichten, gegrilltem oder kurz gebratenem Fleisch oder kaltem Braten, aber auch auf Brot mit Käse, wie z. B. Brie oder Camembert.

Varianten:
Zusätzlich: 1 Stück frischen Ingwer (3–4 cm) schälen, fein schneiden, 2 EL Rosinen dazugeben und mitkochen. Dann nur die Hälfte des Zuckers verwenden
Zusätzlich: 1 Sternanis, 3 grüne Kardamomkapseln und 1/2 Zimtstange mitkochen, vor dem Servieren herausnehmen

gut vorzubereiten Gorgonzola-Dip

1 Birne
2 Schalotten
Saft von 1/2 Zitrone
1/2 Bund Basilikum
100 g Gorgonzola
150 g saure Sahne
Salz – Pfeffer

Zubereitung: 15 Min.
Für 4 Personen / Pro Portion: ca. 160 kcal

1 Birne schälen, vierteln und entkernen, Schalotten schälen. Beides in sehr kleine Würfel schneiden und mit Zitronensaft mischen. Basilikumblätter gut abreiben und in feine Streifen schneiden.
2 Gorgonzola mit einer Gabel zerdrücken und mit saurer Sahne cremig verrühren. Birne, Schalotte und Basilikum untermischen. Mit Salz und Pfeffer abschmecken. Passt zu Gemüserohkost oder schmeckt als Brotaufstrich.

Varianten:
Statt saure Sahne: Magerquark verwenden
Statt Gorgonzola und Basilikum: Schafkäse und Schnittlauch verwenden. Käse vor dem Verrühren zwischen den Fingern fein zerbröckeln, Schnittlauch in kleine Röllchen schneiden
Statt Birne: 1 großen Pfirsich heiß überbrühen, häuten und entsteinen, Pfirsichfleisch klein würfeln und unter den Dip mischen
Zusätzlich: 1 EL gehackte Walnüsse rösten und unter den Dip mischen

exotisch Tomaten-Papaya-Salsa

1 große Fleischtomate
1 Papaya
2 Frühlingszwiebeln
Saft von 1 Limette
1 EL Honig
2 EL Olivenöl
Cayennepfeffer
2 Stängel Koriandergrün
Salz

Zubereitung: 20 Min.
Für 4 Personen / Pro Portion: ca. 80 kcal

1 Stielansatz der Tomate keilförmig herausschneiden, Haut kreuzweise einritzen. Tomate mit kochend heißem Wasser überbrühen, häuten und entkernen. Papaya schälen, längs halbieren und die Kerne mit einem Löffel herausschaben. Frühlingszwiebeln waschen, putzen, das ganz dunkle Grün entfernen.
2 Tomate und Papaya winzig klein würfeln, Zwiebeln in feine Ringe schneiden. Alles mit Limettensaft, Honig und Öl vermischen. Mit Salz und Cayennepfeffer abschmecken.
3 Koriander waschen, trockenschütteln und die Blätter grob hacken. Über die Salsa streuen. Passt zu gegrilltem oder kurz gebratenem Fleisch und zu Fischgerichten.

Varianten:
Statt Papaya: 2 Fleischtomaten oder 1 Mango verwenden
Statt Koriander: je 1 Zweig Petersilie und Minze verwenden
Zusätzlich: Salsa mit 2 TL gemahlenem Kreuzkümmel und 1 TL fein gehacktem, frischem Ingwer würzen

orientalisch Hummus

1 kleine Dose Kichererbsen (225 g Abtropfgewicht)
2 Knoblauchzehen
3 EL Tahin (Sesammus)
2 EL Olivenöl
1 EL gehackte glatte Petersilie
1/4 TL gemahlener Kreuzkümmel
Chilipulver
Saft von 1 Zitrone
Salz

Zubereitung: 10 Min.
Für 4 Personen / Pro Portion: ca. 170 kcal

1 Kichererbsen in einem Sieb abtropfen lassen und in ein hohes Gefäß geben.
2 Knoblauch schälen, durchpressen und mit Kichererbsen, Tahin und Öl mit dem Pürierstab zu einer Creme verarbeiten.
3 Mit Petersilie, Kreuzkümmel, 1 Prise Chilipulver, Zitronensaft und Salz mischen. Passt zu kurz gebratenem Fleisch, Gemüserohkost oder einfach zu türkischem Fladenbrot und Salat.

Varianten:
Statt Olivenöl: so viel Mineralwasser zugeben, dass ein cremiger Dip entsteht
Zusätzlich: mit 1/2 TL Tabasco oder Cayennepfeffer würzen

Tipp
Tahin ist eine Paste aus geschälten, gerösteten und gemahlenen Sesamsamen. Man bekommt sie in Bioläden, Reformhäusern oder türkischen Lebensmittelgeschäften.

Klassiker Safran-Aïoli

1/2 Döschen Safran (1 g)
5 Knoblauchzehen
2 ganz frische Eigelbe
Cayennepfeffer
1/4 l Olivenöl
Salz – Pfeffer

Zubereitung: 15 Min.
Für 4 Personen / Pro Portion: ca. 285 kcal

1 Safran mit 2 EL heißem Wasser verrühren und ca. 10 Min. ziehen lassen.
2 Knoblauch schälen, fein durchpressen oder im Mörser oder mit dem Messerrücken auf einem Brett zu Brei drücken. In eine Schüssel geben und mit den Eigelben, 1 Prise Cayennepfeffer, Salz und Pfeffer cremig rühren. Öl mit einem Schneebesen tropfenweise langsam unterrühren, es soll eine cremige Mayonnaise entstehen.
3 Den Safran unter das Aïoli rühren, evtl. nochmals mit Gewürzen abschmecken. Passt zu gegrilltem Fisch oder gedünstetem Gemüse ebenso wie als Rohkost-Dip und Aufstrich auf geröstetem Weißbrot.

Varianten:
Statt Safran: je 1 EL gehackte glatte Petersilie, Basilikum und Thymian verwenden
Statt Safran: 3 gehackte Sardellenfilets, 1 EL gehackte Kapern und 1 EL gehackten Thymian unterrühren

Vorspeisen und Suppen

In Asien löffelt man von früh bis spät. Und nach den USA erobern Suppenbars inzwischen auch Europa. Plötzlich sind sie wieder da: leichte Bouillons mit Einlage, cremige Süppchen und nicht zuletzt der gute alte Eintopf. Längst gilt er nicht mehr als Arme-Leute-Essen, sondern steht fein gemacht als Magen- und Seelenwärmer hoch im Kurs – egal ob mit Linsen, Erbsen oder Kartoffeln. Für unbelehrbare Suppenkasper empfiehlt sich ein weiterer Trend made in USA: Fingerfood, Häppchen direkt von der Hand in den Mund zu genießen. »Modischer Schnickschnack«, winken da unsere südlichen Nachbarn ab, »kennen wir schon lange«. Aber egal wie man sie nennt, Antipasti, Tapas, Meze oder Fingerfood, die Häppchen sind einfach genial und nicht nur als Vorspeise!

gelingt leicht Forellen-Mousse

1/2 Bund glatte Petersilie
125 g geräucherte Forellenfilets (ohne Haut und Gräten)
125 g Mascarpone
2 Sardellenfilets (nach Belieben)
1 EL Kapern
2 EL Meerrettich (aus dem Glas)
4 EL Zitronensaft

Zubereitung: 15 Min. (+ 1 Std. Kühlzeit)
Für 4 Personen / Pro Portion: ca. 185 kcal

1 Petersilie waschen, trockenschütteln, Blättchen von den Stängeln zupfen.
2 Forellenfilets grob in Stücke schneiden und mit Mascarpone im Mixer pürieren. Etwa zwei Drittel der Petersilienblättchen und die restlichen Zutaten kurz mitpürieren. Mousse in eine Schüssel füllen und im Kühlschrank mindestens 1 Std. fest werden lassen.
3 Von der Mousse Nocken abstechen, auf Tellern anrichten und mit den restlichen Petersilienblättchen garnieren. Dazu passen Baguette, Vollkornbaguette, Pumpernickel oder Vollkornbrot sowie ein fruchtiger Weißwein, z. B. ein Muscadet von der Loire.

Varianten:
Statt Petersilie: andere Kräuter verwenden, z. B. Schnittlauch, Thymian, Kerbel oder Sauerampfer (dabei intensiv schmeckende Kräuter sparsam dosieren!)
Statt Forellenfilet: andere Räucherfische oder Tunfisch aus der Dose verwenden

gut vorzubereiten Brokkoli-Mousse

500 g Brokkoli
1 1/2 Gemüsebrühwürfel
3 Blatt weiße Gelatine
100 g saure Sahne
50 g Sahne
Muskatnuss, frisch gerieben
60 g Walnusskerne
Kresse zum Garnieren

Zubereitung: 30 Min. (+ 4 Std. Kühlzeit)
Für 4 Personen / Pro Portion: ca. 195 kcal

1 Brokkoli putzen, in Röschen zerteilen und waschen. In 200 ml Wasser mit den Brühwürfeln in 10–15 Min. weich kochen.
2 Gelatine in etwas kaltem Wasser einweichen. Brokkoli mit Brühe pürieren. Gelatine leicht ausdrücken und unterrühren. Saure Sahne und Sahne gut untermixen, mit Muskat abschmecken. Walnusskerne grob hacken und unterrühren. Die Mousse in eine Schüssel füllen und für mindestens 4 Std. in den Kühlschrank stellen.
3 Vor dem Servieren von der Brokkoli-Mousse Nocken abstechen, auf Tellern anrichten und mit Kresse bestreuen. Dazu passen geröstetes Graubrot, evtl. ein paar Scheiben Roastbeef und ein Müller-Thurgau aus Franken.

Variante:
Statt Brokkoli: Blumenkohl oder Paprikaschoten verwenden

Tipps
Wer die Mousse stürzen möchte, nimmt 1 Blatt Gelatine zusätzlich und füllt die Mousse in Soufflé-Förmchen oder in Tassen. Schön sieht es auch aus, wenn man die Mousse auf einem Kresse- oder Rucolabett anrichtet.

fürs Büfett Frischkäseterrine mit Gemüse

1 Päckchen gemahlene weiße Gelatine
1 Knoblauchzehe
1 kleine gelbe Paprikaschote
1 Frühlingszwiebel
1 Tomate
1 EL Öl
200 g Doppelrahmfrischkäse
300 g saure Sahne
5 EL Zitronensaft
1/2 Bund Schnittlauch
Salz – Pfeffer
1 Terrinen- oder Kastenform (Fassungsvermögen ca. 3/4 l)

Zubereitung: 25 Min. (+ 4 Std. Kühlzeit)
Für 4–6 Personen / Bei 6 Personen pro Portion: ca. 195 kcal

1 Gelatine in einem Topf mit etwas kaltem Wasser verrühren, quellen lassen. Knoblauch schälen, Gemüse putzen und alles klein würfeln.
2 Öl erhitzen. Knoblauch und Paprikaschote darin 4 Min. andünsten, herausnehmen. Frühlingszwiebel 1 Min. andünsten.
3 Frischkäse, saure Sahne und Zitronensaft cremig rühren. Gelatine bei geringer Hitze flüssig werden lassen und unterrühren. Frühlingszwiebeln unterrühren, salzen und pfeffern.
4 Kastenform ausspülen. Hälfte der Käsemasse einfüllen. Mit Paprika- und Tomatenwürfeln bestreuen. Restliche Käsemasse darüber gießen und mindestens 4 Std. kalt stellen.
5 Schnittlauch waschen, trockenschütteln und klein schneiden. Form kurz in heißes Wasser tauchen, die Ränder mit einem Messer lösen und die Terrine stürzen. Mit dem Schnittlauch bestreuen. Dazu passen frisches Baguette, Blattsalat und ein Pinot Blanc aus dem Elsass.

für Gäste Spargelterrine

1 Zwiebel
1 EL Öl (möglichst Walnussöl)
500 g weißer Spargel
1 Gemüsebrühwürfel
1 Päckchen gemahlene weiße Gelatine
3 EL Zitronensaft
125 g Schmand
ca. 12 Rucolablätter
Salz
1 Terrinen- oder Kastenform (Fassungsvermögen ca. 3/4 l)

Zubereitung: 40 Min. (+ 3 Std. Kühlzeit)
Für 4 Personen / Pro Portion: ca. 125 kcal

1 Zwiebel schälen, würfeln und im Öl anbraten. Spargel schälen, Enden abschneiden, Stangen in Stücke schneiden, zur Zwiebel geben und ca. 15 Min. bei mittlerer Hitze braten.
2 100 ml Wasser mit Brühwürfel zum Spargel geben, 5 Min. köcheln lassen. Spargel mit Brühe pürieren. Erst Gelatine, dann Zitronensaft und Schmand untermischen. Evtl. salzen.
3 Rucola waschen, klein schneiden. Form kalt ausspülen. Hälfte der Spargelmasse einfüllen, Rucola darauf verteilen. Restliche Spargelmasse darüber gießen und zugedeckt mindestens 3 Std. kühlen.
4 Form in heißes Wasser tauchen, die Ränder mit einem Messer lösen und die Terrine stürzen. Nach Belieben mit etwas fein gehacktem Rucola bestreuen. Dazu passen gerösteter Toast, Räucherlachs und ein üppiger Weißwein, z. B. ein Chablis.

Varianten:
Statt weißem Spargel: grünen verwenden, diesen nicht pürieren, sondern im Blitzhacker hacken
Statt Schmand: 150 g Magerquark und 50 g Crème fraîche verwenden

gut vorzubereiten Auberginenröllchen mit Ziegenfrischkäse

2 Auberginen
2 Knoblauchzehen
4 EL Olivenöl
3 getrocknete, in Öl eingelegte Tomaten
1 Zweig Thymian
200 g Ziegenfrischkäse (ersatzweise Doppelrahmfrischkäse)
Chilipulver
Salz – Pfeffer
Holzspießchen

Zubereitung: 40 Min.
Für 16 Stück / Pro Stück: ca. 65 kcal

1 Auberginen waschen, Stielansätze wegschneiden. Auberginen längs in dünne Scheiben schneiden. Knoblauch schälen, ebenfalls in Scheiben schneiden.
2 2 EL Öl in einer großen beschichteten Pfanne erhitzen. Die Hälfte der Auberginenscheiben bei mittlerer Hitze von jeder Seite ca. 3 Min. braten. Nach dem Wenden die Hälfte des Knoblauchs mitbraten. Auberginen auf Küchenkrepp abtropfen lassen, salzen und pfeffern. Restliche Auberginen mit restlichem Knoblauch im übrigen Öl braten.
3 Tomaten möglichst klein würfeln. Thymian waschen, trockenschütteln, Blättchen abzupfen. Frischkäse cremig rühren, Tomaten, Thymian und Chilipulver untermischen. Auberginen mit Frischkäse bestreichen, aufrollen und mit Spießchen feststecken. Dazu passen frisches Baguette, Oliven und ein leichter Rotwein, z. B. ein Côtes du Roussillon.

fürs Büfett Honigmöhren mit Ingwer

1 Stück frischer Ingwer (ca. 3 cm)
700 g Möhren
3 EL Olivenöl
4 EL Honig
5 EL Limettensaft (ersatzweise Zitronensaft)
Salz
2 EL Pinienkerne (nach Belieben)

Zubereitung: 35 Min.
Für 6 Personen / Pro Portion: ca. 120 kcal

1 Ingwer schälen und klein würfeln. Möhren putzen, schälen, längs vierteln und in 2–3 cm lange Stifte schneiden.
2 Öl in einer großen Pfanne erhitzen. Ingwer kurz andünsten. Möhren zugeben und ca. 20 Min. bei mittlerer Hitze zugedeckt dünsten.
3 Honig unterrühren und bei großer Hitze unter Rühren flüssig werden lassen. Mit Limettensaft ablöschen. Möhren mit Salz abschmecken. In eine flache Schüssel oder Auflaufform füllen, mit Pinienkernen bestreuen und etwas ziehen lassen. Dazu passen türkisches Fladenbrot, Hummus (Seite 51) und ein würziger Weißwein, z. B. Elsässer Gewürztraminer.

Varianten:
Statt Ingwer: gehackte Kräuter wie Estragon, Minze, Koriander oder Petersilie zum Schluss unter Honigmöhren rühren
Statt Pinienkernen: gehackte Mandeln, Walnüsse oder Cashewkerne verwenden
Statt Ingwer und Honig: Möhren mit ca. 5 EL Marsala (Dessertwein) ablöschen

Klassiker Rotwein-Schalotten

600 g kleine Schalotten
3 EL Olivenöl
2 1/2 EL Zucker
400 ml Rotwein
Salz

Zubereitung: 30 Min.
Für 6 Personen / Pro Portion: ca. 145 kcal

1 Schalotten schälen. Öl in einer Pfanne erhitzen und Schalotten darin zugedeckt ca. 5 Min. anbraten, dabei zwischendurch wenden. Die Schalotten sollen nicht dunkel werden!
2 Zucker über die Schalotten streuen und hellbraun karamellisieren lassen. Mit Rotwein ablöschen, leicht salzen und nochmals ca. 10 Min. offen köcheln lassen, dabei den Rotwein etwas einkochen. Dazu passen Weißbrot, luftgetrocknete Salami, Blauschimmelkäse oder Brie und ein fruchtiger Rotwein, z. B. Merlot oder Portwein.

Varianten:
Statt Zucker und Rotwein: Honig und 200 ml Wasser verwenden und die Zwiebeln darin zugedeckt köcheln lassen. Zuletzt einen Schuss Aceto balsamico unterrühren
Statt Rotwein: karamellisierte Schalotten mit einem Glas Sherry ablöschen
Zusätzlich: 1 Zweig gehackten Rosmarin mit dem Rotwein zugeben

Tipps
Es eignet sich eher leichter als kräftiger Rotwein.
Die Schalotten lassen sich problemlos schälen, wenn man sie vorher mit heißem Wasser überbrüht und kurz darin ziehen lässt.

preiswert Marinierte Paprika

3 Paprikaschoten (ca. 600 g)
3 EL Olivenöl
2 EL weißer Aceto balsamico (ersatzweise Limettensaft)
3 Stängel Koriandergrün
Salz

Zubereitung: 35 Min.
Für 6 Personen / Pro Portion: ca. 65 kcal

1 Paprikaschoten waschen, halbieren, putzen und in breite Streifen schneiden. 1 EL Öl in einer großen beschichteten Pfanne erhitzen. Paprikastreifen auf der Hautseite ca. 10 Min. zugedeckt braten. Die Haut soll dabei dunkelbraun werden. Paprika zugedeckt leicht abkühlen lassen, enthäuten und auf eine Platte legen.
2 Paprika leicht salzen, mit restlichem Olivenöl und Essig beträufeln. Koriander waschen und trockenschütteln. Blättchen abzupfen, hacken und über Paprikastreifen streuen. Durchziehen lassen. Dazu passen italienisches Landbrot und ein kräftiger Rotwein, z. B. kalifornischer Zinfandel.

Varianten:
Zusätzlich: Wer Schärfe liebt, streut frisch gemahlenen Pfeffer oder ein Stück klein geschnittene Chilischote über die Paprika
Zusätzlich: 1 in mundgerechte Stücke geschnittenen Zucchino ca. 5 Min. mitbraten. Die Zucchinistücke sollen noch Biss haben
Zusätzlich: 1 weiße Zwiebel in Stücke schneiden, in etwas Öl weich dünsten, herausnehmen und erst dann die Paprika braten. Zwiebel und Paprika zusammen anrichten und marinieren
Statt Koriandergrün: Petersilie, Oregano oder Thymian verwenden. Dann passt auch dünn geschnittener Knoblauch gut dazu. Am besten mit den Paprikaschoten anbraten

für Gäste Sherry-Hähnchen

300 g Hähnchenbrustfilet
50 ml halbtrockener Sherry
1 EL Öl
50 g kleine Rosinen
1 Msp. Zimtpulver
Salz – Pfeffer

Zubereitung: 55 Min.
Für 4 Personen / Pro Portion: ca. 165 kcal

1 Fleisch waschen, trockentupfen und in mundgerechte Stücke schneiden. Mit Sherry begießen und ca. 30 Min. zugedeckt im Kühlschrank marinieren.
2 Öl in einer beschichteten Pfanne erhitzen. Fleisch aus der Marinade nehmen und im Öl rundherum ca. 6 Min. bei mittlerer Hitze braten. Mit Salz und Pfeffer würzen.
3 Rosinen, 100 ml Wasser und die Sherry-Marinade zugeben, ca. 4 Min. köcheln lassen, mit Salz und Zimt abschmecken. Auf einer Platte anrichten. Warm oder kalt servieren. Dazu passen Weißbrot und halbtrockener Sherry.

Varianten:
Zusätzlich: Mandelstifte oder Pinienkerne über das Fleisch streuen
Statt Sherry: Portwein oder Marsala verwenden
Statt Hähnchen: Puten- oder Kaninchenfilet verwenden
Statt Rosinen: klein geschnittene Trockenaprikosen, Trockenpflaumen oder frische Aprikosenstückchen verwenden oder klein gewürfelte Paprikastückchen mitbraten

asiatisch Marinierter Tunfisch

500 g Tunfischsteaks
6 EL süße Sojasauce
3 EL Reiswein (Sake, ersatzweise leichter Weißwein)
1 Msp. Ingwerpulver
1 kleine rote Paprikaschote
2 Frühlingszwiebeln
2 EL Öl

Zubereitung: 35 Min.
Für 4 Personen / Pro Portion: ca. 345 kcal

1 Tunfisch waschen, trockentupfen und in mundgerechte Würfel schneiden. Sojasauce, Sake und Ingwer verrühren, den Fisch damit begießen und ca. 15 Min. im Kühlschrank marinieren.
2 Paprikaschoten waschen, putzen und in kleine Würfel schneiden, Frühlingszwiebeln waschen und in feine Ringe schneiden. 1 EL Öl in der Pfanne erhitzen und Paprikawürfel darin 2 Min. bei milder Hitze andünsten. Frühlingszwiebeln zugeben und 1 Min. mitdünsten. Beides herausnehmen und beiseite stellen.
3 Tunfisch aus der Marinade nehmen und im restlichen Öl in der Pfanne von jeder Seite ca. 3 Min. braten. Auf eine Platte geben. Marinade in die Pfanne gießen, einmal aufkochen lassen. Sauce über die Tunfischwürfel gießen. Mit Frühlingszwiebeln und Paprikawürfeln bestreuen. Dazu passen japanische Reis-Cracker, Rettichsalat (Seite 76) und deutscher Riesling Kabinett, Bier oder Sake.

Variante:
Statt marinieren: Tunfisch panieren: Semmelbrösel mit fein gehackten Kräutern mischen. Tunfisch erst in Ei, dann in den Kräuterbröseln wenden und goldbraun ausbraten

Klassiker Gefüllte Champignons

8 große Champignons (ca. 350 g)
1 kleine Zwiebel
1 Knoblauchzehe
50 g gekochter Schinken
2 Stängel glatte Petersilie
1 EL Öl
50 g Gouda in Scheiben
Salz – Pfeffer

Zubereitung: 35 Min.
Für 8 Stück / Pro Stück: ca. 50 kcal

1 Backofen auf 220° (Umluft 200°) vorheizen. Pilze putzen. Stiele herausdrehen und fein hacken. Zwiebel und Knoblauch schälen und fein würfeln. Schinken fein würfeln. Petersilie waschen, trockenschütteln, Blättchen fein hacken.
2 Öl in einer Pfanne erhitzen, Zwiebel und Knoblauch darin andünsten. Pilzstiele zugeben und 2 Min. mitschmoren lassen. Schinken und Petersilie zu den Stielen geben, kurz mitschmoren lassen, salzen und pfeffern.
3 Pilzköpfe in eine Auflaufform geben, die Masse in die Pilze füllen. Gouda in kleine Streifen schneiden und darauf legen. Im heißen Ofen (Mitte) ca. 10 Min. überbacken. Dazu passen Baguette und ein Pfälzer Weißburgunder.

Varianten:
Statt Schinken-Petersilie-Füllung: getrocknete, in Öl eingelegte Tomaten und Oregano verwenden
Statt Gouda: Raclette-Käse oder Parmesan verwenden
Statt Schinken und Käse: 50 g Hackfleisch mit Zwiebel und Knoblauch anbraten

schnell Gefüllte Tomaten

12 feste Kirschtomaten
3 Stängel Basilikum
100 g Schafkäse
2 TL Ajvar (aus dem Glas)

Zubereitung: 15 Min.
Für 12 Stück / Pro Stück: ca. 20 kcal

1 Tomaten waschen. Am Stielansatz einen kleinen Deckel abschneiden. Tomaten aushöhlen. Das geht am besten, wenn man mit einem spitzen Messer erst vorsichtig am Rand entlang schneidet und dann das Fruchtfleisch herausholt.
2 Basilikum waschen, trockenschütteln, Blättchen abzupfen. 12 kleine Blättchen beiseite legen. Den Rest mit Schafkäse, Ajvar und dem ausgehöhlten Tomatenfruchtfleisch pürieren. Creme in die Tomaten füllen. Mit dem restlichen Basilikum garnieren. Dazu passen Fladenbrot, Gurkensalat und würziger Weißwein, z. B. griechischer Retsina.

Varianten:
Statt der Schafkäse-Füllung: 100 g Frischkäse, 2 EL Pesto und 4 gehackte schwarze Oliven verrühren, in die Tomaten füllen, mit Olivenscheibchen garnieren
Statt der Schafkäse-Füllung: zerpflückten Tunfisch oder klein geschnittenen Räucherfisch in die Tomaten geben
Statt mit Basilikum und Ajvar: Schafkäse mit rotem Pesto oder Tapenade würzen

Klassiker Hühnerbrühe

1 Suppenhuhn (ca. 1,5 kg)
1 Bund Suppengemüse
2 Zwiebeln
1 Bund glatte Petersilie
1 TL schwarze Pfefferkörner
10 Pimentkörner
3 Lorbeerblätter
Muskatnuss, frisch gerieben
Salz – Pfeffer

Zubereitung: 30 Min. (+ 2 Std. Garzeit)
Für 4–6 Personen / Bei 6 Personen pro Portion: ca. 495 kcal

1 In einem großen Topf 3 l Wasser aufkochen. Huhn hineingeben und kurz aufkochen lassen. Huhn herausheben und kalt abspülen, Wasser weggießen.
2 Suppengemüse putzen, waschen und klein schneiden. Zwiebeln halbieren und mit der Schnittfläche in einer Pfanne ohne Fett dunkel anrösten. Petersilie waschen.
3 Huhn, Suppengemüse, Zwiebeln und Petersilie in den Topf geben und mit 3 l kaltem Wasser auffüllen. Aufkochen lassen. Pfefferkörner, Piment, Lorbeer und Salz zugeben und alles ca. 2 Std. köcheln lassen, dabei den Schaum gelegentlich abschöpfen.
4 Huhn herausnehmen und etwas abkühlen lassen. Brühe durch ein Tuch in einem Sieb abseihen. Hühnerfleisch von Haut und Knochen lösen und in Stücke schneiden. Möhren, Sellerie und Petersilienwurzel in Stücke schneiden. Brühe evtl. entfetten und aufkochen lassen. Fleisch und Gemüse darin erhitzen. Mit Salz, Pfeffer und Muskat abschmecken.

Varianten:
Zusätzlich: Brühe mit Sesamöl und Sojasauce abschmecken und 150 g Mungbohnensprossen zum Schluss darin erhitzen
Zusätzlich: in der Brühe 250 g Möhrenstreifen garen und mit Weißbrot-Croûtons, die mit Curry bestäubt werden, bestreuen
Zusätzlich: 250 g gekochte Suppennudeln in die Brühe geben, dazu Pesto auf geröstetem Ciabatta-Brot servieren
Zusätzlich: Brühe mit 250 g gekochtem Reis zubereiten
Zusätzlich: Fleisch rundherum in etwas Butter goldbraun anbraten und dann in die heiße Suppe geben

Tipps
Das Suppenhuhn ist gar, wenn nach dem Einstechen mit einem Holzspießchen zwischen Keulen und Körper klarer Fleischsaft austritt. Die Brühe sollte nicht zu stark kochen, sondern nur leicht sieden, damit sie klar wird.

asiatisch Wan-Tan-Suppe

20 tiefgefrorene Wan-Tan-Teigblätter (ca. 120 g)
10 g getrocknete Mu-Err-Pilze
150 g gekochtes Hühnerfleisch (Rezept Seite 60)
1 Knoblauchzehe
1 Ei
3 EL Austernsauce
1/2 TL Sesam-Würzöl
1,2 l Hühnerbrühe (Rezept Seite 60)
1 Dose Bambusschösslinge (170 g Abtropfgewicht)
1 Bund Schnittlauch
Salz – Pfeffer

Zubereitung: 1 Std.
Für 4 Personen / Pro Portion: ca. 780 kcal

1 Teig auftauen lassen. Pilze in heißem Wasser einweichen. Fleisch fein würfeln, Knoblauch schälen und hacken. Beides mit dem Ei mischen und mit 2 EL Austernsauce, Sesamöl, Salz und Pfeffer abschmecken.
2 Je 1 TL davon in die Mitte der Teigblätter geben. Ränder mit Wasser bestreichen und über der Füllung zusammendrücken. Teigtaschen in siedendem Salzwasser garen, bis sie an der Oberfläche schwimmen. Herausnehmen und gut abtropfen lassen.
3 Pilze abtropfen lassen und in Streifen schneiden. In der Brühe ca. 15 Min. kochen lassen. Bambus abtropfen lassen, in Stifte schneiden und zugeben.
4 Schnittlauch waschen, trockenschütteln und in Röllchen schneiden. Teigtaschen in die Brühe geben und erhitzen. Brühe mit 1 EL Austernsauce abschmecken und mit Schnittlauch bestreuen. Dazu passt ein kühles Pils.

Variante:
Statt Hühnerfleisch: rohe gehackte Garnelen verwenden

für Gäste Asiatisches Brühefondue

500 g Hähnchen- oder Putenbrustfilet
250 g Shiitake-Pilze (ersatzweise Champignons)
500 g Brokkoli
1 Stück frischer Ingwer (ca. 2 cm)
1 Bund Koriandergrün
1,5 l Hühnerbrühe (Rezept Seite 60)
1 TL 5-Gewürze-Pulver
Salz
Drahtsiebchen (Asienladen)

Zubereitung: 30 Min.
Für 4 Personen / Pro Portion: ca. 415 kcal

1 Fleisch in feine Scheibchen schneiden. Pilze putzen, abreiben, Stiele herausdrehen. Brokkoli putzen, waschen und in Röschen teilen. Ingwer schälen und fein reiben. Koriander waschen, trockenschütteln und hacken.
2 Brühe erhitzen. Ingwer und Koriander zugeben. Mit 5-Gewürze-Pulver und Salz abschmecken und in einen Fondue-Topf gießen.
3 Bei Tisch nach Belieben jeweils etwas Fleisch, Pilze und Brokkoli in Drahtsiebchen geben und in der Brühe erhitzen bzw. garen. Dazu passen Mango-Chutney, die Feurige Paprikasauce (beide Seite 49) oder fertige Dips aus dem Asienladen sowie Brot und kühles Bier. Als Einlage passen ebenfalls Garnelen, Fischwürfel (z. B. Seelachs), Lammfiletscheibchen, Mungbohnensprossen, Champignons, Zuckerschoten, Spinatblätter und Frühlingszwiebelstücke oder feine Lauchringe.

Variante:
Statt Ingwer: 1 EL Kurkumapulver zum Würzen verwenden

asiatisch Misosuppe mit Tofu

10 g Wakame-Algen (Asienladen)
100 g weißer Rettich
150 g Blattspinat
150 g Tofu
1,2 l Gemüsefond (aus dem Glas)
150 g Misopaste
4 EL Pflaumenwein (nach Belieben)
Pfeffer

Zubereitung: 40 Min.
Für 4 Personen / Pro Portion: ca. 190 kcal

1 Algen in kleinere Stücke brechen, mit kochendem Wasser überbrühen und ca. 10 Min. ziehen lassen.
2 Rettich schälen, waschen und in Stifte schneiden. Spinat verlesen, putzen, waschen und abtropfen lassen. Tofu ebenfalls in Stifte oder Würfel schneiden.
3 Fond erhitzen. Algen abtropfen lassen. Mit Rettich und Spinat im Fond ca. 5 Min. köcheln lassen. Tofu zugeben und erhitzen. Miso mit 150 ml heißem Fond verrühren und in die Suppe zurückgeben. Mit Pflaumenwein und Pfeffer abschmecken. Passt als Vorspeise zu Sushi mit grünem Tee.

Tipps

Misopaste aus vergorenen Sojabohnen gehört in Japan in die Frühstückssuppe. Sie ist im Asienladen erhältlich. Wichtig: nicht kochen, sondern nur erhitzen. Im Original wird die Suppe mit Dashi, einer Brühe aus Kombu (Algen) und Bonito-Flocken (getrockneter Tunfisch), zubereitet. Man bekommt sie oft als Instant-Brühe im Asienladen.

vegetarisch Erbsensuppe mit Grießklößchen

200 ml Milch
100 g Hartweizengrieß
1 Ei
4 EL Butter
Muskatnuss, frisch gerieben
150 g Zuckerschoten
1 Zwiebel
1 Bund glatte Petersilie
300 g Erbsen (TK)
1 1/4 l Gemüsebrühe
Salz – Pfeffer

Zubereitung: 1 Std.
Für 4 Personen / Pro Portion: ca. 350 kcal

1 Milch und 1/2 TL Salz aufkochen. Grieß einstreuen. Topf vom Herd nehmen. Ei und 2 EL Butter in den Grieß rühren. Mit Salz, Pfeffer und Muskat abschmecken.
2 Zuckerschoten putzen, waschen und je nach Größe quer halbieren. Zwiebel schälen und fein würfeln. Petersilie waschen, trockenschütteln und hacken.
3 Aus dem Grieß mit zwei angefeuchteten Teelöffeln Klößchen abstechen und in siedendem Salzwasser in ca. 10 Min. gar ziehen lassen, herausheben.
4 Zwiebel in restlicher Butter glasig dünsten. Zuckerschoten und Erbsen andünsten. Brühe zugießen und ca. 5 Min. köcheln. Mit Salz und Pfeffer abschmecken. Klößchen darin erwärmen. Suppe mit Petersilie bestreuen. Dazu passt Weißburgunder aus Baden oder Holunderlimonade.

Variante:
Statt Erbsen: anderes Frühlingsgemüse, z. B. Möhren und Kohlrabi, verwenden

mediterran Fischsuppe mit Aïoli-Baguette

250 g Seeteufelfilet (ersatzweise Seelachs oder Kabeljau)
1 EL Zitronensaft
400 g Tomaten
3 kleine Zucchini (ca. 300 g)
2 Schalotten
2 Knoblauchzehen
4 EL Olivenöl
1 TL rote Thai-Currypaste
1 l Fischfond (aus dem Glas)
8 Scheiben Baguette-Brot
1/2 Rezept Aïoli (Seite 51)
Salz – Pfeffer
Mehl zum Wenden

Zubereitung: 50 Min.
Für 4 Personen / Pro Portion: ca. 485 kcal

1 Fisch würfeln. Mit Zitronensaft, Salz und Pfeffer würzen.
2 Tomaten überbrühen, abschrecken, häuten, vierteln und entkernen. Zucchini waschen, putzen und in dünne Scheiben schneiden. Schalotten und Knoblauch schälen und würfeln. In 2 EL Öl glasig dünsten. Currypaste und Zucchini kurz mitdünsten. Mit Fond ablöschen und ca. 8 Min. köcheln lassen.
3 Inzwischen Fisch trockentupfen und im Mehl wenden. In restlichem Öl rundherum goldbraun anbraten.
4 Brot toasten und mit Aïoli bestreichen.
5 Tomaten in der Suppe erhitzen. Mit Salz und Pfeffer kräftig abschmecken. Fisch dazugeben und Brotscheiben darauf setzen. Dazu passt ein leichter Rosé, z. B. Côtes de Provence.

Variante:
Statt Currypaste: 1 Prise Safranpulver verwenden

Klassiker Überbackene Zwiebelsuppe

400 g Zwiebeln
2 Knoblauchzehen
4 EL Butter
3/4 l Fleischbrühe
1/4 l Weißwein (ersatzweise Fleischbrühe)
gemahlener Kümmel
4 Scheiben Weißbrot
100 g Emmentaler am Stück
Salz – Pfeffer

Zubereitung: 45 Min.
Für 4 Personen / Pro Portion: ca. 295 kcal

1 Zwiebeln schälen und in Ringe schneiden. Knoblauch schälen und in Scheiben schneiden.
2 Butter erhitzen. Zwiebeln und Knoblauch darin glasig dünsten. Mit Brühe und Wein ablöschen. Mit Salz, Pfeffer und ca. 2 Msp. Kümmel würzen. Ca. 10 Min. köcheln lassen.
3 Backofengrill vorheizen. Brot entrinden, auf Suppentassengröße schneiden und leicht braun toasten. Käse raspeln. Suppe in die Tassen füllen. Brotscheiben auf die Suppe legen und mit Käse bestreuen. Unter dem heißen Grill goldbraun überbacken. Dazu passt ein kräftiger Rotwein, z. B. französischer Beaujolais, oder ein kühles Bier.

Varianten:
Statt Küchenzwiebeln: rote Zwiebeln verwenden
Statt Emmentaler: Gruyère verwenden

vegetarisch Kürbissuppe mit Curry-Chips

1 Zwiebel
700 g Kürbisfleisch (ohne Kerne und Schale)
3 EL Butterschmalz
3/8 l Gemüsebrühe
200 ml Milch
200 g Sahne
2 TL Honig
Chilipulver
Ingwerpulver
50 g Kokos-Chips
1 TL Currypulver
Salz

Zubereitung: 45 Min.
Für 4 Personen / Pro Portion: ca. 405 kcal

1 Zwiebel schälen und würfeln. Kürbisfleisch grob raspeln.
2 Zwiebel in 2 EL Butterschmalz glasig dünsten. Kürbis kurz mitdünsten. Mit Brühe und Milch ablöschen und 10–15 Min. köcheln lassen.
3 Sahne unterrühren und alles pürieren. Suppe mit Honig, Salz, 1 Prise Chili- und Ingwerpulver würzen.
4 Kokos-Chips in restlichem Butterschmalz anbraten. Mit Curry-, Chilipulver und Salz würzen. Suppe mit Chips bestreuen. Dazu passt ein fruchtiger Weißwein, z. B. kalifornischer Chardonnay.

Variante:
Statt Milch: ungesüßte Kokosmilch aus der Dose verwenden

Tipp
Kokos-Chips gibt's im Bioladen oder Reformhaus. Notfalls kann man sie durch Kokosraspel ersetzen.

für Gäste Weiß-grüne Spargelsuppe

je 500 g weißer und grüner Spargel
1 Prise Zucker
60 g Butter
3 Schalotten
1 Bund Kerbel
40 g Mehl
2 Scheiben Toastbrot
30 g alter Gouda, frisch gerieben
6 EL trockener Weißwein (ersatzweise 1 EL Zitronensaft)
200 g Crème fraîche
Salz – Pfeffer

Zubereitung: 1 Std. 30 Min.
Für 4 Personen / Pro Portion: ca. 455 kcal

1 Spargel waschen, schälen bzw. beim grünen Spargel untere Enden schälen und in Stücke schneiden. Schalen in 1 l Wasser ca. 10 Min. kochen. Durch ein Sieb abgießen, Sud auffangen.
2 Sud aufkochen. Weißen Spargel mit Salz, Zucker und 1 EL Butter darin ca. 15 Min. kochen, den grünen nach 5 Min. mitgaren. Abgießen, Sud auffangen.
3 Schalotten schälen und fein würfeln. Kerbel hacken.
4 Schalotten in 3 EL Butter glasig dünsten. Mehl darüber stäuben. Mit Sud ablöschen, ca. 10 Min. köcheln.
5 Toast würfeln und in restlicher Butter leicht braun braten. Käse zugeben und unter Schwenken schmelzen.
6 Wein und Crème fraîche in die Suppe rühren und aufkochen. Mit Salz und Pfeffer abschmecken. Spargel in der Suppe erhitzen. Suppe mit Kerbel und Käse-Croûtons bestreuen. Dazu passt ein Müller-Thurgau aus Baden.

Variante:
Statt Croûtons: 150 g in Streifen geschnittenen Räucherlachs oder 2 zerteilte geräucherte Forellenfilets in die Suppe geben

asiatisch Laksa mit Garnelen

2 Schalotten
2 Knoblauchzehen
1 rote Chilischote
1 Stück frischer Ingwer (ca. 2 cm)
2 EL Sojaöl
100 g geschälte rohe Riesengarnelen
1 TL Shrimps-Paste (Asienladen; ersatzweise Sardellenpaste)
1 TL Kurkumapulver
1 Dose ungesüßte Kokosmilch (400 ml)
3/8 l Gemüsebrühe
1 EL brauner Zucker
100 g asiatische Weizennudeln
75 g Mungbohnensprossen
1/2 Bund Koriandergrün
3 EL Limettensaft
Salz

Zubereitung: 55 Min.
Für 4 Personen / Pro Portion: ca. 165 kcal

1 Schalotten und Knoblauch schälen und hacken. Chilischote entkernen, waschen und hacken. Ingwer schälen und reiben.
2 Schalotten, Knoblauch und Chili im Öl glasig dünsten. Garnelen darin anbraten und herausnehmen. Ingwer, Shrimps-Paste und Kurkuma zu den Schalotten geben und mitdünsten. Mit Kokosmilch und Brühe ablöschen, aufkochen und mit Zucker ca. 15 Min. köcheln.
3 Inzwischen Nudeln ca. 5 Min. in Salzwasser kochen. Abgießen, abschrecken und abtropfen lassen.
4 Bohnensprossen kalt abspülen. Koriander waschen und fein hacken.
5 Garnelen und Bohnensprossen in der Suppe in ca. 5 Min. gar ziehen lassen. Suppe mit Limettensaft und Salz abschmecken. Nudeln darin erhitzen. Mit Koriander bestreuen. Dazu passt ein kühles Bier oder Maracujasaft.

raffiniert Möhrensuppe mit Sekt

600 g Möhren
450 g Kartoffeln
1 Zwiebel
3 EL Butter
650 ml Gemüsebrühe
Cayennepfeffer
1 Bund glatte Petersilie
200 g Sahne
trockener Sekt (nach Belieben)
40 g gehackte Walnusskerne
Salz – Pfeffer

Zubereitung: 45 Min.
Für 4 Personen / Pro Portion: ca. 460 kcal

1 Möhren und Kartoffeln schälen und waschen. Möhren und 250 g Kartoffeln würfeln. Zwiebel schälen, fein würfeln und in 2 EL Butter glasig dünsten. Möhren- und Kartoffelwürfel kurz mitdünsten. Mit Brühe ablöschen. Mit Salz und Pfeffer würzen. Zugedeckt ca. 15 Min. köcheln lassen.
2 Übrige Kartoffeln fein würfeln, in 1 EL Butter ca. 10 Min. braten. Mit Salz, Pfeffer und Cayennepfeffer würzen.
3 Petersilie waschen, trockenschütteln und Blättchen in Streifen schneiden. Die Suppe kurz pürieren, Sahne darin erhitzen. Mit Salz und Pfeffer abschmecken. Auf Tellern verteilen und nach Belieben jeweils einen Schuss Sekt in die Suppe geben. Mit gebratenen Kartoffelwürfeln, Nüssen und Petersilie bestreuen. Dazu passt trockener Winzersekt.

Varianten:
Statt Petersilie: Koriandergrün verwenden und 1 TL gehackten frischen Ingwer und 1 EL Currypulver in der Suppe mitkochen, Sekt weglassen
Statt Sekt: je 1 EL Bärlauch-Pesto (Seite 120) darüber träufeln

deftig Sellerie-Kartoffelcreme-Suppe

400 g Knollensellerie
300 g mehlig kochende Kartoffeln
4 EL Butter
3/4 l Gemüsebrühe
150 g rote Zwiebeln
100 g Parmaschinken
2 frische Eigelb
150 g Sahne
Salz – Pfeffer

Zubereitung: 40 Min.
Für 4 Personen / Pro Portion: ca. 470 kcal

1 Selleriegrün abschneiden, waschen, trockenschütteln, fein hacken und aufbewahren. Knolle und Kartoffeln schälen, waschen, würfeln und in 2 EL Butter andünsten. Mit Brühe ablöschen und mit Salz und Pfeffer würzen. Zugedeckt ca. 15 Min. köcheln lassen.
2 Zwiebeln schälen, fein würfeln, Schinken ebenfalls fein würfeln. Zwiebeln in restlicher Butter glasig dünsten. Schinken kurz mitdünsten. Selleriegrün kurz unterrühren, vom Herd nehmen.
3 Eigelbe und Sahne verquirlen. Gemüse in der Brühe kurz pürieren. Etwas heiße Suppe mit der Eisahne mischen, in die Suppe rühren, erhitzen, aber nicht kochen lassen. Mit Salz und Pfeffer abschmecken. Mit der Zwiebel-Schinken-Mischung bestreuen. Dazu passt ein Müller-Thurgau aus Franken.

Tipp
Die Suppe sollte man nicht zu lange mit dem Pürierstab pürieren, da die Kartoffeln sonst kleistrig werden.

mediterran Paprika-Tomaten-Suppe

500 g gelbe Paprikaschoten
750 g Tomaten
2 Schalotten
2 Knoblauchzehen
1 rote Chilischote
4 EL Olivenöl
1/2 l Gemüsebrühe
3 Zweige Thymian
1 Lorbeerblatt
1/2 Döschen Safran (1 g)
50 g Sonnenblumenkerne
Salz – Pfeffer

Zubereitung: 1 Std.
Für 4 Personen / Pro Portion: ca. 255 kcal

1 Paprikaschoten halbieren, putzen, waschen, flach drücken und mit der Haut nach oben auf ein Blech legen. Unter dem Grill so lange überbacken, bis die Haut dunkle Blasen wirft. Mit feuchtem Tuch kurz bedecken, dann häuten und klein schneiden.
2 Tomaten waschen und würfeln. Schalotten und Knoblauch schälen und hacken. Chilischote entkernen und hacken.
3 Je 2 EL Öl in zwei Töpfen erhitzen. Je die Hälfte Schalotten und Knoblauch darin andünsten. In einem Topf Tomaten und Chili, im anderen Paprika andünsten. Mit je 1/4 l Brühe ablöschen. Thymian waschen und mit Lorbeer zu den Tomaten geben. Safran zum Paprika geben. Beide Suppen salzen und pfeffern. Zugedeckt ca. 15 Min. köcheln lassen.
4 Sonnenblumenkerne in einer Pfanne ohne Fett rösten. Tomaten durch ein Sieb streichen. Paprika pürieren. Tomatensuppe in tiefe Teller geben. Paprikasuppe in die Mitte der Tomatensuppe geben, spiralförmig durchziehen Mit Sonnenblumenkernen bestreuen. Dazu passt ein fruchtiger Weißwein aus Italien, z. B. ein Orvieto aus Umbrien.

Klassiker Gazpacho

1 rote Paprikaschote
800 g reife Fleischtomaten
1 mittelgroße Salatgurke (ca. 500 g)
1 Knoblauchzehe
1 EL Paprikapulver
1 TL Zitronensaft
1 Prise Zucker
1 TL Tomatenmark
Cayennepfeffer
Salz – Pfeffer

Zubereitung: 25 Min. (+ 1–2 Std. Kühlzeit)
Für 4 Personen / Pro Portion: ca. 65 kcal

1 Paprikaschote waschen, halbieren, putzen und klein schneiden. Stielansätze der Tomaten entfernen. Tomaten kurz überbrühen, häuten, entkernen und würfeln. Gurke schälen und ebenfalls würfeln.
2 Gemüse im Mixer pürieren und durch ein feines Sieb streichen. Knoblauch schälen und dazupressen.
3 Das Gemüsepüree mit Paprika, Zitronensaft, Zucker, Tomatenmark, Cayennepfeffer und Salz würzen. 1–2 Std. kalt stellen. Die Suppe kalt servieren. Dazu passt ein kräftiger spanischer Rosé, z. B. ein Rosado de Navarra.

erfrischend Kalte Gurkensuppe

2 Salatgurken (ca. 1 kg)
2 Zwiebeln
1 Knoblauchzehe
3 EL Olivenöl
1/2 l Gemüsebrühe
Cayennepfeffer
1 unbehandelte Limette
150 g Crème fraîche
1 Bund Dill
Salz

Zubereitung: 30 Min. (+ 3 Std. Kühlzeit)
Für 4 Personen / Pro Portion: ca. 265 kcal

1 Gurken waschen, schälen, längs halbieren, entkernen und in Würfel schneiden. Zwiebeln und Knoblauch schälen, fein würfeln und im Öl glasig dünsten. Gurkenwürfel mit andünsten. Mit Brühe ablöschen und aufkochen. Mit Salz und Cayennepfeffer würzen. Zugedeckt ca. 10 Min. köcheln lassen.
2 Limette waschen, Schale abreiben, Saft auspressen. Gurken in der Brühe pürieren. Crème fraîche mit Limettenschale und -saft unterrühren. Mit Salz und Cayennepfeffer abschmecken. Suppe abkühlen lassen und mindestens 3 Std. kühl stellen.
3 Dill waschen, trockenschütteln, fein schneiden und auf die Suppe streuen. Dazu passen gerösteter Toast und ein frischer Sommerweißwein, z. B. Sauvignon Blanc.

Tipps

Schmeckt toll mit einer Knoblauchcroûtons-Einlage: 2 Scheiben Weißbrot grob würfeln, 2 EL Olivenöl erhitzen, 1 Knoblauchzehe dazupressen und Weißbrot darin braun rösten. Wer will, kann die Suppe vor dem Servieren zusätzlich mit Eiswürfeln kühlen.

Variante:
Statt Crème fraîche und Cayennepfeffer: Dickmilch und Garam Masala verwenden
Zusätzlich: 150 g in Streifen geschnittenen Räucherlachs auf die Suppe geben

Klassiker Chili con carne

2 Zwiebeln
2 Knoblauchzehen
1 Stange Lauch
1 grüne Paprikaschote
2 EL Öl
500 g Rinderhackfleisch
1 EL Chili-con-carne-Gewürzmischung (Fertigprodukt)
2 TL getrockneter Oregano
1 l Fleischbrühe
1 kleine Dose stückige Tomaten (400 g Füllgewicht)
1 Dose Kidney-Bohnen (500 g Füllgewicht)
1/2 Bund Basilikum
Salz – Pfeffer

Zubereitung: 50 Min.
Für 4 Personen / Pro Portion: ca. 935 kcal

1 Zwiebeln und Knoblauch schälen und fein würfeln. Lauch und Paprikaschote waschen, putzen und in Scheiben bzw. Streifen schneiden.
2 Öl erhitzen. Zwiebeln, Knoblauch, Lauch und Paprika 5 Min. dünsten. Hackfleisch dazugeben, unter Rühren krümelig braten. Mit Salz, Chili-con-carne-Pulver und Oregano würzen, ca. 5 Min. unter Rühren braten.
3 Brühe dazugießen. Tomaten und Bohnen samt Saft hinzufügen. Aufkochen und ca. 30 Min. köcheln lassen.
4 Den Eintopf mit Salz und Pfeffer abschmecken. Basilikum waschen, Blätter abzupfen, trocknen und darüber streuen. Dazu passen warme Tortilla-Chips und mexikanisches Bier oder ein voller Rotwein, z. B. ein Cabernet Sauvignon.

Tipp
Sie können auch 200 g getrocknete rote Bohnen über Nacht mit Wasser bedeckt einweichen und am nächsten Tag in 1–2 Std. weich kochen lassen.

Klassiker Pichelsteiner

500 g mageres Rindfleisch (z. B. Filet oder Roastbeef)
500 g Suppengemüse
2 Zwiebeln
500 g kleine Kartoffeln
300 g Wirsing
2 unbehandelte Zitronen
2 Bund glatte Petersilie
4 Knoblauchzehen
3 EL Olivenöl
1 l Fleischbrühe
Salz – Pfeffer

Zubereitung: 1 Std.
Für 4–6 Personen / Bei 6 Personen pro Portion: ca. 230 kcal

1 Fleisch in 2 cm große Würfel schneiden. Gemüse und Zwiebeln putzen, waschen und in kleine Würfel, Kartoffeln schälen und in Scheiben schneiden. Wirsing in einzelne Blätter zerlegen, waschen und in Stücke schneiden.
2 Reichlich Salzwasser aufkochen. Gemüse – außer Kartoffeln – ca. 2 Min. darin kochen. Abgießen, abschrecken und abtropfen lassen.
3 Zitronenschale fein abreiben. Petersilie waschen und hacken. Knoblauch schälen und fein würfeln. Alles mischen.
4 In einem breiten Topf 2 EL Öl erhitzen. Fleisch portionsweise anbraten, herausheben. Zwiebeln in übrigem Öl andünsten. Topf vom Herd nehmen, in mehreren Lagen jeweils Fleisch, Kartoffeln, Gemüse und Petersilienmischung einschichten. Jede Schicht salzen und pfeffern. Brühe angießen, Deckel auflegen. Aufkochen und bei milder Hitze 15–20 Min. köcheln lassen. Eintopf mischen, salzen und pfeffern. Dazu passt ein kräftiger Weißwein, z. B. ein Chasselas aus der Schweiz.

asiatisch Erbseneintopf

250 g gelbe Schälerbsen
1 Lorbeerblatt
750 g roh geräuchertes Kasseler mit Knochen
500 g Suppengemüse
1 Zwiebel
1 Stück frischer Ingwer (ca. 2 cm)
2 Knoblauchzehen
2 EL Butterschmalz
1 TL Sambal oelek
3 EL Zitronensaft
1 Bund Koriandergrün
Salz – Pfeffer

Zubereitung: 1 Std. 45 Min. (+ 12 Std. Einweichzeit)
Für 4 Personen / Pro Portion: ca. 445 kcal

1 Erbsen über Nacht in 2 l kaltem Wasser einweichen. Am nächsten Tag samt Einweichwasser und Lorbeerblatt in ca. 1 Std. garen. Kasseler dazugeben und nochmals ca. 30 Min. köcheln lassen.
2 Inzwischen Gemüse waschen, putzen und würfeln. Zwiebel, Ingwer und Knoblauch schälen und fein würfeln. Schmalz in einer Pfanne erhitzen, alles hineingeben und kurz dünsten. Sambal oelek und Zitronensaft einrühren, vom Herd nehmen.
3 Kasseler aus der Suppe nehmen. Gemüsemischung einrühren, salzen und pfeffern. Alles ca. 10 Min. bei schwacher Hitze köcheln lassen. Den Eintopf mit einem Schneebesen kräftig durchschlagen.
4 Fleisch vom Knochen lösen und in Stücke schneiden. In den Eintopf geben, kurz erhitzen. Koriander waschen, abzupfen und aufstreuen. Dazu passt ein kräftiger Weißwein, z. B. ein Zilavka aus Herzegowina.

Variante:
Zusätzlich: Eintopf mit 1 TL Kreuzkümmelpulver abschmecken

scharf Indischer Linseneintopf

2 Hähnchenbrüste mit Knochen (à ca. 400 g)
250 g braune Linsen
1 kleine Aubergine (ca. 300 g)
500 g Kürbis
2 Tomaten
250 g junger Blattspinat (ersatzweise TK)
1 große Zwiebel
1 EL Butterschmalz
1 EL Garam Masala
1 EL grüne Thai-Currypaste
Salz

Zubereitung: 50 Min.
Für 4–6 Personen / Bei 6 Personen pro Portion: ca. 275 kcal

1 Hähnchenbrüste waschen, in einen großen Topf geben und mit 1 1/2 l Wasser aufkochen lassen. Linsen und 1 TL Salz dazugeben, bei milder Hitze zugedeckt ca. 20 Min. garen.
2 Aubergine und Kürbis putzen und in 1–2 cm große Würfel schneiden. Tomaten überbrühen, häuten, entkernen und hacken. Das Gemüse zu den Linsen geben und ca. weitere 20 Min. garen.
3 Inzwischen Spinat waschen und putzen. Zwiebel schälen, würfeln und in einer Pfanne mit Schmalz glasig dünsten. Garam Masala und Currypaste dazugeben und unter Rühren kurz anschwitzen.
4 Fleisch aus der Suppe herausnehmen, Zwiebel-Gewürzmischung dazugeben und weitere 5 Min. leise köcheln. Hähnchenteile von Haut und Knochen befreien und in schmale Scheiben schneiden. Spinat und Fleisch in den Topf geben, kurz ziehen lassen. Eintopf mit Salz abschmecken. Dazu passen türkisches Fladenbrot und Bier.

Klassiker Borschtsch mit Ente

1 Bund Suppengemüse
3 Zwiebeln
1 Ente (ca. 1,7 kg)
800 ml Entenfond (aus dem Glas)
200 g Knollensellerie
200 g Möhren
500 g Rote Bete
200 g Weißkohl
2 EL Öl
3 EL Rotweinessig
1 Bund Dill
Salz – Pfeffer

Zubereitung: 45 Min. (+ 1 Std. 30 Min. Garzeit)
Für 4–6 Personen / Bei 6 Personen pro Portion: ca. 375 kcal

1 Suppengemüse putzen, 1 Zwiebel schälen und beides grob würfeln. Ente vierteln, waschen und mit Zwiebeln, Suppengemüse und 2 TL Salz in einen großen Topf geben. Mit Fond und 1 l Wasser auffüllen, aufkochen und ca. 1 1/2 Std. köcheln lassen. Schaum hin und wieder abschöpfen.
2 Inzwischen übrige Zwiebeln, Sellerie, Möhren, Rote Bete und Kohl schälen bzw. waschen und putzen, dann in streichholzfeine Stifte oder Streifen schneiden.
3 Ente aus der Brühe nehmen, Brühe durch ein Sieb gießen und entfetten.
4 In einem Topf Öl erhitzen. Zwiebeln, Sellerie, Möhren und Rote Bete darin ca. 4 Min. dünsten. Mit Brühe auffüllen, Kohl zugeben und noch ca. 5 Min. köcheln lassen. Inzwischen Entenfleisch enthäuten, vom Knochen lösen und in mundgerechte Stücke schneiden.
5 Eintopf mit Salz, Pfeffer und Essig abschmecken. Fleisch darin erhitzen. Dill waschen, hacken und obendrauf streuen. Dazu passen zerstampfte Salzkartoffeln, ein Klecks saure Sahne, Bier und ein Gläschen Wodka.

macht was her Fischeintopf

1/2 Döschen Safran (1 g)
125 g Langkornreis
1 Kohlrabi
200 g junge Möhren
1 weiße Zwiebel
2 Knoblauchzehen
1/2 unbehandelte Zitrone
750 g gemischtes Fischfilet (z. B. Kabeljau, Rotbarsch, Seelachs)
2 EL Olivenöl
800 ml Fischfond (aus dem Glas)
150 g Erbsen (TK)
1/2 Bund glatte Petersilie
Salz – Pfeffer

Zubereitung: 45 Min.
Für 4 Personen / Pro Portion: ca. 420 kcal

1 In einem Topf 1/4 l Wasser mit Salz und Safran aufkochen, Reis einstreuen und in ca. 15 Min. bissfest garen.
2 Kohlrabi und Möhren schälen und in dünne Scheiben schneiden. Zwiebel und Knoblauch schälen und fein würfeln. Zitronenschale abreiben, Saft auspressen. Fisch in mundgerechte Stücke schneiden, mit dem Zitronensaft beträufeln.
3 Öl erhitzen. Zwiebel, Knoblauch, Kohlrabi und Möhren ca. 3 Min. andünsten. Mit Fond auffüllen, aufkochen und in ca. 5 Min. garen. Fisch und Erbsen dazugeben. Zugedeckt 8–10 Min. ziehen lassen.
4 Petersilie waschen, abzupfen, hacken und mit Reis untermischen. Eintopf mit Zitronenschale, Salz und Pfeffer würzen. Dazu passt ein fruchtiger Weißwein, z. B. italienischer Gavi.

Variante:
Zusätzlich: 6–8 rohe geschälte Riesengarnelen im Eintopf gar ziehen lassen

vegetarisch Gemüseeintopf

Für den Eintopf:
500 g grüne Bohnen
200 g Frühlingszwiebeln
200 g Zucchini
3 große Kartoffeln
4 Tomaten
2 EL Olivenöl
2 l Gemüsebrühe

Für die Basilikumpaste:
2 Knoblauchzehen
1 Bund Basilikum
6 EL Olivenöl
75 g Gruyère, frisch gerieben
150 g Fadennudeln
Salz – Pfeffer

Zubereitung: 50 Min.
Für 4–6 Personen / Bei 6 Personen pro Portion: ca. 300 kcal

1 Bohnen, Frühlingszwiebeln und Zucchini waschen, putzen und klein schneiden. Kartoffeln schälen und würfeln. Tomaten überbrühen, häuten und entkernen, das Fruchtfleisch klein würfeln.
2 Öl in einem großen Topf erhitzen. Gemüse und Kartoffeln ca. 3 Min. andünsten, salzen und pfeffern. Brühe angießen und Tomaten hinzufügen. Zugedeckt bei mittlerer Hitze 20 Min. kochen.
3 Für die Basilikumpaste Knoblauch schälen und grob hacken. Basilikumblätter waschen, trockenschütteln, abzupfen und hacken. Mit Knoblauch pürieren. Öl einlaufen lassen, Käse unterrühren. Eine Schöpfkelle heiße Brühe untermischen.
4 Nudeln in den Topf geben und noch ca. 7 Min. mitgaren.
5 Suppe anrichten. Je einen Klecks Basilikumpaste darauf geben. Dazu passt ein weißer Corbières aus Südfrankreich.

Variante:
Statt Kartoffeln und Zucchini: 300 g Auberginen und 200 g Möhren verwenden

Klassiker Kartoffelsuppe

750 g mehlig kochende Kartoffeln
1 Zwiebel
2 Möhren
200 g Knollensellerie
1 Stange Lauch
1/2 Bund Liebstöckel
2 EL Öl
1 l Fleischbrühe oder Kalbsfond (aus dem Glas)
100 g Frühstücksspeck
Muskatnuss, frisch gerieben
4 EL Schmand
Salz – Pfeffer

Zubereitung: 1 Std.
Für 4 Personen / Pro Portion: ca. 605 kcal

1 Kartoffeln, Zwiebel, Möhren und Sellerie putzen, schälen und würfeln. Lauch putzen, waschen und in dünne Scheiben schneiden. Liebstöckel waschen, abzupfen, die Hälfte hacken, den Rest beiseite legen.
2 Öl in einem großen Topf erhitzen. Zwiebel und Gemüse darin ca. 5 Min. andünsten. Kartoffeln und Liebstöckel dazugeben und mit Brühe oder Fond aufgießen. Aufkochen und alles zugedeckt bei mittlerer Hitze ca. 40 Min. köcheln lassen.
3 Frühstücksspeck fein würfeln, in heißer Pfanne knusprig ausbraten. Auf Küchenpapier abtropfen lassen. Den restlichen Liebstöckel fein hacken.
4 Suppe pürieren, mit Salz, Pfeffer und Muskat würzen. Auf Tellern verteilen, jeweils 1 EL Schmand darauf geben und einrühren. Frühstücksspeck und Liebstöckel darüber streuen. Dazu passt ein Bier.

Salate und Gemüse

Ungläubig blicken wir auf jene Zeiten zurück, als Konservengemüse das höchste Glück bedeutete. Angesichts bunter Marktstände mit frischem Gemüse erscheint die Wirtschaftswunder-Begeisterung für fahlgrüne Erbsen und zwergwüchsige Möhren aus der Dose im Nachhinein unvorstellbar. Loben wir die Gegenwart! Genießen wir Vitamine in ihrer angenehmsten Form: verpackt in knackige Salate, die als Vorspeise, Beilage oder Hauptspeise gleichermaßen gut geeignet sind. Oder als Gemüsegerichte in jeder Zubereitungsform; ruhig mal als Beilage, aber nie als Nebensache. Ob im Wok gebraten, ob gedämpft, geschmort oder aus dem Ofen, gesunde Gartenfrische steht immer im Mittelpunkt.

Klassiker Vinaigrette

1/2 TL Senf
2 EL Weißweinessig
6 EL Öl (z. B. Sonnenblumenöl)
1 EL gehackte Kräuter (z. B. Schnittlauch, Petersilie, Kerbel, Dill, Estragon)
Salz – Pfeffer

Zubereitung: 5 Min.
Für 4 Personen / Pro Portion: ca. 135 kcal

1 Senf, Essig, Salz und Pfeffer mit einem Schneebesen verrühren, bis sich das Salz völlig gelöst hat. Öl untermischen und so lange rühren, bis sich alle Zutaten verbunden haben und die Sauce glatt ist. Zum Schluss die Kräuter untermischen. Passt zu allen Blattsalaten.

Varianten:
Mediterran: Senf durch körnigen Senf ersetzen, Weißwein durch Aceto balsamico ersetzen und zusätzlich eine Tomate in winzige Würfel schneiden und untermischen. Passt zu grünem Salat, Tomaten- oder Paprikasalat
Asiatisch: Öl durch 2 EL Sesam-Würzöl und 2 EL Sojasauce ersetzen. 1 EL Honig und 1 TL geröstete Sesamsamen zugeben und statt gemischter Kräuter gehacktes Koriandergrün und Schnittlauchröllchen unterrühren. Passt zu Blattsalaten, Radieschensalat mit Sprossen oder Gurkensalat

fettarm Joghurtsauce

150 g Joghurt
2 EL Zitronensaft
1 EL Sonnenblumenöl
2 EL gehackte Kräuter (z. B. Schnittlauch, Petersilie, Dill, Zitronenmelisse, Minze)
Salz – Pfeffer

Zubereitung: 5 Min.
Für 4 Personen / Pro Portion: ca. 45 kcal

1 Joghurt, Zitronensaft und Öl mit dem Schneebesen cremig rühren. Die Joghurtsauce mit Salz, Pfeffer und Kräutern abschmecken. Passt zu Blattsalat, Gurken-, Fenchel- und Selleriesalat.

Varianten:
Statt Zitronensaft: 2 EL Orangensaft verwenden. 1/2 TL Curry und 1 TL abgeriebene unbehandelte Orangenschale unterrühren. Kräuter weglassen. Passt zu Blattsalaten mit Früchten oder Hühnerfleisch, zu Möhren- oder Selleriesalat
Zusätzlich: 1/2 TL gemahlenen Kreuzkümmel und 2 EL klein gehackte Rosinen unterrühren. Minze zugeben. Passt zu Möhren- oder Fenchelsalat
Zusätzlich: 2 in feine Ringe geschnittene Frühlingszwiebeln und 1 durchgepresste Knoblauchzehe unterrühren. Passt zu Blatt-, Spinat-, Wildkräuter- oder Gurkensalat

gut vorzubereiten American Dressing

100 g Salat-Mayonnaise
6 EL Joghurt
3 EL Tomatenmark (ersatzweise Ketchup)
1 Knoblauchzehe
1 Bund glatte Petersilie
1/2 Zitrone
Tabasco
1 Prise Zucker
Salz – Pfeffer

Zubereitung: 10 Min.
Für 4 Personen / Pro Portion: ca. 195 kcal

1 Mayonnaise, Joghurt und Tomatenmark mit einem Schneebesen verrühren. Knoblauch schälen und dazupressen. Petersilie waschen, trockenschütteln, Stängel entfernen, Blättchen fein hacken. Zitrone auspressen, Saft mit Petersilie unter die Sauce rühren.
2 Mit Tabasco (je nachdem, wie scharf man es mag), Zucker, Salz und Pfeffer würzen. Passt zu allen Blattsalaten, auch gemischt mit Tomaten- und Paprikawürfeln oder Gemüsemais aus der Dose.

Variante:
Thousand-Island-Dressing: 100 g Mayonnaise mit 100 g Joghurt und 2 EL Ketchup mischen. Mit Tabasco, Cayennepfeffer und Salz würzen. Je 75 g grüne und rote, klein gewürfelte Paprikaschote untermischen. Oder die grüne Paprika durch 1 kleine gewürfelte Gewürzgurke austauschen. Passt zu allen oben genannten Salaten

würzig Käsedressing

75 g Gorgonzola (ersatzweise Roquefort)
5 EL Sahne
2 EL Weißweinessig
2 EL Sonnenblumenöl
1/2 Bund Schnittlauch
Salz – Pfeffer

Zubereitung: 10 Min.
Für 4 Personen / Pro Portion: ca. 150 kcal

1 Käse in Würfelchen schneiden und mit einer Gabel zerdrücken. Sahne zugeben und mit der Gabel oder einem Schneebesen verrühren.
2 Essig und Öl hinzufügen und verrühren. Sollte die Sauce zu dickflüssig sein, evtl. noch etwas Essig oder Sahne zugeben. Vorsichtig mit Salz und Pfeffer abschmecken (der Käse ist sehr salzig).
3 Schnittlauch waschen, trockenschütteln, in feine Röllchen schneiden und unterrühren. Passt zu Blattsalaten, Spinat- oder Möhrensalat sowie zu gekochten Gemüse- oder Nudelsalaten.

Varianten:
Statt Essig: Saft und Schale von 1/2 Orange verwenden
Ziegenkäse-Dressing: 75 g Ziegenfrischkäse und 5 EL Joghurt, 2 EL Zitronensaft, abgeriebene Schale von 1/2 unbehandelten Zitrone und 1 EL Olivenöl wie beschrieben verrühren, mit Salz und Pfeffer und evtl. einigen gehackten Rosmarinnadeln abschmecken. Passt zu Blattsalaten, evtl. gemischt mit rohen Champignons

scharf Rettichsalat mit Wasabi-Sauce

1 kleiner Rettich (ca. 400 g)
1 rote Paprikaschote
Für die Wasabi-Sauce:
1 Stängel Dill
100 g saure Sahne
1 haselnussgroßes Stück Wasabi-Paste
1 EL Sojasauce
3 EL Zitronensaft
Salz

Zubereitung: 20 Min.
Für 4 Personen / Pro Portion: ca. 45 kcal

1 Rettich schälen und in sehr dünne Scheiben schneiden. Paprikaschote putzen, waschen und in kleine Würfel schneiden.
2 Für die Wasabi-Sauce Dill waschen, trockenschütteln, Dillspitzen fein hacken.
3 Saure Sahne mit der Wasabi-Paste verrühren. Mit Sojasauce, Zitronensaft und Salz abschmecken, Dill unterrühren.
4 Rettich auf Tellern anrichten, Paprika darüber streuen und die Sauce darüber verteilen. Dazu passen Graved Lachs und Bier.

Variante:
Statt Wasabi-Sauce: Rettich mit der Asia-Vinaigrette (Seite 74) zubereiten

Tipp
Wer Wasabi, den extra scharfen japanischen Meerrettich, nicht bekommt, rührt normalen Meerrettich aus dem Glas unter die saure Sahne.

schnell Tomatensalat mit Sardellen-Vinaigrette

6 Eiertomaten
6 Sardellenfilets
ca. 10 Rucolablätter
5 EL Olivenöl
2 EL Aceto balsamico
3 Scheiben Toastbrot
2 Knoblauchzehen
Salz – Pfeffer

Zubereitung: 20 Min.
Für 6 Personen / Pro Portion: ca. 180 kcal

1 Tomaten waschen, Stielansätze herausschneiden und das Fruchtfleisch in Scheiben schneiden. Auf Tellern verteilen, leicht salzen und pfeffern.
2 Sardellenfilets abspülen und klein hacken. Rucola waschen, trockenschütteln und fein hacken. 3 EL Öl und Essig verrühren, Sardellenfilets und Rucola untermischen und die Vinaigrette über die Tomaten gießen.
3 Toastbrot entrinden und in Würfel schneiden. Restliches Öl in einer Pfanne erhitzen und die Brotwürfel darin goldbraun und knusprig rösten. Knoblauch schälen, in die Pfanne pressen, leicht salzen und mit den Brotwürfeln vermischen. Croûtons über den Tomatensalat streuen. Dazu passt ein fruchtiger Weißwein, z. B. ein italienischer Orvieto.

Varianten:
Zusätzlich: 4 EL gewürfelten Schafkäse über die Tomaten streuen
Zusätzlich: etwas zerpflückten Tunfisch aus der Dose zu den Tomaten geben

Klassiker Frühlingssalat

1 kleiner Kopfsalat
1/4 Salatgurke
8 Radieschen
4 EL Sprossen (z. B. Rettichsprossen oder Mungbohnensprossen)
1 Kästchen Kresse

Für das Dressing:
200 g saure Sahne
5 EL Sahne
4 EL weißer Aceto balsamico
1 EL Zitronensaft
Salz – Pfeffer

Zubereitung: 25 Min.
Für 4 Personen / Pro Portion: ca. 110 kcal

1 Salat putzen, waschen, Blätter klein zupfen. Gurke schälen und in dünne Scheiben schneiden. Radieschen putzen und in Scheiben oder Stifte schneiden. Sprossen und Kresse waschen und abtropfen lassen.
2 Saure Sahne mit Sahne, Essig und Zitronensaft verrühren. Mit Salz und Pfeffer abschmecken. Kopfsalat und Gurke in eine große Schüssel geben, Dressing darüber gießen, gut miteinander vermischen. Salat auf Tellern verteilen und mit Radieschen, Sprossen und Kresse bestreuen. Dazu passen Räucherforelle auf Toastbrot oder gebratenes Putenschnitzel und ein halbtrockener Riesling.

Variante:
Frühlingssalat mit Radieschen-Vinaigrette: 5 EL Olivenöl mit 3 EL Aceto balsamico, 2 EL Schnittlauchröllchen, Salz und Pfeffer verrühren. Radieschen nicht zum Salat geben, sondern ganz fein gewürfelt unter die Vinaigrette mischen

für Gäste Spargel-Zuckerschoten-Salat

500 g weißer Spargel
200 g Zuckerschoten
1 EL Öl
1/2 TL Zucker

Für die Senf-Vinaigrette:
2 EL Senf
1 EL Olivenöl
2 EL Walnussöl
2 EL weißer Aceto balsamico
3 Stängel Estragon
Salz

Zubereitung: 35 Min.
Für 4 Personen / Pro Portion: ca. 160 kcal

1 Spargel schälen, Enden abschneiden, Stangen waschen und in mundgerechte Stücke schneiden. Zuckerschoten waschen, wenn nötig, Enden abschneiden.
2 Spargel im Öl bei mittlerer Hitze ca. 5 Min. braten. Darauf achten, dass der Spargel nicht dunkel wird. Dann die Zuckerschoten zugeben und weitere 10 Min. braten. Das Gemüse mit Zucker und etwas Salz würzen.
3 Für die Vinaigrette Senf mit Ölen und Essig verrühren. Estragon waschen, trockenschütteln, Blättchen abzupfen und fein hacken. Gemüse vom Herd nehmen und die Senf-Vinaigrette unterrühren. Mit Estragon bestreuen und lauwarm oder kalt servieren. Dazu passen Toast, gebratene Kaninchenfilets und ein Müller-Thurgau aus Baden.

Tipp
Reichen Sie gebratene Kaninchenfilets dazu, so bestreichen Sie das Fleisch vor dem Braten rundherum mit Senf.

mediterran Rucola mit Parmesan

1 große Hand voll Rucola (ca. 70 g)
12 Kirschtomaten
3 EL Walnussöl (ersatzweise Olivenöl)
2 EL weißer Aceto balsamico
30 g Parmesan am Stück
Salz

Zubereitung: 15 Min.
Für 4 Personen / Pro Portion: ca. 100 kcal

1 Rucola verlesen, waschen und abtropfen lassen. Kirschtomaten waschen und vierteln. Rucola und Tomaten auf Tellern anrichten.
2 Öl mit Essig und etwas Salz verrühren und den Salat damit beträufeln. Vom Parmesan mit einem Käsehobel oder einem Sparschäler kleine Stücke abhobeln und über dem Salat verteilen. Dazu passen in Olivenöl geröstete Ciabatta-Scheiben, Crostini mit Rucolapaste (Seite 26) oder Tapenade bestrichen und ein frischer Weißwein, z. B. italienischer Soave.

Varianten:
Statt Parmesan: anderen gehobelten Hartkäse oder gewürfelten Schafkäse verwenden
Statt Käse: geräuchertes Fischfilet oder Bündner Fleisch in Scheiben zum Rucola servieren
Statt Kirschtomaten: 250 g geviertelte Erdbeeren kurz in der Marinade ziehen lassen (zusätzlich 1 EL Honig in die Marinade rühren), dann über den Salat geben
Zusätzlich: 250 g Geflügelleber in 2 EL Butterschmalz anbraten und warm über den Salat geben; Käse dann evtl. weglassen

schnell Spinat-Möhren-Salat mit Schafkäse

75 g junger Blattspinat
4 kleine Möhren
4 EL in Öl eingelegter Schafkäse (aus dem Glas)

Für das Sherry-Dressing:
4 EL Olivenöl
2 EL halbtrockener Sherry (ersatzweise Trauben- oder Apfelsaft)
2 EL Aceto balsamico
Sojasauce oder Salz

Zubereitung: 20 Min.
Für 4 Personen / Pro Portion: ca. 160 kcal

1 Spinat verlesen, waschen, gut abtropfen lassen und auf Tellern verteilen. Möhren putzen, grob raspeln und auf dem Spinat verteilen. Abgetropften Schafkäse darüber streuen.
2 Für das Sherry-Dressing Öl mit Sherry und Essig verrühren. Mit etwas Sojasauce oder Salz abschmecken und über den Salat gießen. Dazu passen geröstetes Fladenbrot und ein Gläschen Sherry.

Varianten:
Statt Möhren: 2 filetierte Orangen verwenden
Statt Spinat: im Frühjahr Löwenzahn verwenden, evtl. mit Rucola mischen
Statt Schafkäse: Roquefort verwenden und zusätzlich 100 g halbierte blaue Weintrauben oder eine in Stücke geschnittene Birne verwenden
Zusätzlich: 75 g in 1/ 4 l Brühe und 1 TL Thai-Currypaste gegarte, abgetropfte rote Linsen über den Salat geben
Zusätzlich: Rosinen oder kleine Weintrauben darüber streuen

für Gourmets Fenchelsalat mit Lachs

2 Avocados
2 Fenchelknollen
2 Orangen
100 g Räucherlachs

Für die Orangen-Vinaigrette:
3 EL Olivenöl
6 EL Orangensaft
2 EL Zitronensaft
2 EL weißer Aceto balsamico
Salz – Pfeffer

Zubereitung: 25 Min.
Für 4 Personen / Pro Portion: ca. 470 kcal

1 Avocados halbieren, vom Stein lösen, schälen, Fruchtfleisch längs in Scheiben schneiden. Auf einer Platte oder auf Tellern anrichten, leicht salzen.
2 Fenchel putzen und waschen. Fenchelgrün hacken, Fenchel in dünne Streifen schneiden. Orangen schälen, Filets aus den Trennhäuten schneiden. Lachs in Streifen schneiden. Fenchel, Orangenfilets und Lachs über den Avocados verteilen. Fenchelgrün darüber streuen.
3 Für die Orangen-Vinaigrette Öl mit Orangen- und Zitronensaft, Essig und Salz verrühren. Über den Salat gießen. Mit frisch gemahlenem Pfeffer bestreuen. Dazu passen Vollkorntoast und frisch-fruchtiger Weißwein, z. B. ein Tocai Friulano aus Italien.

Variante:
Statt Fenchel, Orangen und Lachs: 2 gewürfelte Strauchtomaten über den Avocados verteilen und mit einer Sauce aus 2 EL Olivenöl, 1 EL Aceto balsamico, Salz, Pfeffer und 4 EL fein gehacktem Dill servieren

für Gäste Chicorée mit Birne und Gorgonzola

3 Stauden Chicorée
2 feste reife Birnen

Für das Gorgonzola-Dressing:
125 g Sahne
120 g Gorgonzola
4 EL Orangenlikör (ersatzweise Orangensaft)
Salz – Pfeffer

Zubereitung: 25 Min.
Für 4 Personen / Pro Portion: ca. 265 kcal

1 Chicorée putzen, waschen und die einzelnen Blätter sternförmig auf vier Teller verteilen. Birnen vierteln, Kerngehäuse entfernen, Birnen mit oder ohne Schale in Spalten schneiden, auf dem Chicorée anrichten.
2 Für das Dressing Sahne in einem Topf erhitzen, Gorgonzola darin schmelzen lassen. Orangenlikör zugeben und die Sauce mit Salz und Pfeffer abschmecken. Über Chicorée und Birnen verteilen. Dazu passen frisches Walnussbrot und ein Pfälzer Ruländer.

Varianten:
Statt Gorgonzola: Chicorée mit einer Joghurtsauce (Rezept Seite 74) oder einer Cocktailsauce (Seite 148) servieren
Statt Birnen: 4 gewürfelte Tomaten verwenden, dabei Likör oder Saft für die Käsesauce weglassen, stattdessen mit Oregano oder Thymian würzen

Klassiker Feldsalat mit Speck und Pilzen

200 g Feldsalat
200 g Champignons (ersatzweise Egerlinge)
150 g Räucherspeck
2 EL Sonnenblumenkerne

Für die Senfsauce:
2 EL Öl
2 EL Senf
4 EL Mayonnaise
4 EL saure Sahne
2 EL weißer Aceto balsamico
Salz – Pfeffer

Zubereitung: 30 Min.
Für 4 Personen / Pro Portion: ca. 410 kcal

1 Feldsalat waschen und gut abtropfen lassen. Pilze putzen und in dünne Scheiben schneiden. Speck klein würfeln.
2 Für die Senfsauce Öl mit Senf, Mayonnaise, saure Sahne und Essig verrühren, salzen. Salat mit der Sauce vermischen, auf vier Tellern verteilen.
3 Speck in einer Pfanne ohne Fett knusprig braten, herausnehmen und die Pilze im Bratfett bei großer Hitze nur kurz braten, sie sollen noch knackig sein. Mit Salz und Pfeffer würzen, über dem Salat verteilen. Speckwürfel und Sonnenblumenkerne darüber streuen. Dazu passen Vollkorn-Baguette oder gerösteter Roggentoast und badischer Spätburgunder.

Varianten:
Statt Mayonnaise und saure Sahne: 4 EL Öl verwenden
Statt Champignons oder Egerlingen: 400 g Austernpilze oder Pfifferlinge mit 2 gehackten Knoblauchzehen und 1 gewürfelten Zwiebel in 2 EL Öl braten, salzen, pfeffern und zum Salat geben

exotisch Frisée-Salat mit Mango und Ziegenkäse

1 kleiner Frisée-Salat
1 rote Paprikaschote
1 Stängel Koriandergrün
1 Mango
5 EL Öl
2 EL weißer Aceto balsamico
1 EL Zitronensaft
2 EL Semmelbrösel
1 EL gemahlene Haselnüsse (ersatzweise Mandeln)
4 kleine runde Ziegenfrischkäse
Salz – Pfeffer

Zubereitung: 40 Min.
Für 4 Personen / Pro Portion: ca. 235 kcal

1 Salat putzen, waschen, abtropfen lassen, Blätter klein zupfen. Paprikaschote waschen, putzen, klein würfeln. Koriandergrün waschen, trockenschütteln, Blättchen fein hacken.
2 Mango schälen, Fruchtfleisch vom Stein schneiden und würfeln. 4 EL Mangowürfel pürieren. Mit 3 EL Öl, Essig, Zitronensaft, Koriandergrün, Salz und Pfeffer verrühren.
3 Semmelbrösel mit den Nüssen auf einem Teller vermischen. Käse darin wenden. Restliches Öl in einer beschichteten Pfanne erhitzen, Käse darin von beiden Seiten goldbraun braten. Salat und Paprika mit dem Mango-Dressing vermischen, auf Tellern verteilen. Ziegenkäse darauf setzen und die Mangowürfel darüber streuen. Dazu passen Baguette und ein Elsässer Silvaner.

Variante:
Statt Mango-Dressing: ein Dressing aus 3 EL Nussöl, 2 EL Aceto balsamico, 1 EL Sherry, Salz, Pfeffer und 1 EL gehackter Petersilie zubereiten

für Gäste Blattsalat mit Knusperhähnchen

1 kleiner Eisbergsalat
1 kleine rote Paprikaschote
4 EL Maiskörner (aus der Dose)
400 g Hähnchenbrustfilet
150 g geröstete gesalzene Erdnüsse
1 Ei
2 EL Butterschmalz

Für die Sahnesauce:
6 Stängel Dill
100 g Sahne
5 EL Zitronensaft
Salz – Pfeffer

Zubereitung: 40 Min.
Für 4 Personen / Pro Portion: ca. 530 kcal

1 Salat putzen, waschen, abtropfen lassen, in Stücke zupfen. Paprikaschote waschen, putzen und klein würfeln. Mais abspülen und abtropfen lassen.
2 Hähnchenfleisch waschen, trockentupfen und in mundgerechte Würfel schneiden. Erdnüsse grob hacken, auf einen Teller geben. Ei auf einem zweiten Teller verquirlen. Fett in einer großen Pfanne erhitzen. Hähnchen erst in Ei, dann in Erdnüssen wenden und im Fett bei mittlerer Hitze von jeder Seite ca. 4 Min. braten.
3 Inzwischen für die Sahnesauce Dill waschen, trockenschütteln, Dillspitzen hacken. Sahne mit Zitronensaft, Dill, Salz und Pfeffer in einer Schüssel verrühren. Salat, Paprika und Mais zugeben, alles vermischen und auf Tellern anrichten. Hähnchen darauf verteilen. Dazu passt ein Pils.

Variante:
Statt Dill: Koriandergrün verwenden und die Salatsauce mit süßer Sojasauce abschmecken

für Gourmets Blattsalate mit Spargel und Erdbeeren

1/2 Eichblattsalat
1/2 Novita-Salat
500 g weißer Spargel
1 EL Öl
250 g Erdbeeren
100 g Champignons

Für die Erdbeer-Vinaigrette:
1/2 Bund gemischte Kräuter (z. B. Schnittlauch, Zitronenmelisse, Basilikum)
2 EL Olivenöl
2 EL Walnussöl
2 EL Aceto balsamico
1 TL Erdbeerkonfitüre
Salz – Pfeffer

Zubereitung: 40 Min.
Für 4 Personen / Pro Portion: ca. 165 kcal

1 Salate putzen, waschen, abtropfen lassen und in Stücke zupfen. Spargel schälen, Enden abschneiden, Stangen waschen und in Stücke schneiden. Öl erhitzen, Spargel bei mäßiger Hitze in ca. 15 Min. bissfest garen.
2 Inzwischen die Erdbeeren waschen, putzen, längs in Scheiben schneiden. Pilze putzen und in dünne Scheiben schneiden.
3 Kräuter waschen, trockenschütteln und klein schneiden. Öle und Essig mit der Konfitüre (ohne Fruchtstückchen) verrühren. Salzen, pfeffern und Kräuter unterrühren. Blattsalate in einer Schüssel mit der Vinaigrette vermischen. Auf großen Tellern verteilen. Spargel, Erdbeeren und Pilze darauf anrichten. Dazu passen Baguette und Sekt.

Variante:
Statt Blattsalaten: Brunnenkresse verwenden

deftig Rote-Bete-Salat mit Matjes

5 Knollen Rote Bete (ca. 1 kg)
2 TL Kreuzkümmel
150 g Schalotten
375 g Matjesfilets
3 EL Meerrettich (aus dem Glas)
250 g Salat-Mayonnaise
150 g saure Sahne
4 EL Weißweinessig
2 TL mittelscharfer Senf
2 Kästchen Kresse
Salz – Pfeffer

Zubereitung: 1 Std. 30 Min. (+ 2 Std. Kühl- und Marinierzeit)
Für 8 Personen / Pro Portion: ca. 405 kcal

1 Rote Bete waschen und mit 1 TL Kreuzkümmel in Salzwasser in ca. 45 Min. gar kochen.
2 Schalotten schälen, in Ringe schneiden. Matjes abspülen, trockentupfen und würfeln. Restlichen Kreuzkümmel zerstoßen. Meerrettich, Mayonnaise, saure Sahne, Essig und Senf verrühren. Mit Salz, Pfeffer und Kreuzkümmel würzen.
3 Rote Bete abgießen, abschrecken, schälen, auskühlen lassen.
4 Rote Bete würfeln. Mit Matjes, Schalotten und Marinade mischen und ca. 1 Std. ziehen lassen.
5 Salat nochmals abschmecken. Kresse vom Beet schneiden. Die Hälfte unter den Salat heben. Salat mit übriger Kresse bestreuen. Dazu passt ein Pils.

Variante:
Statt Mayonnaise: Vinaigrette mit 3 EL Meerrettich aus dem Glas, 6 EL Essig, 8 EL Öl, Salz, Pfeffer und 1 Bund Dill anrühren

Tipp
Schneller geht's, wenn man vorgegarte Rote Bete verwendet. Man kann sie in Folie eingeschweißt im Supermarkt kaufen.

fürs Büfett Weißwurst-Salat mit Senfsauce

1 kg Weißwürste
2 Bund Radieschen
1 Glas Cornichons (190 g Abtropfgewicht)
250 g rote Zwiebeln
1 TL Kümmel
6 EL Weißweinessig
2 EL grober Senf
2 EL süßer Senf
8 EL Sonnenblumenöl
Salz – Pfeffer

Zubereitung: 1 Std.
Für 8 Personen / Pro Portion: ca. 450 kcal

1 Weißwürste in siedendem Wasser in ca. 10 Min. gar ziehen lassen. Herausnehmen und abkühlen lassen.
2 Radieschen putzen, waschen und in Scheiben schneiden. Cornichons abgießen und in Scheiben schneiden. Zwiebeln schälen und in Ringe schneiden.
3 Kümmel grob hacken. Mit Essig, beiden Senfsorten, Salz und Pfeffer verrühren. Öl tröpfchenweise langsam unterrühren.
4 Würste pellen und in dünne Scheiben schneiden. Mit Radieschen, Cornichons, Zwiebeln und Marinade mischen. Evtl. abschmecken. Dazu passen Laugenbrezeln und Weißbier.

Varianten:
Statt Weißwurst: Fleischwurst am Stück verwenden
Statt Zwiebeln: 2 Bund Lauchzwiebeln verwenden

Tipp
Lassen Sie das Wasser nicht kochen, sondern nur leicht sieden; sonst können die Würste platzen und verwässern.

preiswert Spitzkohlsalat mit Speck

1,5 kg Spitzkohl (ersatzweise junger Weißkohl)
200 g Frühstücksspeck in Scheiben
2 Zwiebeln
1 EL Fenchelsamen
8 EL weißer Aceto balsamico
6 EL Öl
1 Laugenstange
3 EL Butter
1 Bund glatte Petersilie
Salz – Pfeffer

Zubereitung: 1 Std. (+ 1 Std. Marinierzeit)
Für 8 Personen / Pro Portion: ca. 330 kcal

1 Kohl putzen, waschen, vierteln, Strunk entfernen und in feine Streifen schneiden. Mit Salz bestreuen und durchkneten.
2 Speckscheiben in einer Pfanne ohne Fett knusprig-kross braten. Herausnehmen, abkühlen lassen, dann zerhacken oder zerkrümeln.
3 Zwiebeln schälen und fein würfeln. Fenchelsamen grob hacken, mit Essig, Salz und Pfeffer verrühren. Öl und Zwiebeln unterrühren. Marinade mit Kohl und der Hälfte des Specks mischen. Zugedeckt ca. 1 Std. ziehen lassen.
4 Laugenstange in dünne Scheiben schneiden und in der Butter in einer beschichteten Pfanne von beiden Seiten braten.
5 Petersilie waschen, trockenschütteln, Blättchen hacken und mit dem Salat mischen. Mit übrigem Speck und Laugenstangenscheiben bestreuen. Dazu passen Laugengebäck und ein kräftiger Schoppenwein, z. B. ein Blaufränkischer aus Österreich.

Varianten:
Statt Spitzkohl: Rotkohl verwenden
Kümmel-Vinaigrette: aus 8 EL Weißweinessig, 1 TL Kümmelsamen, 6 EL Sonnenblumenöl und 2 Bund Petersilie mischen

Klassiker Kartoffel-Speck-Salat

2 kg fest kochende Kartoffeln
100 g Kürbiskerne
3 Zwiebeln
250 g Tiroler Speck
4 EL Öl
1/8 l Fleischbrühe
8 EL Weißweinessig
2 Bund Schnittlauch
2 EL Kürbiskernöl
Salz – Pfeffer

Zubereitung: 1 Std. (+ 1 Std. Marinierzeit)
Für 8 Personen / Pro Portion: ca. 520 kcal

1 Kartoffeln waschen und in Wasser in ca. 25 Min. gar kochen. Abgießen, abschrecken und pellen. Auskühlen lassen.
2 Inzwischen Kürbiskerne in einer Pfanne ohne Fett rösten. Herausnehmen und abkühlen lassen.
3 Zwiebeln schälen und fein würfeln. Speck fein würfeln und in einer Pfanne knusprig auslassen. Herausnehmen.
4 Öl in die Pfanne geben. Zwiebeln darin glasig dünsten. Mit Fleischbrühe und Essig ablöschen, salzen, pfeffern und ca. 5 Min. köcheln lassen.
5 Kartoffeln in Scheiben schneiden. Heiße Marinade und Speck zugeben und ca. 1 Std. ziehen lassen.
6 Schnittlauch waschen, trockenschütteln, in Röllchen schneiden und mit Kürbiskernen unterheben. Salat nochmals abschmecken und Kürbiskernöl unterheben. Dazu passen Kümmelbrot und Bier oder Pfälzer Silvaner.

Varianten:
Statt Tiroler Speck: Räucherspeck verwenden
Statt Zwiebeln: 1 Bund in Ringe geschnittene Frühlingszwiebeln verwenden

mediterran Linsensalat mit Chorizo

350 g braune Linsen
1 l Gemüsebrühe
2 Lorbeerblätter
6 Gewürznelken
1 Gemüsezwiebel (ca. 300 g)
3 Knoblauchzehen
2 rote Paprikaschoten (ca. 300 g)
200 g Chorizo am Stück (ersatzweise Kabanossi)
6 EL Olivenöl
6 EL Sherry-Essig
1 Bund glatte Petersilie
Salz – Pfeffer

Zubereitung: 1 Std.
Für 8 Personen / Pro Portion: ca. 335 kcal

1 Die Linsen in der Brühe mit Lorbeer und Nelken in ca. 30 Min. bissfest kochen.
2 Zwiebel und Knoblauch schälen und fein würfeln. Paprikaschoten putzen, waschen und würfeln. Die Wurst ebenfalls würfeln.
3 In einer Pfanne 2 EL Öl erhitzen. Wurst darin anbraten und herausnehmen. Knoblauch im Bratöl andünsten. Mit Essig ablöschen, vom Herd nehmen. Mit Salz und Pfeffer würzen. Restliches Öl unterrühren.
4 Petersilie waschen, trockenschütteln und Blättchen hacken.
5 Linsen abgießen und etwas abkühlen lassen. Mit Petersilie, Marinade, Zwiebel, Paprika und Wurst mischen und evtl. nochmals abschmecken. Dazu passen italienisches Landbrot und kräftiger Rotwein, z. B. Penedès aus Spanien.

Tipp
Machen Sie unbedingt eine Garprobe bei den Linsen, damit sie nicht zu weich werden.

asiatisch Asia-Nudelsalat mit Huhn

50 g Sesamsamen
250 g Glasnudeln
400 g Hähnchenbrustfilet
Chilipulver
3 EL Öl
2 Bund Frühlingszwiebeln (ca. 300 g)
1/2 Ananas (ca. 600 g)
100 ml Ketchup
100 ml Ananassaft
100 ml Reisessig
1 EL brauner Zucker
1/2 TL Sambal oelek
2 TL Sesam-Würzöl
Salz – Pfeffer

Zubereitung: 45 Min.
Für 8 Personen / Pro Portion: ca. 300 kcal

1 Sesamsamen in einer Pfanne ohne Fett rösten, dann herausnehmen.
2 Glasnudeln mit kochendem Wasser überbrühen und ca. 5 Min. ziehen lassen. In ein Sieb gießen, abschrecken, gut abtropfen lassen und in Stücke schneiden.
3 Hähnchenfleisch mit Salz, Pfeffer und Chilipulver würzen und im Öl rundherum ca. 10 Min. braten. Herausnehmen, abkühlen lassen und in Scheiben schneiden.
4 Frühlingszwiebeln putzen, waschen und in ca. 1 cm breite Ringe schneiden. Ananas schälen, Strunk entfernen und in Stücke schneiden. Beides nacheinander im Bratöl anbraten.
5 Ketchup, Ananassaft, Essig, Zucker und Sambal oelek verrühren. Mit Salz abschmecken. Mit Nudeln, Fleisch, Frühlingszwiebeln, Sesamsamen, Ananas und geröstetem Sesamöl mischen. Mit Salz, Pfeffer und Chilipulver abschmecken. Dazu passt Bier.

orientalisch Tabouleh

100 g feiner Bulgur (Reformhaus oder Bioladen)
2 Fleischtomaten (ca. 500 g)
1 Salatgurke
1 Bund Frühlingszwiebeln
1 Bund glatte Petersilie
1 Bund Minze
Saft von 3 Zitronen
1/4 TL gemahlener Kreuzkümmel
5 EL Olivenöl
Salz – Pfeffer

Zubereitung: 55 Min.
Für 8 Personen / Pro Portion: ca. 235 kcal

1 Bulgur in einer Schüssel mit 1/4 l lauwarmem Wasser vermischen und 30 Min. quellen lassen.
2 Tomaten waschen, halbieren, entkernen und die Stielansätze entfernen. Fruchtfleisch klein würfeln. Gurke schälen, längs halbieren und die Kerne mit einem Löffel herauslösen. Gurke in kleine Würfel schneiden. Frühlingszwiebeln putzen, waschen, in schmale Ringe schneiden und mit der Gurke zu den Tomaten geben.
3 Petersilie und Minze waschen und grob hacken. Mit Bulgur unter das Gemüse mischen.
4 Zitronensaft mit Kreuzkümmel, Öl, Salz und Pfeffer verrühren. Sauce über den Salat gießen, mischen und ca. 15 Min. ziehen lassen. Dazu passen Fladenbrot und Joghurt, mit etwas Knoblauch, Kreuzkümmel, Pfeffer und Salz abgeschmeckt, oder die Gurken-Minze-Raita (Seite 48) und Minztee.

Klassiker Toskanischer Brotsalat

600 g italienisches Weißbrot (ersatzweise Ciabatta)
10 EL Olivenöl
6 EL Rotweinessig
4 EL Aceto balsamico
800 g Tomaten
2 gelbe Paprikaschoten
2 Zwiebeln
4 Knoblauchzehen
4 EL Kapern
1 Bund Basilikum
100 g Parmesan am Stück
Salz – Pfeffer

Zubereitung: 40 Min.
Für 8 Personen / Pro Portion: ca. 195 kcal

1 Weißbrot in 2 cm große Würfel schneiden. In einer Pfanne in 4 EL heißem Öl rösten, herausnehmen. 2 EL Rotweinessig, den Aceto balsamico und 4 EL Wasser verrühren, über das Brot träufeln und zugedeckt 15 Min. ziehen lassen.
2 Tomaten und Paprikaschoten waschen, putzen, in kleine Würfel schneiden. Zwiebeln und Knoblauch schälen, fein hacken und dazugeben. Kapern ebenfalls untermischen.
3 Restlichen Rotweinessig, Salz, Pfeffer und übriges Öl zu einer cremigen Sauce verrühren. Basilikum waschen, hacken und untermischen.
4 Marinierte Brotwürfel zum Gemüse geben, Salatsauce darüber gießen, alles gut durchmischen und kurz ziehen lassen. Vor dem Servieren mit Salz und Pfeffer abschmecken und Parmesan in Spänen darüber hobeln. Dazu passt gut gekühlter italienischer Weißwein, z. B. ein Orvieto classico.

für Gäste Spargel mit Orangen-Hollandaise

750 g weißer Spargel
60 g kalte Butter
1 Stängel Estragon
1 Eigelb
100 ml Orangensaft, frisch gepresst
1 TL Vanillezucker
1 EL in feine Streifen geschnittene Schale 1 unbehandelten Orange
Salz – Pfeffer

Zubereitung: 25 Min.
Für 4 Personen / Pro Portion: ca. 180 kcal

1 Spargel schälen, Enden abschneiden, Stangen waschen. In Salzwasser mit 1 EL Butter zugedeckt in ca. 15 Min. bissfest garen.
2 Estragon waschen, trockenschütteln, Blättchen abzupfen und klein schneiden. Eigelb mit Orangensaft und Vanillezucker in einer Schüssel im warmen Wasserbad warm und schaumig rühren. Restliche Butter flöckchenweise unterrühren und die Sauce mit Salz und Pfeffer abschmecken.
3 Sauce über den abgetropften Spargel gießen, mit Estragon und Orangenschale bestreuen. Dazu passen Salzkartoffeln oder Bratlinge, Kalbsschnitzelchen, gebratener Lachs oder anderes Fischfilet und frischer Weißwein, z. B. Chablis.

Variante:
Statt Sauce: Gegarten Spargel in eine Auflaufform geben. Mit 4 EL Parmesan bestreuen und mit 3 EL flüssiger Butter begießen. Im heißen Ofen bei 220° (Umluft 200°) ca. 3 Min. überbacken

mediterran Paprika mit Zwiebeln

je 2 große rote und gelbe Paprikaschoten (ca. 1 kg)
2 weiße Zwiebeln
2 Knoblauchzehen
2 EL Öl
2 Zweige Oregano
200 ml Weißwein (ersatzweise Gemüsebrühe)
4 EL Zitronensaft
2 EL Tomatenmark
1 TL Zucker
Salz – Pfeffer

Zubereitung: 40 Min.
Für 4 Personen / Pro Portion: ca. 65 kcal

1 Paprikaschoten waschen, halbieren, putzen und klein schneiden. Zwiebeln und Knoblauch schälen, fein würfeln und im Öl glasig dünsten. Paprikastücke dazugeben, 10 Min. zugedeckt dünsten.
2 Oregano waschen, trockenschütteln und die Blättchen abzupfen. Paprika mit Wein und Zitronensaft ablöschen, Oregano zufügen, salzen und weitere 10–15 Min. schmoren lassen.
3 Paprikagemüse mit Tomatenmark, Zucker, Salz und Pfeffer abschmecken. Dazu passen gebratenes oder gegrilltes Fleisch oder Fisch und Bier oder kräftiger Rotwein aus Spanien, z. B. Penedès oder Rioja. Schmeckt auch als leichtes vegetarisches Hauptgericht mit Reis oder Baguette.

Varianten:
Statt Oregano: Basilikum verwenden und das Gemüse statt mit Zitronensaft, Tomatenmark und Zucker mit asiatischer süß-scharfer Chilisauce abschmecken
Statt weißen Zwiebeln: Frühlingszwiebeln verwenden
Zusätzlich: 1 klein geschnittenen Zucchino mitbraten

orientalisch Blumenkohl in Curry-Joghurt

1 kleiner Blumenkohl (ca. 750 g)
2 EL Currypulver
1 Msp. gemahlener Kreuzkümmel
200 g Sahne
2 TL Aprikosenkonfitüre
300 g Joghurt
Salz

Zubereitung: 25 Min.
Für 4 Personen / Pro Portion: ca. 185 kcal

1 Blumenkohl putzen, in Röschen schneiden und in leicht kochendem Salzwasser in ca. 10 Min. garen; er soll nicht zu weich sein.
2 Currypulver und Kreuzkümmel in einem Topf ohne Fett kurz anrösten. Mit Sahne ablöschen, Aprikosenkonfitüre unterrühren. Topf vom Herd nehmen und Joghurt unterrühren, bei milder Hitze erwärmen, damit der Joghurt nicht ausflockt. Blumenkohl mit Curry-Joghurt-Sauce servieren. Dazu passen Fisch oder Kalbsschnitzel im Kokosmantel (Seite 175) und frischer Weißwein, z. B. ein Kerner aus Österreich. Schmeckt auch als vegetarisches Gericht zu Kartoffeln oder Basmatireis.

Variante:
Statt Sauce: 75 g Butter zerlassen, 100 g fein gehackte Erd- oder Walnüsse und 50 g Semmelbrösel darin 5 Min. anbraten. Salzen, evtl. gehackte Petersilie untermischen und über dem Blumenkohl verteilen

gelingt leicht Rosenkohlpüree

750 g Rosenkohl
1/2 TL Zucker
600 ml kräftige Gemüsebrühe
5 Scheiben unbehandelte Zitrone
6 EL geröstete gesalzene Erdnüsse
1 TL Currypulver
150 g Sahne
3 EL Butter
Salz

Zubereitung: 30 Min.
Für 4 Personen / Pro Portion: ca. 200 kcal

1 Rosenkohl putzen und waschen, mit Zucker in der Brühe in 10–15 Min. weich kochen. Dabei die Zitronenscheiben auf das Gemüse legen, dann ist der Kohlgeruch nicht so intensiv.
2 Erdnüsse grob hacken. Ohne Fett in einer Pfanne mit etwas Currypulver bestreuen und anrösten, bis sie duften.
3 Zitronenscheiben entfernen, Rosenkohl einmal aufkochen lassen, damit die Brühe etwas einkocht. Sahne zugeben, heiß werden lassen, Rosenkohl mit Brühe pürieren. Butter unterrühren und, wenn nötig, nachsalzen. Mit Curry-Nüssen bestreuen. Dazu passen kurz gebratenes Wild und kräftiger Rotwein, z. B. italienischer Barolo.

Varianten:
Statt Nüssen: Rosenkohlpüree mit Muskatnuss abschmecken und mit knusprig gebratenen Frühstücks- oder Räucherspeckstreifen bestreuen
Scharfer Rosenkohl: Rosenkohl wie beschrieben kochen, dann aber die Hälfte Brühe abgießen, Sahne mit 1 TL gehacktem Ingwer und je 1 TL Currypulver und Garam Masala zugeben, aufkochen lassen und unpüriert mit Nüssen bestreuen

würzig Rotkohl mit Aprikosen

1 Rotkohl (ca. 800 g)
1 Zimtstange
2 Lorbeerblätter
6 Nelken
3 EL Zucker
150 g getrocknete Aprikosen
80 ml weißer Aceto balsamico
1 Zwiebel
1 EL Öl
1 TL Mehl
1 TL Speisestärke
Salz

Zubereitung: 1 Std. 25 Min.
Für 4 Personen / Pro Portion: ca. 150 kcal

1 Rotkohl vierteln, fein hobeln und waschen. Mit 200 ml Wasser und Salz ca. 35 Min. zugedeckt köcheln lassen. Gewürze, Zucker, Aprikosen und Essig zugeben und ca. weitere 35 Min. schmoren lassen, evtl. etwas Wasser zugießen.
2 Inzwischen die Zwiebel schälen, fein würfeln und im Öl glasig dünsten, zum Rotkohl geben. Mehl und Speisestärke mit etwas Wasser anrühren, unter den Rotkohl rühren. Mit Salz abschmecken. Dazu passen Kartoffelbrei und Gulasch, Wild oder Braten und fruchtiger Rotwein, z. B. ein Shiraz aus Australien oder Südafrika.

Variante:
Statt Aprikosen: 2 klein geschnittene frische Äpfel verwenden

Tipp
Wenn's schnell gehen muss, kann man auch Rotkohl aus dem Glas oder aus der Tiefkühltruhe verwenden. Damit die Gewürze etwas durchziehen, sollte man ihn ca. 20–30 Min. köcheln lassen.

gelingt leicht Grüne Bohnen mit Mais

1 Zwiebel
400 g grüne Bohnen (Stangen- oder Buschbohnen)
2 Zweige frischer Thymian (ersatzweise getrockneter)
1 EL Öl
1 kleine Dose Mais (140 g Abtropfgewicht)
2 Tomaten
2 EL Butter
Salz – Pfeffer

Zubereitung: 40 Min.
Für 4 Personen / Pro Portion: ca. 220 kcal

1 Zwiebel schälen und fein würfeln. Bohnen putzen, nach Wunsch klein schneiden. Thymian waschen, trockenschütteln, die Blättchen abzupfen. Öl in einer Pfanne erhitzen, Zwiebel, Bohnen und Thymian darin ca. 20 Min. zugedeckt schmoren lassen, bis die Bohnen gar sind.
2 Mais abgießen, Tomaten waschen, Stielansätze entfernen und das Fruchtfleisch würfeln.
3 Die Bohnen salzen, Mais zugeben, kurz mitgaren. Tomaten und Butter unterrühren, warm werden lassen und mit Pfeffer bestreuen. Dazu passen Fisch oder Schweinefilet mit Kräuterkruste (Seite 175) und Bier.

Varianten:
Zusätzlich: für ein vegetarisches Hauptgericht 1 klein gewürfelte Paprikaschote und 3 gewürfelte Kartoffeln mitgaren
Statt Mais: 10 halbierte schwarze Oliven mitgaren, nach Belieben einige Würfel Feta Käse über die fertigen Bohnen geben
Statt Thymian: frisches Bohnenkraut, Oregano oder Majoran verwenden

für Gäste Fenchel mit Honig und Nüssen

4 Fenchelknollen (ca. 700 g)
40 g Walnusskerne
3 EL Öl (am besten Walnussöl)
2 EL Honig
4 EL Zitronensaft
Salz

Zubereitung: 25 Min.
Für 4 Personen / Pro Portion: ca. 165 kcal

1 Fenchel putzen, waschen und vierteln. Fenchelgrün klein schneiden. Walnüsse in einer Pfanne ohne Fett anrösten, bis sie duften, herausnehmen.
2 Öl in der Pfanne erhitzen. Fenchelviertel darin zugedeckt ca. 7 Min. braten, wenden und weitere 7 Min. braten, salzen.
3 Honig in die Pfanne zum Fenchel geben und flüssig werden lassen. Mit Zitronensaft ablöschen. Fenchel mit Walnüssen und Fenchelgrün bestreuen. Dazu passen Baguette und Schweinespießchen mit Honig (Seite 168) und ein würziger Weißwein, z. B. Gewürztraminer aus Baden.

Variante:
Statt Nüssen, Honig und Zitronensaft: Fenchel mit 1 Zwiebel und 1 Knoblauchzehe braten. Kurz vor dem Servieren 2 klein gewürfelte Tomaten zugeben und warm werden lassen. Mit Salz und Pfeffer abschmecken und mit Fenchelgrün bestreuen

Tipp
Verwenden Sie frischen, jungen Fenchel; älterer wird beim Braten eher zäh.

schnell Erbsen in Zitronensahne

200 g Sahne
6 EL Zitronensaft
süße Sojasauce
300 g Erbsen (TK)
2 Stängel Dill

Zubereitung: 20 Min.
Für 4 Personen / Pro Portion: ca. 210 kcal

1 Sahne in einem Topf erhitzen, Zitronensaft unterrühren und mit süßer Sojasauce abschmecken.
2 Erbsen unaufgetaut in die Zitronensahne geben und ca. 4 Min. darin zugedeckt köcheln lassen.
3 Dill waschen, trockenschütteln, Dillspitzen abzupfen und hacken. Unter die Erbsen rühren. Dazu passen Geflügel, kurz gebratenes Fleisch oder Fisch, Reis und ein Müller-Thurgau.

Varianten:
Statt Zitronensaft: Orangensaft und Kräuter Ihrer Wahl, z. B. Basilikum, verwenden
Statt Sahne: die cremigere Crème double verwenden
Zusätzlich: Schale von 1/2 unbehandelten Zitrone und 1 Prise Safran in der Sahne miterhitzen

Tipps
Statt mit süßer Sojasauce kann man die Sauce auch mit Salz oder normaler Sojasauce und 1 Prise Zucker oder etwas Honig würzen. Mit der doppelten Menge Zitronensahne erhalten Sie eine leckere Nudelsauce.

asiatisch Ingwer-Gemüse

1 Stück frischer Ingwer (ca. 3 cm)
2 Zwiebeln
400 g grüne Bohnen (am besten Kenia-Bohnen)
250 g Babymais-Kölbchen
1 Fenchelknolle
2 EL Öl
400 ml Gemüsebrühe
4 Stängel Thai-Basilikum (nach Belieben)
4 EL Sojasauce
Pfeffer

Zubereitung: 45 Min.
Für 4 Personen / Pro Portion: ca. 190 kcal

1 Ingwer und Zwiebeln schälen, beides fein würfeln. Bohnen putzen, waschen und in Stücke schneiden. Mais waschen und in Stücke schneiden. Fenchel putzen, waschen und in Streifen schneiden.
2 Öl im Wok erhitzen. Ingwer und Zwiebeln darin glasig dünsten. Bohnen und Mais zugeben, ca. 10 Min. zugedeckt garen, dabei ab und zu umrühren. Fenchelstreifen zugeben und 10–15 Min. mitbraten.
3 Ca. 5 Min. vor Ende der Garzeit die Brühe zugießen. Basilikum waschen, trockenschütteln, die Blättchen klein schneiden. Zum Gemüse geben, mit Sojasauce und Pfeffer abschmecken und sofort servieren, sonst saugt sich der Mais mit Sojasauce voll. Dazu passen Reis oder asiatische Nudeln und Ginger Ale mit Kirschsaft und einem Schuss weißem Rum.

Variante:
Zusätzlich: 250 g geschnetzeltes Hähnchen-, Schweine- oder Rindfleisch mit etwas Ingwer im Öl braten, salzen und pfeffern, herausnehmen, dann Gemüse wie beschrieben garen, Fleisch zuletzt wieder zugeben

für Gäste Gemüse-Kokos-Curry

2 Möhren
je 1 rote und gelbe Paprikaschote
3 Frühlingszwiebeln
300 g Champignons
1 EL Öl
400 ml ungesüßte Kokosmilch (aus der Dose)
4 EL Sojasauce
1 EL Zitronensaft
1 EL gelbe Thai-Currypaste
4 Stängel Thai-Basilikum (ersatzweise Basilikum)

Zubereitung: 35 Min.
Für 4 Personen / Pro Portion: ca. 90 kcal

1 Gemüse und Pilze putzen. Möhren längs vierteln und in Stifte schneiden. Paprikaschoten und Frühlingszwiebeln in mundgerechte Stücke schneiden. Pilze putzen, halbieren.
2 Öl im Wok erhitzen. Möhren und Paprika darin ca. 5 Min. bei großer Hitze unter Rühren braten. Frühlingszwiebeln zugeben und weitere 5 Min. unter Rühren braten. Champignons zugeben und 3 Min. mitbraten. Kokosmilch, Sojasauce und Zitronensaft zugießen und 3 Min. bei großer Hitze kochen lassen.
3 Hitze reduzieren und Currypaste unterrühren: Wer's scharf mag, nimmt gut 1 EL, wer's mild mag, weniger als 1 TL. Basilikum waschen, trockenschütteln, die Blätter abzupfen und unter das Gemüse rühren. Dazu passen Basmatireis, gebratener Lachs oder Huhn und Mineralwasser mit Limettensaft.

Variante:
Zusätzlich: nach Geschmack Fruchtstücke, z. B. Mango oder Ananas, zugeben

fruchtig Gemüse süß-sauer

200 g Zuckerschoten
1 Stange Lauch
je 1 rote und gelbe Paprikaschote
2 EL Öl
1 kleines Stück Chilischote
150 g Ananasstücke (frisch oder aus der Dose)
100 ml halbtrockener Sherry (ersatzweise Gemüsebrühe)
3 EL Ketchup
2 EL weißer Aceto balsamico
1 EL Honig
3 EL Sojasauce
2 TL Speisestärke

Zubereitung: 30 Min.
Für 4 Personen / Pro Portion: ca. 195 kcal

1 Gemüse waschen und putzen. Lauch in Ringe, Paprikaschoten in Stücke schneiden. Öl im Wok erhitzen. Lauch und Paprika darin ca. 7 Min. bei mittlerer Hitze unter Rühren braten.
2 Zuckerschoten zugeben und weitere 5 Min. braten. Inzwischen Chilischote klein schneiden und zugeben. Ananasstücke unterrühren und warm werden lassen.
3 Sherry, Ketchup, Essig, Honig und Sojasauce unterrühren. Speisestärke mit 2 EL kaltem Wasser verrühren, zugießen und einmal aufkochen lassen. Dazu passen Fisch-Nuggets (Seite 148), Reis, am besten Basmatireis, oder asiatische Nudeln und ein trockener Riesling.

Variante:
Zusätzlich: 250 g klein geschnittenes Hähnchen- oder Putenfleisch anbraten, aus der Pfanne nehmen, das Gemüse darin braten, dann zuletzt das Fleisch wieder zugeben

schnell Pilzpfanne mit Rosmarin

500 g gemischte Pilze (z. B. Champignons, Egerlinge, Pfifferlinge, Steinpilze)
2 Zwiebeln
2 Knoblauchzehen
1 Zweig Rosmarin
1 kleines Stück Chilischote
2 EL Olivenöl
200 g Sahne
1 Steinpilz-Brühwürfel (ersatzweise 1 Gemüse-Brühwürfel)

Zubereitung: 25 Min.
Für 4 Personen / Pro Portion: ca. 225 kcal

1 Pilze putzen und evtl. klein schneiden. Zwiebeln und Knoblauch schälen, beides würfeln. Rosmarin waschen und gut trockenschütteln, Nadeln fein hacken. Chilischote entkernen und klein schneiden.
2 Öl im Wok erhitzen. Zwiebeln und Knoblauch darin glasig dünsten. Rosmarin, Chili und Pilze zugeben und bei mittlerer Hitze ca. 7 Min. unter Rühren braten.
3 Sahne unterrühren, dann erst ca. zwei Drittel des Brühwürfels auflösen, abschmecken und nach Belieben nachwürzen. Dazu passen frisches toskanisches Weißbrot, Tagliatelle, Spaghetti oder andere Nudeln oder Polenta und ein leichter Rotwein, z. B. ein Pinot Nero aus Italien.

Varianten:
Statt Sahne und Brühwürfel: Pilze mit Salz und Pfeffer abschmecken. 150 g gewürfelten Frühstücksspeck knusprig braten und über die Pilze streuen
Statt Zwiebeln: Lauch verwenden
Zusätzlich: 100 g Frühstücksspeck fein würfeln, in einer Pfanne ohne Fett auslassen und zuletzt über die Pilze streuen

mediterran Gemüse mit Mandelsauce

400 g Möhren
400 g Brokkoli
400 g Blumenkohl
1/2 l Gemüsebrühe
1 Knoblauchzehe
1 unbehandelte Limette
200 g gemahlene Mandeln
3 EL Sonnenblumenöl
3 EL Sojasauce
1 Bund Schnittlauch
Salz

Zubereitung: 45 Min.
Für 4 Personen / Pro Portion: ca. 435 kcal

1 Gemüse waschen, putzen, Möhren schräg in 1/2 cm dicke Scheiben schneiden, Brokkoli und Blumenkohl in Röschen teilen. In einem großen Dämpfeinsatz mischen, salzen. Brühe in einen Topf geben, Dämpfeinsatz hineinstellen. Zugedeckt aufkochen und Gemüse bei mittlerer Hitze 12–15 Min. dämpfen.

2 Inzwischen Knoblauch schälen. Limette heiß waschen, trocknen, 1 EL Schale abreiben, Saft auspressen. Mandeln in einer Pfanne ohne Fett hellbraun rösten. (Vorsicht: Sie verbrennen leicht.)

3 Gemüse vom Herd nehmen, abdecken und warm stellen. 1/4 l Brühe mit Mandeln, Öl, Knoblauch und Limettenschale pürieren. Mit 3–4 EL Limettensaft und Sojasauce würzen. Schnittlauch in Röllchen schneiden, unterheben, zum Gemüse servieren. Dazu passen Salzkartoffeln, gebratene Schweineschnitzelchen und ein frischer Weißwein, z. B. norditalienischer Verdicchio dei Castelli di Jesi.

Variante:
Statt Mandeln: 50 g Erdmandelflocken (Reformhaus) in 350 ml Brühe 3 Min. unter Rühren kochen lassen

für Festtage Gemüse mit Kräutersauce

900 g gleich große fest kochende Kartoffeln
400 g gleich dicke Bundmöhren
3 gleich dicke Stangen Staudensellerie (ca. 200 g)
300 g Erbsen (TK)
1/2 l Gemüsebrühe
1 Bund Frankfurter Grüne Kräuter
3 EL Meerrettich (aus dem Glas)
3 EL Sonnenblumenöl
1 Prise Zucker
500 g Lammfilet (nach Belieben)
Salz – Pfeffer

Zubereitung: 1 Std.
Für 4 Personen / Pro Portion: ca. 450 kcal

1 Kartoffeln schälen, längs vierteln. Möhren schälen, Staudensellerie putzen, beides längs halbieren, schräg in 5 cm lange Stücke schneiden. Gemüse in einem Dämpfeinsatz mischen, salzen, in einen Topf mit Brühe stellen. Brühe aufkochen, Gemüse zugedeckt 15–20 Min. bei mittlerer Hitze dämpfen.

2 Kräuter waschen, trocknen, grob hacken. 3 Min. vor Ende der Gemüsegarzeit Erbsen zugeben, zusammen fertig dämpfen.

3 Topf vom Herd nehmen, 150 ml Brühe mit ca. 70 g Kartoffelstücken, Kräutern, Meerrettich und Öl pürieren. Mit Salz, Pfeffer und Zucker würzen.

4 Nach Belieben Gemüse zugedeckt warm stellen, restliche Brühe aufkochen, Fleisch salzen, pfeffern, zur Brühe geben und zugedeckt bei kleiner Hitze 8 Min. gar ziehen lassen. Das Fleisch mit Gemüse und Sauce servieren. Dazu passt eisgekühlter Tee aus frischer Melisse mit Zitronensaft oder ein Müller-Thurgau.

asiatisch Thai-Gemüse mit Curry-Garnelen

12 ungeschählte rohe Riesengarnelen (ohne Kopf, à ca. 30 g)
400 g Zucchini
2 rote Paprikaschoten
2 Tomaten
3 Knoblauchzehen
1 unbehandelte Limette
5 EL ungesüßte Kokosmilch (aus der Dose)
2 TL gelbe Thai-Currypaste
1 EL Sojasauce
1 Bund Koriandergrün
2 Dämpfkörbe (20 cm Ø, Asienladen)

Zubereitung: 45 Min. (+ 1 Std. Marinierzeit)
Für 4 Personen / Pro Portion: ca. 125 kcal

1 Garnelen bis auf das Schwanzstück aus den Schalen lösen, am Rücken einschneiden, schwarzen Darmfaden entfernen. Zucchini putzen, längs vierteln, in 5 cm lange Stücke schneiden. Paprikaschoten putzen, in Streifen schneiden. Tomaten halbieren, würfeln. Knoblauch schälen, hacken, mit Gemüse und Garnelen mischen.
2 Limette waschen. 1 EL Schale abreiben, auspressen. Saft und Schale mit Kokosmilch, Currypaste und Sojasauce verrühren. Mit Garnelen-Gemüse mischen. 1 Std. marinieren lassen.
3 Dämpfkörbe mit Backpapier auslegen, Garnelen-Gemüse mit Marinade darin verteilen. Körbe übereinander setzen, schließen, in einen Wok (oder Topf) stellen. So viel Wasser zugießen, dass das Backpapier nicht berührt wird. Aufkochen, Garnelen-Gemüse 15 Min. dämpfen. Koriander hacken und darüber streuen. Dazu passen Reis und Jasmintee.

für Gourmets Rote Bete mit Orangensauce

16 kleine Knollen Rote Bete (ca. 800 g)
1 Zwiebel
1 Knoblauchzehe
200 ml Orangensaft, frisch gepresst
200 ml Rotwein
1 Staude Chicorée
2 Frühlingszwiebeln
2 EL Orangenmarmelade
4 EL Walnussöl
50 g Walnusskerne
Salz – Pfeffer

Zubereitung: 45 Min.
Für 4 Personen / Pro Portion: ca. 290 kcal

1 Wurzeln und Blätter so von den Rote-Bete-Knollen schneiden, dass jeweils 1 cm an der Knolle verbleibt. Hälfte der Blätter beiseite legen. Knollen waschen. Zwiebel und Knoblauch schälen, Zwiebel halbieren, in Scheiben schneiden, Knoblauch vierteln.
2 Orangensaft, Rotwein, Zwiebel und Knoblauch in einen Topf geben, Dämpfeinsatz mit Rote Bete hineinstellen. Zugedeckt bei mittlerer Hitze 15–20 Min. dämpfen. Rote-Bete-Blätter waschen, in Streifen schneiden. Chicorée putzen, längs halbieren, in Scheiben schneiden. Frühlingszwiebeln putzen und in feine Ringe schneiden.
3 Rote Bete abkühlen lassen, den Sud durch ein Sieb gießen, mit Marmelade verrühren und dicklich einkochen lassen, mit Salz und Pfeffer würzen, Öl unterrühren, beiseite stellen. Rote Bete pellen, vierteln, mit der Marinade mischen. Nusskerne grob hacken. Rote Bete mit Frühlingszwiebeln und Nüssen auf Blättern und Chicorée anrichten. Dazu passen Steaks oder gebratene Entenbrust und würziger Rotwein, z. B. ein Shiraz.

Klassiker Ratatouille

2 mittelgroße Auberginen (ca. 500 g)
3 große reife Tomaten (ca. 450 g)
2 Zucchini (ca. 500 g)
je 1 rote und grüne Paprikaschote (ca. 400 g)
2 Zwiebeln
100 ml Olivenöl
2 Knoblauchzehen
1 Lorbeerblatt
4 Zweige Thymian
1/2 Bund glatte Petersilie
Salz – Pfeffer

Zubereitung: 30 Min. (+ 1 Std. Garzeit)
Für 4 Personen / Pro Portion: ca. 220 kcal

1 Auberginen schälen und in 2 cm große Würfel schneiden. Tomaten überbrühen, häuten und Kerne entfernen. Grob würfeln. Zucchini waschen, in dicke Scheiben schneiden. Paprikaschoten waschen, entkernen und in 1 cm breite Streifen schneiden. Zwiebeln schälen, in feine Ringe schneiden.

2 Gemüse in einen Schmortopf geben, Olivenöl angießen, salzen und pfeffern. Knoblauch schälen und dazupressen, Lorbeer und Thymianzweige dazugeben. 1–2 Tassen kaltes Wasser dazugießen.

3 Topf zudecken und zum Kochen bringen. Hitze reduzieren. Ratatouille auf niedrigster Stufe in ca. 1 Std. langsam garen. Lorbeerblatt und Thymianzweige vor dem Servieren entfernen. Petersilie waschen, hacken und darüber streuen. Dazu passen Baguette, kurz gebratenes oder gegrilltes Fleisch, z. B. Lammkoteletts mit Rosmarin (Seite 173) und ein Côtes du Rhône.

Tipp
Ratatouille schmeckt warm und kalt. Wer will, schmeckt es kalt noch mit etwas Rotweinessig ab.

preiswert Auberginen-Kartoffel-Curry

600 g mehlig kochende Kartoffeln
2 Zwiebeln
1 Knoblauchzehe
2 Auberginen (ca. 600 g)
3 EL Sojaöl
1 getrocknete rote Chilischote
1 EL Currypulver
1 TL gemahlener Koriander
1/8 l Gemüsebrühe
1/2 Bund Koriandergrün (ersatzweise glatte Petersilie)
Salz

Zubereitung: 30 Min.
Für 4 Personen / Pro Portion: ca. 205 kcal

1 Kartoffeln, Zwiebeln und Knoblauchzehe schälen, Auberginen waschen und putzen, alles klein würfeln.

2 Öl in einer Pfanne heiß werden lassen. Zwiebeln hineingeben und glasig dünsten. Knoblauch, zerbröselte Chilischote, Curry, Koriander und 1 TL Salz dazugeben. Kartoffeln und Auberginen hinzufügen und ca. 3 Min. dünsten. Alles gut mischen. Brühe angießen. Zugedeckt bei mittlerer Hitze 15–20 Min. schmoren lassen. Zwischendurch vorsichtig umrühren.

3 Koriandergrün waschen, trockenschütteln, Blätter abzupfen und hacken. Vor dem Servieren aufstreuen. Eignet sich als vegetarisches Hauptgericht oder als Beilage zu kurz gebratenem Fleisch. Dazu passt ein Bier oder Ananassaft gemischt mit Bananennektar.

Variante:
Zusätzlich: 200 g Joghurt dazu reichen oder kurz vor Garzeitende unterrühren, aber nicht mehr kochen lassen

asiatisch Grüne Bohnen mit Garnelen

750 g grüne Bohnen
1 Zwiebel
1 Stück frischer Ingwer (ca. 2 cm)
2 Knoblauchzehen
1 Stängel Zitronengras
2 EL Sojaöl
2 TL Sambal oelek
400 ml ungesüßte Kokosmilch (aus der Dose)
2 EL Fischsauce
1 EL Limettensaft
250 g geschälte gekochte Riesengarnelen

Zubereitung: 40 Min.
Für 4 Personen / Pro Portion: ca. 180 kcal

1 Bohnen waschen, putzen und schräg in feine Scheiben schneiden. Zwiebel, Ingwer und Knoblauch schälen und fein würfeln. Vom Zitronengras nur das untere Stück (ca. 10 cm) verwenden, äußere Blätter entfernen, Inneres fein schneiden.
2 Öl in einem Schmortopf erhitzen. Zwiebel, Ingwer und Knoblauch ca. 5 Min. dünsten. Bohnen dazugeben, kurz mitdünsten. Zitronengras, Sambal oelek und Kokosmilch einrühren. Gemüse aufkochen, zugedeckt bei milder Hitze ca. 15 Min. schmoren lassen.
3 Mit Fischsauce und Limettensaft abschmecken. Garnelen untermischen, Gemüse noch 2–3 Min. ziehen lassen. Mit Basmati- oder Duftreis servieren. Dazu passt fruchtig-frischer Weißwein, z. B. ein kalifornischer Chardonnay.

Variante:
Zusätzlich: 4 frische Kaffir-Limettenblätter oder die abgeriebene Schale von 2 unbehandelten Limetten mitschmoren lassen

Klassiker Letscho

je 2 rote, gelbe und grüne Paprikaschoten (ca. 1 kg)
500 g Tomaten
2 Zwiebeln
2 Knoblauchzehen
75 g Räucherspeck
4 EL Butter
2 EL Paprikapulver
1/4 l Rinderfond (aus dem Glas)
4 Debrecziner-Würste (ca. 250 g)
Salz – Pfeffer

Zubereitung: 45 Min.
Für 4 Personen / Pro Portion: ca. 525 kcal

1 Paprikaschoten halbieren, putzen, waschen, in Stücke schneiden. Tomaten überbrühen, häuten, entkernen und in Spalten schneiden. Zwiebeln und Knoblauch schälen, mit dem Speck fein würfeln.
2 Butter in einem breiten Topf erhitzen. Speck darin knusprig ausbraten. Zwiebeln und Knoblauch zufügen und glasig dünsten. Paprikastücke dazugeben und ca. 3 Min. mitdünsten. Mit Paprikapulver bestäuben, kurz anschwitzen. Fond angießen, salzen und pfeffern. Zugedeckt bei mittlerer Hitze ca. 10 Min. schmoren lassen.
3 Würstchen in heißem Wasser ca. 5 Min. ziehen lassen, schräg in dünne Scheiben schneiden. Mit Tomaten unter das Gemüse heben und noch ca. 3 Min. ziehen lassen. Letscho mit Salz, Pfeffer und Paprikapulver abschmecken. Dazu passen Salzkartoffeln oder Kartoffelpüree und ein fruchtiger Rotwein aus dem Balkan, z. B. ein Kadarka.

Variante:
Statt Debrecziner: 3 Eier mit 2 EL saurer Sahne verquirlen, Topf vom Herd nehmen und unterrühren

preiswert Weißkohl mit Gruyère

1 kleiner Weißkohl (ca. 800 g)
1 Zwiebel
2 EL Öl
1/8 l Gemüsebrühe
200 g Möhren
1 EL Zitronensaft
100 g Gruyère am Stück
Salz – Pfeffer

Zubereitung: 45 Min.
Für 4 Personen / Pro Portion: ca. 205 kcal

1 Vom Kohl äußere Blätter entfernen, Kopf waschen und in Achtel schneiden. Zwiebel schälen und fein würfeln.
2 Öl in einem Schmortopf erhitzen. Zwiebel darin glasig dünsten. Kohlspalten dazugeben und von beiden Seiten leicht anbraten. Brühe dazugießen. Den Kohl zugedeckt ca. 10 Min. schmoren lassen.
3 Inzwischen Möhren putzen, schälen und in streichholzfeine Stifte schneiden oder raspeln. Zum Kohl geben, mit Salz, Pfeffer und Zitronensaft würzen. Zugedeckt weitere 10 Min. schmoren lassen.
4 Käse fein reiben und über das Gemüse streuen. Deckel auflegen, noch ca. 5 Min. ziehen lassen, bis der Käse geschmolzen ist. Schmeckt als vegetarisches Hauptgericht mit einem kräftigen Bauernbrot oder als Beilage zu kurz gebratenem Fleisch. Dazu passt ein Pils.

Variante:
Zusätzlich: 1 Knoblauchzehe und 1 kleines Stück frischer Ingwer – beides fein gewürfelt – mitandünsten und die Brühe mit je 1 EL Sojasauce und trockenem Sherry abschmecken

schnell Schmorgurken mit Estragon

1,5 kg Schmorgurken
4 Schalotten
2 EL Butter
6 EL Gemüsebrühe
1 Prise Zucker
1/2 Bund Estragon
100 g Schmand
1/2 TL Dijon-Senf
2 TL Zitronensaft
Salz – Pfeffer

Zubereitung: 30 Min.
Für 4 Personen / Pro Portion: ca. 165 kcal

1 Gurken putzen, schälen, längs halbieren, entkernen und in 1 cm breite Scheiben schneiden. Schalotten schälen und fein würfeln.
2 Butter in einem breiten Topf erhitzen. Schalotten glasig dünsten. Gurken dazugeben, Brühe angießen. Mit Zucker, Salz und Pfeffer würzen. Zugedeckt bei mittlerer Hitze ca. 15 Min. schmoren lassen.
3 Estragon abbrausen, trockenschütteln, Blätter abzupfen und grob hacken. Schmand, Senf, Zitronensaft und Estragon vorsichtig darunter rühren. Nochmals abschmecken. Dazu passen neue, in Butter geschwenkte Kartoffeln und ein frischer Weißwein, z. B. ein Sauvignon Blanc aus Frankreich. Sie können das Gemüse aber auch als Beilage zu kurz gebratenem Fleisch oder zu gedünstetem Fisch servieren.

Varianten:
Statt Estragon: 1 Bund gehackten Dill und 1 EL Kapern verwenden
Statt 500 g Gurken: 250 g Champignons mitschmoren, je nach Größe halbiert oder geviertelt

mediterran Pesto-Kohlrabi

Für das Pesto:
1 Bund glatte Petersilie
1 Knoblauchzehe
1 EL Sonnenblumenkerne
2 EL Rapsöl
1 EL alter Gouda, frisch gerieben

4 Kohlrabi (ca. 1 kg)
1 Zwiebel
1 EL Butter
1/8 l Gemüsebrühe
150 g Crème fraîche
2 TL Zitronensaft
Salz – Pfeffer

Zubereitung: 40 Min.
Für 4 Personen / Pro Portion: ca. 290 kcal

1 Für das Pesto Petersilie waschen, gut abtrocknen, Blätter abzupfen und hacken. Knoblauch schälen, hacken. Beides mit Sonnenblumenkernen und Öl pürieren. Gouda untermischen, salzen und pfeffern.
2 Kohlrabi putzen, schälen, in Spalten schneiden. Zwiebel schälen und fein würfeln.
3 Butter in einem breiten Topf erhitzen, Zwiebeln darin glasig dünsten. Kohlrabi hinzufügen und ca. 5 Min. anbraten. Brühe angießen. Zugedeckt bei mittlerer Hitze ca. 15 Min. schmoren lassen.
4 Pesto und Crème fraîche verrühren, Topf vom Herd nehmen und Mischung unter Kohlrabi rühren. Nochmals erhitzen, aber nicht mehr kochen lassen. Mit Zitronensaft, Salz und Pfeffer abschmecken. Dazu passen Kalbs- oder Lammkoteletts und ein fruchtig-frischer Weißwein, z. B. französischer Sancerre.

Varianten:
Statt Pesto: 2 EL Ajvar unterrühren
Statt Pesto: im Fond 100 g Gorgonzola schmelzen lassen

orientalisch Gefüllte Mangoldröllchen

12 große Mangoldblätter (ca. 750 g)
2 Schalotten
2 Knoblauchzehen
600 ml Gemüsebrühe
2 EL Olivenöl
200 g Hirse

1 Möhre
1/2 Bund glatte Petersilie
2 EL Tahin (Sesammus)
2 Eier
200 g Sahne
1 TL Speisestärke
Salz – Pfeffer

Zubereitung: 1 Std. 15 Min.
Für 4 Personen / Pro Portion: ca. 510 kcal

1 Mangold waschen, Stiele abschneiden und klein würfeln. Blätter ca. 1 Min. in kochendem Salzwasser garen, mit kaltem Wasser abschrecken. Schalotten und Knoblauch schälen und fein würfeln. Brühe erhitzen.
2 1 EL Öl erhitzen, Schalotten, Knoblauch und Hälfte der Mangoldstiele ca. 5 Min. dünsten. Hirse einrühren, mit 400 ml heißer Brühe aufgießen. Zugedeckt 20 Min. quellen lassen.
3 Möhre schälen, raspeln. Petersilie waschen, fein hacken. Beides mit Tahin und Eiern unter die Hirse mischen. Mit Salz und Pfeffer würzen. Hirsemasse auf dem breiteren, unteren Ende der Mangoldblätter verteilen, Seiten einschlagen und nach oben aufrollen.
4 Übriges Öl erhitzen, restliche Mangoldstiele andünsten. Restliche Brühe und Sahne angießen, aufkochen lassen. Mangoldröllchen hineinlegen, zugedeckt ca. 10 Min. schmoren lassen.
5 Stärke mit 2 EL Wasser verquirlen, einrühren, kurz köcheln lassen, salzen und pfeffern. Eignet sich als vegetarisches Hauptgericht oder zu Frikadellen (Seite 176). Dazu passt ein deutscher Grauburgunder.

1

2

3

Klassiker Gefüllte Paprikaschoten

4 grüne Paprikaschoten (à ca. 200 g)
100 g Langkornreis
2 kleine Zwiebeln
1 Knoblauchzehe
1 Bund glatte Petersilie
500 g gemischtes Hackfleisch
2 Eier
Paprikapulver, rosenscharf
1 EL Olivenöl
2 kleine Dosen stückige Tomaten (à 400 g Füllmenge)
1 TL Kräuter der Provence
Salz – Pfeffer

Zubereitung: 30 Min. (+ 45 Min. Backzeit)
Für 4 Personen / Pro Portion: ca. 555 kcal

1 Deckel von Paprikaschoten abschneiden. Schoten und Deckel putzen und waschen. Schoten innen salzen und pfeffern. Reis in kochendem Salzwasser in ca. 5 Min. garen, abgießen. Zwiebeln schälen und fein würfeln. Knoblauchzehe schälen. Petersilie waschen, trocknen, abzupfen und fein hacken.
2 Hackfleisch mit Reis, Hälfte der Zwiebeln, Petersilie und Eiern verkneten. Mit zerdrücktem Knoblauch, Salz, Pfeffer und Paprikapulver würzen. Fleisch in Paprikaschoten füllen, Deckel auflegen.
3 Backofen auf 200° vorheizen. Öl erhitzen, übrige Zwiebeln glasig dünsten. Tomaten und Kräuter dazugeben, ca. 5 Min. köcheln lassen. Mit Salz und Pfeffer würzen. In eine feuerfeste Form füllen, Paprikaschoten aufrecht hineinstellen.
4 Form mit Deckel oder Alufolie zudecken. Im heißen Ofen (Mitte, Umluft 180°) 30–35 Min. schmoren lassen, dann nochmals offen in 10–15 Min. fertig garen. Dazu passen Reis und ein fruchtiger französischer Rotwein, z. B. ein Côtes du Roussillon.

Varianten:
1 **Statt Paprikaschoten:** Fleischtomaten, Zucchini oder Auberginen zum Füllen verwenden
2 **Zusätzlich:** nur 400 g Fleisch, dafür zusätzlich 100 g klein gewürfelten Feta und 3 EL in Scheiben geschnittene, gefüllte Oliven verwenden
3 **Zusätzlich:** Paprikaschoten (Deckel entfernen) nach 30 Min. Garzeit mit 125 g in Scheiben geschnittenem Mozzarella belegen und ca. 10 Min. bei 225° gratinieren

TIPP
Die gefüllten Paprikaschoten und andere Aufläufe neigen dazu, leicht zu verbrennen. Deshalb nach ca. zwei Drittel der Garzeit ein mit Butter eingefettetes Pergament darüber legen.

mediterran Paprika-Hackauflauf

1 Zwiebel
1 Knoblauchzehe
2 Zweige Rosmarin
6 Zweige Thymian
3 EL Olivenöl
500 g gemischtes Hackfleisch
100 g Langkornreis
2 EL Tomatenmark
1 Lorbeerblatt
je 1/4 l Rotwein und Fleischbrühe
1 kg rote, gelbe und grüne Paprikaschoten
200 g mittelalter Gouda, frisch gerieben
2 Eier
150 g Crème fraîche
Salz – Pfeffer
Fett für die Form

Zubereitung: 50 Min. (+ 40 Min. Backzeit)
Für 4–6 Personen / Bei 6 Personen pro Portion: ca. 710 kcal

1 Zwiebel und Knoblauchzehe schälen und fein würfeln. Rosmarin und Thymian waschen, Blätter abzupfen und hacken.
2 In einer großen Pfanne 1 EL Öl erhitzen. Zwiebel und Knoblauch darin glasig dünsten. Hack dazugeben und unter Rühren braun und bröselig braten. Reis hinzufügen, 2–3 Min. anrösten. Tomatenmark, Lorbeerblatt, Rosmarin und Thymian einrühren. Wein und Brühe angießen, aufkochen und zugedeckt ca. 20 Min. köcheln lassen.
3 Inzwischen Paprikaschoten waschen, halbieren und putzen. Mit der Haut nach oben auf ein Blech legen und unter dem heißen Backofengrill 8–10 Min. rösten. Kurz abkühlen lassen, Haut abziehen. Paprika in ca. 3 cm breite Streifen schneiden.
4 Backofen auf 200° vorheizen. Auflaufform einfetten. Hackmasse mit Salz und Pfeffer würzen, Lorbeerblatt entfernen. Abwechselnd Paprikastreifen, Hackfleisch und Käse (bis auf 50 g) in die Form schichten, dabei mit einer Lage Paprika abschließen. Eier und Crème fraîche verquirlen, darüber gießen. Übrigen Käse darüber streuen.
5 Im heißen Ofen (Mitte, Umluft 180°) ca. 40 Min. backen. Dazu passen grüner Salat und kräftig-herber Rotwein, z. B. ein portugiesischer Dão Tinto.

Variante:
Zusätzlich: Hackfleischfüllung mit 2 fein gewürfelten roten Chilischoten scharf abschmecken

Klassiker Moussaka

1 Zwiebel
2 Knoblauchzehen
5 EL Olivenöl
500 g gemischtes Hackfleisch
1 Dose stückige Tomaten (800 g Füllmenge)
1 TL getrockneter Oregano
600 g Auberginen
800 g fest kochende Kartoffeln
200 g Schafkäse
50 g Butter
40 g Mehl
1/2 l Milch
Salz – Pfeffer
Fett für die Form

Zubereitung: 55 Min. (+ 1 Std. Backzeit)
Für 6 Personen / Pro Portion: ca. 640 kcal

1 Zwiebel und Knoblauch schälen, würfeln und in 1 EL Öl andünsten. Hackfleisch zufügen und 5 Min. braten. Tomaten samt Saft und Oregano einrühren. Offen 20 Min. köcheln, kräftig salzen und pfeffern.
2 Backofen auf höchster Stufe vorheizen. Auberginen waschen und putzen. Kartoffeln schälen und waschen. Beides in dünne Scheiben schneiden, auf ein Backblech legen und mit 2 EL Öl bepinseln. Im Ofen (Mitte) 8 Min. bräunen.
3 Feuerfeste Form fetten. Ein Drittel der Kartoffeln hineinlegen. Je die Hälfte Hacksauce und Auberginen darauf verteilen, 50 g zerbröckelten Schafkäse darüber streuen. Vorgang wiederholen. Restliche Kartoffeln oben auflegen, salzen, pfeffern.
4 Backofen auf 180° vorheizen. Butter schmelzen, Mehl darin anschwitzen. Milch unter Rühren dazugießen, bei schwacher Hitze 10 Min. köcheln. 100 g Schafkäse würfeln und mit der Sauce pürieren. Mit Salz und Pfeffer abschmecken und über die Moussaka geben. Im heißen Ofen (Mitte, Umluft 150°) ca. 1 Std. backen. Dazu passt ein kräftiger Rotwein, z. B. griechischer Naoussa.

vegetarisch Kürbis-Mangold-Auflauf

1 1/2 kg Kürbis
1 Zwiebel
3 EL Butter
2 EL weißer Aceto balsamico
200 ml Gemüsebrühe
1 kg Mangold
300 g Crème légère (ersatzweise Sahnejoghurt)
3 Eier
50 ml trockener Weißwein (ersatzweise Gemüsebrühe)
100 g Gruyère, frisch gerieben
Muskatnuss, frisch gerieben
2 EL Haselnussblättchen
Salz – Pfeffer

Zubereitung: 50 Min. (+ 40 Min. Backzeit)
Für 4 Personen / Pro Portion: ca. 445 kcal

1 Kürbis schälen, entkernen, in dünne Scheiben schneiden. Zwiebel schälen, fein würfeln und mit dem Kürbis in 2 EL Butter 1 Min. dünsten. Mit Essig ablöschen, Brühe aufgießen. Kürbis im geschlossenen Topf in 3–4 Min. bissfest garen.
2 Mangold waschen, putzen, Stiele in feine, Blätter in grobe Streifen schneiden. Beides in kochendem Salzwasser 1–2 Min. garen, abgießen und abtropfen lassen.
3 Backofen auf 200° vorheizen. Crème légère mit Eiern, Wein und Käse verrühren. Mit Salz, Pfeffer und Muskat würzen.
4 Auflaufform mit restlicher Butter ausfetten. Kürbis und Mangold einschichten, dabei salzen und pfeffern. Creme-Masse und Nüsse darüber verteilen. Im Ofen (Mitte, Umluft 180°) in ca. 40 Min. goldbraun backen, bei Bedarf abdecken. Dazu passt fruchtig-trockener Weißwein, z. B. Chardonnay.

Variante:
Statt Kürbis: je zur Hälfte Schwarzwurzeln und Möhren verwenden; beides schälen, in 1/2 cm dicke Scheiben schneiden und wie beschrieben verarbeiten

schnell Tomaten-Romana-Auflauf

1 Kopf Romana-Salat (ca. 350 g)
1 kg Tomaten
250 g cremiger Ricotta
3 Eier
2 Knoblauchzehen
3 EL Olivenöl
3 ovale Yufka-Blätter (ersatzweise 300 g TK-Blätterteig, zu 3 Teigrechtecken in Formgröße ausgewellt)
2 EL Pinienkerne
Salz – Pfeffer

Zubereitung: 30 Min. (+ 30 Min. Backzeit)
Für 4 Personen / Pro Portion: ca. 625 kcal

1 Romanablätter waschen und trockenschleudern. Grüne Blattteile grob, die weißen Rippen fein schneiden. Die Tomaten waschen und quer in Scheiben schneiden, dabei den Stielansatz wegschneiden.
2 Ricotta und Eier verrühren, Knoblauch schälen und dazupressen. Mit Salz und Pfeffer abschmecken.
3 Backofen auf 200° vorheizen. Auflaufform mit 1 EL Öl ausfetten, Yufka-Blätter auf Formgröße zusammenfalten.
4 Form mit 1 Teigblatt auslegen. Jeweils die Hälfte Tomaten, Romanablätter, Ricotta-Creme und Pinienkerne einschichten, zwischendurch mit Salz und Pfeffer würzen. Zweites Teigblatt darüber legen, die übrigen Zutaten einschichten, mit dem letzten Teigblatt abschließen. Mit übrigem Öl bestreichen.
5 Den Auflauf im Ofen (Mitte, Umluft 175°) ca. 30 Min. backen. Dazu passt ein frisch-fruchtiger Rosé, z. B. ein Rosé de Corse.

Variante:
Statt Romana und Ricotta: Blattspinat und Mascarpone verwenden

für Gäste Tomaten mit Fischfüllung

1 Schalotte
50 ml weißer Portwein (ersatzweise Fischfond)
50 ml Fischfond
150 g Sahne
400 g Steinbuttfilet
200 g Crème fraîche
2 Eier
1 Döschen Safran (2 g)
1 großes Bund Basilikum
8 feste reife Fleischtomaten
2 EL Butter
2 EL Olivenöl
Salz – Pfeffer

Zubereitung: 35 Min.
Für 4 Personen / Pro Portion: ca. 580 kcal

1 Für die Sauce Schalotte schälen, fein würfeln. Mit Portwein, Fischfond und Sahne bei starker Hitze in ca. 20 Min. auf ca. zwei Drittel einkochen lassen.
2 Inzwischen Fisch klein würfeln, 300 g davon mit Crème fraîche und Eiern im Mixer pürieren. Übrige Fischwürfel untermischen. Mit Salz, Pfeffer und Safran würzen, kühl stellen.
3 Backofen auf 225° (Umluft 200°) vorheizen. Basilikumblätter von den Zweigen zupfen. Tomaten waschen, einen kleinen Deckel abschneiden und mit einem Löffel aushöhlen. Innen mit Salz und Pfeffer ausstreuen und mit einigen Basilikumblättern auslegen.
4 Fischmasse in die Tomaten füllen, in eine Auflaufform setzen. Butter und Öl in einer Pfanne aufschäumen lassen und über die Tomaten träufeln. Im Ofen (Mitte) 12–15 Min. backen.
5 Übriges Basilikum unter die Sauce geben und pürieren. Mit Salz und Pfeffer abschmecken. Zu den Tomaten servieren. Dazu passen Duft- oder Basmatireis und ein Gläschen Portwein oder ein üppiger Weißwein, z. B. Chablis.

1

2

3

preiswert Möhren-Fenchel-Gratin

500 g Fenchel
500 g Möhren
2 große Zwiebeln
2 Zweige Thymian
2 EL Butter
1 EL Zucker
200 g Sahne
150 g Taleggio am Stück
Muskatnuss, frisch gerieben
1 Ei
2 EL Semmelbrösel
Salz – Pfeffer

Zubereitung: 40 Min. (+ 20 Min. Backzeit)
Für 4 Personen / Pro Portion: ca. 450 kcal

1 Fenchel waschen und putzen, Grün abschneiden und beiseite legen. Möhren schälen. Fenchel und Möhren in 1/2 cm dicke Scheiben schneiden. Zwiebeln schälen, in 2 cm große Würfel schneiden. Thymian abbrausen, trockenschütteln, Blättchen von den Zweigen streifen.
2 1/4 l Salzwasser zum Kochen bringen und Fenchel und Möhren darin bei mittlerer Hitze zugedeckt in 4–5 Min. bissfest garen. In ein Sieb abgießen, dabei den Sud auffangen.
3 1 EL Butter zerlassen, Zwiebeln und Thymian 1 Min. andünsten. Zucker darüber streuen und karamellisieren lassen. Gemüsesud und Sahne zugießen und 5 Min. bei starker Hitze kochen lassen. Backofen auf 225° (Umluft 200°) vorheizen.
4 Gratin-Form mit übriger Butter ausfetten. Käse in Scheiben schneiden. Sahnesauce mit Salz, Pfeffer und Muskat würzen, Ei nach und nach unterrühren.
5 Fenchel und Möhren in die Form schichten, Sahne, Zwiebeln, Käse und Brösel darüber verteilen. Im heißen Ofen (Mitte) in ca. 20 Min. überbacken. Fenchelkraut von den Stängeln zupfen und über das Gratin streuen. Dazu passt ein leichter Weißwein, z. B. ein Chasselas oder Fendant aus der Schweiz.

Varianten:
Statt Taleggio: Roquefort oder Schafkäse verwenden
Zusätzlich: Speck- oder Schinkenwürfel mit den Zwiebeln andünsten
Statt Möhren und Fenchel: andere Gemüsesorten wie Zucchini, Tomaten, Mangold, Spinat oder Paprikaschoten verwenden

TIPP

Mit 48% Fett eignet sich der ursprünglich aus der Lombardei stammende Taleggio-Käse hervorragend zum Überbacken. Gute Alternativen sind Fontina, Morbier oder ein milder Raclette-Käse.

mediterran Radicchio-Tomaten-Gratin

3 EL Butter
75 g Polenta (Maisgrieß)
3 große Tomaten
3 kleine möglichst längliche Köpfe Radicchio
1 Zwiebel
2 Knoblauchzehen
1 TL Zucker
150 g Mascarpone
4 EL Sahne
50 g Parmesan, frisch gerieben
Salz – Pfeffer

Zubereitung: 40 Min. (+ 20 Min. Backzeit)
Für 4 Personen / Pro Portion: ca. 435 kcal

1 1 EL Butter mit 1/4 l Wasser und Salz aufkochen. Polenta einstreuen und bei schwacher Hitze im geschlossenen Topf 15 Min. garen, dabei hin und wieder umrühren.
2 Tomaten waschen und quer in Scheiben schneiden, dabei Stielansatz herausschneiden. Radicchio waschen, putzen und längs vierteln, Strunk vorsichtig abschneiden (die Viertel sollen zusammenhalten). Zwiebel und Knoblauch schälen und fein würfeln.
3 Polenta ca. 1 cm hoch in Form eines Rechtecks (15 x 18 cm) auf ein Holzbrett streichen, abkühlen lassen. Backofen auf 200° (Umluft 175°) vorheizen, eine Gratin-Form mit 1 EL Butter ausfetten.
4 Restliche Butter zerlassen und Zwiebel, Knoblauch und Radicchio bei mittlerer Hitze 1 Min. andünsten. Zucker darüber streuen und karamellisieren lassen, salzen und pfeffern.
5 Polenta in 3 x 6 cm große Rechtecke schneiden. Tomaten, Radicchio und Polenta-Ecken dachziegelartig in die Form schichten, dabei pfeffern.
6 Mascarpone und Sahne verrühren und darüber verteilen, Parmesan darüber streuen. Im heißen Ofen (Mitte) in ca. 20 Min. goldgelb überbacken, bei Bedarf abdecken. Dazu passt ein trockener Weißwein, z. B. italienischer Soave.

Varianten:
Zusätzlich: 100 g Kapernäpfel mit in die Form schichten
Zusätzlich: 2–3 EL fein geschnittenes Basilikum unter die Mascarpone-Creme mischen

mediterran Überbackene Spinat-Crespelle

2 Eier
150 ml Milch
150 ml Mineralwasser mit Kohlensäure
100 g Mehl
1 EL Butter
400 g Blattspinat (ersatzweise TK)
1 Zwiebel
1 Knoblauchzehe
100 g Serrano-Schinken in Scheiben (ersatzweise Parmaschinken)
3 EL Olivenöl
200 g Magerquark
125 g Mozzarella
1 EL Semmelbrösel
Salz – Pfeffer

Zubereitung: 1 Std.
Für 4 Personen / Pro Portion: ca. 460 kcal

1 Eier, Milch, Wasser, Mehl und Salz zum Teig verrühren. Butter in einer beschichteten Pfanne zerlassen, acht dünne Pfannkuchen backen.
2 Spinat waschen, putzen, zerkleinern. Zwiebel und Knoblauch schälen, klein würfeln. Schinken in Streifen schneiden.
3 Backofen auf 225° (Umluft 200°) vorheizen, Gratin-Form mit 1 EL Öl ausfetten. Zwiebel, Knoblauch und Schinken in restlichem Öl andünsten. Spinat dazugeben, in 1–2 Min. zusammenfallen lassen, salzen und pfeffern.
4 Je 2 EL Spinatmasse und 1 EL Quark auf den Pfannkuchen verteilen, aufrollen, in die Form setzen. Mozzarella klein würfeln und mit den Bröseln darüber streuen. Im heißen Ofen (Mitte) in ca. 10 Min. goldbraun überbacken. Dazu passt ein zartfruchtiger Weißwein, z. B. italienischer Trebbiano.

asiatisch Staudensellerie im Pergament

8 große Stangen Staudensellerie
300 g Hähnchenbrustfilet
2 kleine Papayas
1 rote Chilischote
4 Stängel Koriandergrün
2 EL Butterschmalz
2 EL Honig
Saft von 1 Limette
1 TL Sesam-Würzöl
1 EL schwarze Sesamsamen
1 EL Kokosraspel
Salz
4 große Blätter Pergamentpapier

Zubereitung: 55 Min.
Für 4 Personen / Pro Portion: ca. 240 kcal

1 Sellerie waschen, putzen, die gewölbte Seite etwas flacher schneiden. In kochendem Salzwasser 2–3 Min. garen. Je 2 Stangen mit der Vertiefung nach oben auf ein Blatt Pergamentpapier setzen.
2 Hähnchenbrustfilet fein hacken. Papayas längs halbieren, entkernen, schälen und winzig würfeln. Chilischote waschen, fein hacken. Koriander waschen, gut trockenschütteln und grob hacken. Backofen auf 200° vorheizen.
3 Fleisch im sehr heißen Schmalz 2–3 Min. braten, salzen. Mit Honig, Papayas, Chili, Koriander und Limettensaft mischen.
4 Fleischmasse in den Vertiefungen der Selleriestangen, Reste davon daneben verteilen. Öl, Sesamsamen und Kokosraspel darüber verteilen.
5 Pergamentblätter zu Päckchen verschließen. Im heißen Ofen (Mitte, Umluft 175°) ca. 20 Min. backen. Dazu passen Reis und Salat sowie ein fruchtig-würziger Rosé, z. B. ein südafrikanischer Cinsault Rosé.

preiswert Buntes Ofengemüse

1 große Stange Lauch
400 g Kürbis
3 Knollen Rote Bete (à ca. 150 g)
4 vorwiegend fest kochende Kartoffeln (à ca. 200 g)
4 Pastinaken (à ca. 50 g)
je 2 Zweige Rosmarin und Thymian
2 EL Olivenöl
80 ml trockener Weißwein (ersatzweise Gemüsefond)
80 ml Gemüsefond
1 Knoblauchknolle
Salz – Pfeffer

Zubereitung: 1 Std.
Für 4 Personen / Pro Portion: ca. 225 kcal

1 Lauch putzen, längs einschneiden und waschen, Kürbis schälen und entkernen. Beides in 5–6 cm große Stücke schneiden. Rote Bete und Kartoffeln schälen und achteln, Pastinaken schälen. Kräuter waschen und trockenschütteln.
2 Backofen auf 175° vorheizen. Öl in einer großen Bratreine erhitzen, Gemüse darin kurz anbraten. Mit Wein und Fond ablöschen, salzen und pfeffern. Knoblauch in die einzelnen Zehen teilen, mit den Kräutern zum Gemüse geben.
3 Im heißen Ofen (Mitte, Umluft 160°) zugedeckt ca. 30 Min. backen, dann offen in 10 weiteren Min. bräunen. Dazu passen frisches Baguette, kurz gebratenes Fleisch oder Lammbraten und ein weißer Bordeaux.

Varianten:
Zusätzlich: 200 g Crème fraîche mit 2–3 EL Sahne, 2–3 EL geriebenem Parmesan, Pecorino oder Cheddar verrühren und kurz vor Garzeitende über dem Gemüse verteilen
Zusätzlich: nach dem Backen das Gemüse mit Cayennepfeffer würzen

vegetarisch Überbackene Kurkuma-Steckrüben

4 kleine Steckrüben (ca. 1 kg)
2 große Möhren (ca. 300 g)
4 vorwiegend fest kochende Kartoffeln (ca. 600 g)
1 Bund Frühlingszwiebeln
1 Zwiebel
250 g Frischkäse
200 g Sahne
2 Eigelb
2 TL Kurkumapulver
1 TL gemahlener Kreuzkümmel
2 EL Butter
2 TL Zucker
Salz – Pfeffer

Zubereitung: 45 Min.
Für 4 Personen / Pro Portion: ca. 530 kcal

1 Steckrüben, Möhren und Kartoffeln schälen und in 1/2 cm dicke Scheiben schneiden. In kochendem Salzwasser in 4–5 Min. bissfest garen, abschrecken und abtropfen lassen. Backofen auf 250° (Oberhitze) oder den Grill vorheizen.
2 Frühlingszwiebeln waschen, putzen, in 4–5 cm lange Stücke schneiden. Zwiebel schälen, fein würfeln. Frischkäse, Sahne und Eigelbe verrühren, mit Salz, Pfeffer, Kurkuma und Kreuzkümmel würzen.
3 Butter zerlassen. Zwiebel und Frühlingszwiebeln andünsten. Gegartes Gemüse dazugeben, mit Zucker überstreuen und karamellisieren lassen.
4 Gemüse in vier kleine hitzebeständige Formen verteilen oder in eine große Auflaufform geben und die Kurkuma-Creme darüber geben. Im heißen Ofen (oben) in 6–8 Min. überbacken. Dazu passt Bier oder Früchtetee.

Kartoffeln, Nudeln, Reis & Getreide

Das Image einer öden Sättigungsbeilage haben sie allesamt längst hinter sich gelassen. Und die Behauptung, dass Kartoffeln gar dick machen, wurde auch ins Reich ernährungswissenschaftlicher Märchen verbannt. Heute weiß man: Die tollen Knollen machen glücklich. Dieselbe Wirkung schreibt man in Fernost seit jeher dem Reis zu. In einigen Sprachen steht ein und dasselbe Wort sowohl für »Reis« als auch für »Glück« oder »Leben«. In Italien hingegen mag man zwar zugeben, dass Risotto glücklich macht. Wahre Leidenschaft wird für die Italiener jedoch nur durch Pasta entfacht. Machen Sie die Probe aufs Exempel und schauen Sie, wo Sie in Ekstase geraten: bei der dampfenden Pellkartoffel, einem schmelzenden Risotto oder angesichts höllisch scharfer Spaghetti arrabiata?

Klassiker

Kartoffelbrei

1 kg mehlig kochende Kartoffeln
1/8 l Milch
75 g Sahne
3 EL Butter
Muskatnuss, frisch gerieben
1 EL gehackte Petersilie (nach Belieben)
Salz – Pfeffer

Zubereitung: 40 Min.
Für 4 Personen / Pro Portion: ca. 300 kcal

1 Kartoffeln schälen, waschen und in ausreichend Salzwasser in 20–25 Min. gar kochen.
2 Milch, Sahne und Butter in einem kleinen Topf bei schwacher Hitze langsam erhitzen.
3 Kartoffeln abgießen, abdämpfen und fein zerstampfen. Heißes Milchgemisch nach und nach unterrühren. Mit Salz, Pfeffer und Muskat abschmecken, nach Belieben mit Petersilie bestreuen. Dazu passen Gulasch, Braten oder Geschnetzeltes.

Varianten:
Zusätzlich: Püree mit 1 Bund gehackter Brunnenkresse und 1 EL gehackten Kapern mischen
Zusätzlich: 2 EL Meerrettich aus dem Glas und 2 EL Crème fraîche unter das Püree rühren
Zusätzlich: Püree mit 200 g pürierten Möhren oder Erbsen mischen
Zusätzlich: Püree mit 3 EL Pesto verrühren
Zusätzlich: Püree mit 50 g gehackten Rucolablättern und 30 g gehackten und gerösteten Pinienkernen vermischen
Statt Butter: 3 EL Sesamöl verwenden und zusätzlich 40 g gerösteten Sesamsamen darüber streuen
Statt Butter: 1–2 EL Olivenöl verwenden; 3 Knoblauchzehen in Scheibchen schneiden, in Öl knusprig braun braten und über das Püree geben

Tipp

Am einfachsten können Sie die heißen Kartoffeln mit einem Kartoffelstampfer im Topf zerdrücken oder durch eine Kartoffelpresse drücken. Anschließend lässt sich das Milchgemisch leicht mit einem Schneebesen unter den Brei rühren.

würzig Kartoffelbrei-Taler

Kartoffelbrei (Rezept Seite 108, aber ohne Milch und Butter)
2 rote Chilischoten
2 Schalotten
60 g Butterschmalz
1 EL Schwarzkümmel
2 Eigelb
50 g Mehl
Mehl zum Bearbeiten

Zubereitung: 1 Std.
Für 4 Personen / Pro Portion: ca. 435 kcal

1 Kartoffelbrei nach Grundrezept, aber ohne Milch und Butter zubereiten.
2 Chilischoten längs aufschneiden, entkernen, waschen und hacken. Schalotten schälen und fein würfeln.
3 In einer beschichteten Pfanne 2 EL Butterschmalz erhitzen. Chilischoten und Schalotten darin andünsten. Kümmel zugeben und kurz mitdünsten. Schalottenmischung mit Kartoffelbrei, Eigelben und Mehl verrühren.
4 Aus der Masse mit bemehlten Händen 12 Frikadellen formen. Portionsweise in restlichem Butterschmalz von beiden Seiten goldbraun braten. Eignet sich als vegetarisches Hauptgericht. Dazu passen Ingwer-Gemüse (Seite 90) oder Schmorgurken (Seite 96) und Bier.

Variante:
Statt Chilischoten und Schwarzkümmel: 1 Bund gehackten Schnittlauch und 1/2 TL Sambal oelek unterkneten

Tipp
Schwarzkümmel oder Nigella kennt man vom türkischen Fladenbrot. Er ist in türkischen Lebensmittelläden erhältlich.

preiswert Kartoffelbrei-Auflauf

Kartoffelbrei (Rezept Seite 108)
1 Blumenkohl (ca. 750 g)
2 Knoblauchzehen
1 Bund Frühlingszwiebeln
2 EL Olivenöl
1 Bund Oregano
400 g gemischtes Hackfleisch
2 EL Tomatenmark
1 EL Mehl
1 TL gemahlener Kreuzkümmel
150 g Cheddar am Stück
Salz – Pfeffer

Zubereitung: 1 Std. 15 Min. (+ 25 Min. Backzeit)
Für 4 Personen / Pro Portion: ca. 810 kcal

1 Kartoffelbrei nach Grundrezept zubereiten.
2 Blumenkohl putzen, waschen und in Röschen teilen. In 1/4 l kochendem Salzwasser in ca. 10 Min. garen. Anschließend abgießen, Kochwasser dabei auffangen.
3 Knoblauch schälen und hacken. Frühlingszwiebeln putzen, waschen und in Stücke schneiden. Öl in einer Pfanne erhitzen. Knoblauch und Frühlingszwiebeln darin ca. 3 Min. dünsten und herausnehmen.
4 Oregano waschen, trockenschütteln und Blättchen hacken. Backofen auf 200° (Umluft 180°) vorheizen.
5 Hackfleisch im Bratöl krümelig braten. Das Tomatenmark unterrühren. Mit Mehl bestäuben und mit dem Blumenkohlwasser ablöschen. Aufkochen und ca. 5 Min. köcheln lassen. Mit Salz, Pfeffer und Kreuzkümmel würzen und Oregano unterrühren.
6 Käse reiben. Kartoffelbrei in eine gefettete Auflaufform (ca. 28 x 20 cm) geben. Hackmasse, Frühlingszwiebeln und Blumenkohl darauf verteilen. Mit Käse bestreuen. Im heißen Ofen (Mitte) ca. 25 Min. backen. Dazu passt ein mittelkräftiger Rotwein, z. B. ein Dôle aus dem Schweizer Wallis.

deftig Pellkartoffeln mit Brunnenkresse-Dip

8 vorwiegend fest kochende Kartoffeln (à ca. 150 g)
1 TL Kümmel
100 g Brunnenkresse (ersatzweise Kresse)
300 g Schmand
7 EL Milch
80 g Cheddar am Stück
8 Tomaten
8 Scheiben Frühstücksspeck (ca. 120 g)
Salz – Pfeffer

Zubereitung: 40 Min.
Für 4 Personen / Pro Portion: ca. 645 kcal

1 Kartoffeln waschen, in einen Topf legen und ca. 3 cm hoch Wasser dazugießen. Mit Salz und Kümmel bestreuen und zum Kochen bringen. In 25–30 Min. gar kochen.
2 Kresse putzen, waschen, trockenschleudern und grob hacken. Mit Schmand und Milch verrühren. Dip mit Salz und Pfeffer abschmecken. Cheddar grob raspeln.
3 Tomaten halbieren, Stielansatz herausschneiden. In einer heißen Pfanne Speck in 4–5 Min. knusprig auslassen, zur Seite schieben. Tomaten in die Pfanne geben und 4–5 Min. braten, salzen und pfeffern.
4 Kartoffeln abgießen, je 2 auf einen Teller legen, in der Mitte einschneiden und auseinander biegen. Etwas vom Dip in die Öffnung geben, Cheddar darüber streuen. Tomaten und Bacon daneben setzen. Übrigen Dip getrennt dazu reichen. Dazu passen bunt gemischter Blattsalat und ein spritziger Weißwein, z. B. Grüner Veltliner aus Österreich, oder Tee aus frischen Melissenblättchen gebrüht.

scharf Kanarische Runzelkartoffeln

800 g kleine fest kochende Kartoffeln
80 g feines Meersalz
Für die Mojo-Sauce:
2 getrocknete Chilischoten
2 Knoblauchzehen
2 TL Paprikapulver
1/2 TL gemahlener Kreuzkümmel
4 EL Rotweinessig
6 EL Öl
Salz

Zubereitung: 35 Min.
Für 4 Personen / Pro Portion: ca. 260 kcal

1 Kartoffeln gründlich waschen und in einen breiten Topf geben. So viel Wasser angießen, dass die Kartoffeln zur Hälfte darin liegen. Mit Meersalz bestreuen und aufkochen lassen. Zugedeckt bei mittlerer Hitze 15 Min. garen. Deckel abnehmen und übriges Wasser bei starker Hitze in 10 weiteren Min. verdampfen lassen.
2 Inzwischen für die Sauce die Chilischoten putzen und entkernen und klein schneiden. Knoblauchzehen schälen, grob zerteilen und hinzufügen. Mit Paprikapulver und Kreuzkümmel, Salz und Essig im Mörser fein zerstoßen. Öl nach und nach zugeben und gut vermischen.
3 Kartoffeln im trockenen Topf offen noch 5 Min. unter Rühren rundherum anrösten, bis sich die Schale runzelt und die Kartoffeln von einer leichten Salzkruste überzogen sind. Runzelkartoffeln mit roter Mojo servieren. Dazu passen kurz gebratenes Fleisch oder gegrillter Fisch und ein kräftiger spanischer Rotwein, z. B. ein Navarra.

preiswert Grüne Sahnekartoffeln

1 kg fest kochende Kartoffeln
1 Zwiebel
2 EL Butter
375 ml Gemüsebrühe
150 g Crème fraîche
1 Stange Lauch
1 Bund Frühlingszwiebeln
je 1 Bund Basilikum und glatte Petersilie
Muskatnuss, frisch gerieben
Salz – Pfeffer

Zubereitung: 45 Min.
Für 4 Personen / Pro Portion: ca. 345 kcal

1 Kartoffeln schälen, waschen und in ca. 1 cm große Würfel schneiden. Zwiebel schälen und in Ringe schneiden. Butter in einem Topf erhitzen, Zwiebel darin glasig andünsten, Kartoffelwürfel zugeben und sofort mit Brühe aufgießen. Crème fraîche unterrühren und ca. 10 Min. zugedeckt köcheln lassen.
2 Lauch und Frühlingszwiebeln waschen, putzen und mit dem Grün in schmale Ringe schneiden. Lauch zu den Kartoffeln geben und weitere 15 Min. köcheln lassen.
3 Inzwischen Basilikum und Petersilie waschen, Blättchen abzupfen und grob hacken. Beides mit den Frühlingszwiebelringen zu den Kartoffeln geben und mit Salz und Pfeffer abschmecken. Dazu passen Braten oder gebratener Fisch sowie ein Weißburgunder aus dem Burgenland.

Varianten:
Statt Petersilie: im Frühling eine gute Hand voll frischen Kerbel oder Sauerampfer verwenden
Zusätzlich: 1 EL körnigen Senf unter die fertige Sauce rühren

gelingt leicht Kartoffelragout

4 Zwiebeln
2 EL Butterschmalz
800 g vorwiegend fest kochende Kartoffeln
300 g Süßkartoffeln
300 g Kohlrabi
1 TL Paprikapulver
400 ml Gemüsebrühe
200 g Sahne
1 kleines Bund glatte Petersilie
2 EL Kürbiskerne
Salz – Pfeffer

Zubereitung: 35 Min.
Für 4 Personen / Pro Portion: ca. 495 kcal

1 Zwiebeln schälen und in Ringe schneiden. Schmalz zerlassen und Zwiebeln darin bei schwacher Hitze 10 Min. dünsten.
2 Inzwischen Kartoffeln, Süßkartoffeln und Kohlrabi schälen und in 2 cm große Würfel schneiden, dazugeben. Mit Salz, Pfeffer und Paprika würzen. Brühe und Sahne aufgießen und alles zugedeckt ca. 20 Min. garen, bis das Gemüse bissfest und die Sauce sämig ist.
3 Petersilie waschen, trockenschütteln und die Blätter fein schneiden. Kürbiskerne in einer Pfanne ohne Fett kurz rösten und hacken. Beides über das Ragout streuen. Dazu passen kurz gebratenes Fleisch oder Fisch und eine Apfelsaftschorle.

Variante:
Zusätzlich: Ragout mit je 1 TL gemahlenem Kreuzkümmel und Koriander würzen. Kürbiskerne durch schwarze Sesamsamen ersetzen

1

2

3

Klassiker Kartoffelklöße

Für den Kloßteig:
1 kg mehlig kochende Kartoffeln
150 g Mehl
2 Eier
Muskatnuss, frisch gerieben
Salz – Pfeffer
Für die Füllung:
1 Scheibe Toast- oder Weißbrot
1 TL Butter

Zubereitung: 1 Std. 15 Min.
Für 8 Stück / Pro Stück: ca. 155 kcal

1 Kartoffeln waschen und in Salzwasser bei mittlerer Hitze in 25–30 Min. gar kochen. Abgießen, noch heiß schälen und durch eine Kartoffelpresse in eine große Schüssel drücken und etwas abkühlen lassen.
2 Mehl, Eier, 1 Prise Muskatnuss, 1 TL Salz und Pfeffer dazugeben. Mit einem Rührlöffel zu einem glatten Teig verkneten.
3 Brot in ca. 1 cm große Würfel schneiden, Butter in der Pfanne schmelzen und die Brotwürfel darin goldgelb rösten.
4 Kartoffelteig auf einer bemehlten Arbeitsfläche zu einer ca. 5 cm dicken Rolle formen. Diese in vier gleich große Stücke schneiden. Mit der Hand in jedes Stück eine Mulde drücken, die Brotwürfel gleichmäßig darauf verteilen und zu Klößen formen.
5 In einem großen Topf Salzwasser zum Kochen bringen, auf kleinste Stufe schalten und dann die Klöße mit dem Schaumlöffel hineingeben. In ca. 20 Min. gar ziehen lassen. Sind die Klöße gar, schwimmen sie oben. Klöße herausnehmen. Dazu passen Braten, Gulasch oder Rahmpilze (siehe Tipp).

Varianten:
1 **Pilzklöße:** 2 EL getrocknete Steinpilze 20 Min. in heißem Wasser einweichen, ausdrücken, klein würfeln und unter Kloßteig mischen
2 **Schnittlauch-Zwiebel-Klöße:** 1 Bund Schnittlauch in Röllchen schneiden, 1 Zwiebel schälen, fein hacken und in 2 TL Butter andünsten. Beides unter den Kloßteig mischen
3 **Speckklöße:** in die Mitte je 100 g gedünstete Speck- und Zwiebelwürfel drücken, fertige Klöße mit Petersilie überstreuen

Tipp
Dazu schmecken Rahmpilze: 500 g gesäuberte gemischte Pilze mit 1 gehackten Zwiebel und 50 g Speckwürfeln in 1 EL Butter andünsten, salzen, pfeffern. Mit 200 g Sahne aufgießen und 6–8 Min. garen. Mit 2 EL gehackter Petersilie und 1 EL Crème fraîche abschmecken.

mediterran Rucola-Gnocchi

1 kg mehlig kochende Kartoffeln
125 g Rucola
100 g Parmesan am Stück
150 g Mehl
1 Ei
Muskatnuss, frisch gerieben
4 EL Butter
Salz – Pfeffer

Zubereitung: 1 Std. 15 Min.
Für 4 Personen / Pro Portion: ca. 480 kcal

1 Kartoffeln waschen und in Salzwasser bei mittlerer Hitze in 25–30 Min. gar kochen. Abgießen, noch heiß schälen, durch eine Kartoffelpresse drücken und etwas abkühlen lassen.
2 Rucola verlesen, waschen und trockenschleudern. Eine Hälfte grob, die andere fein schneiden. Eine Hälfte des Parmesans fein reiben, die andere in hauchdünne Späne hobeln.
3 Fein geschnittenen Rucola, fein geriebenen Parmesan, Mehl, Ei, 1 TL Salz, Pfeffer und 1 Prise Muskat zu den Kartoffeln geben und rasch verkneten.
4 Teig zu ca. 3 cm dicken Rollen formen und 1 1/2 cm breite Stücke abschneiden. Stücke oval formen und mit einer Gabel Rillen eindrücken.
5 In einem sehr großen Topf reichlich Salzwasser zum Kochen bringen, auf kleinste Stufe schalten und die Gnocchi in 5 Min. gar ziehen lassen (sie müssen an der Wasseroberfläche schwimmen).
6 Butter zerlassen, Gnocchi darin schwenken, grob geschnittenen Rucola untermischen. Gnocchi auf Teller verteilen. Mit Pfeffer und Muskat würzen, Parmesanspäne darüber streuen. Dazu passen kurz gebratenes Fleisch, z. B. Puten-Saltimbocca (Seite 166), und frischer Weißwein, z. B. Frascati.

Varianten:
Statt Rucola und Parmesan: glatte Petersilie oder Basilikum und Pecorino verwenden
Zusätzlich: in der zerlassenen Butter 150 g halbierte Kirschtomaten andünsten, salzen und pfeffern, dann erst die Gnocchi darin schwenken und den Rucola untermischen

Klassiker Rösti mit Räucherlachs

1 kg fest kochende Kartoffeln
1 Zwiebel
3 EL Butterschmalz
100 g saure Sahne
8 Scheiben Graved- oder Räucherlachs
4 Stängel Dill
Salz – Pfeffer

Zubereitung: 1 Std. (+ 1 Std. Auskühlzeit)
Für 4 Personen / Pro Portion: ca. 320 kcal

1 Kartoffeln waschen, in einem Topf mit Wasser bedeckt bei mittlerer Hitze in 15–20 Min. nicht ganz gar kochen, abgießen und 1 Std. abkühlen lassen. Schälen und auf einer Reibe grob in eine Schüssel raspeln. Zwiebel schälen, fein hacken und hinzufügen. Mit Salz und Pfeffer kräftig würzen, alles gut durchmischen.
2 In einer Pfanne 2 EL Butterschmalz erhitzen, Kartoffelmischung hineingeben und zu einem flachen Fladen formen. Bei schwacher Hitze 15 Min. braten, bis sich an der Unterseite eine goldgelbe Kruste gebildet hat.
3 Rösti auf einen Teller gleiten lassen. Restliches Butterschmalz in der Pfanne schmelzen, Rösti umgedreht wieder in die Pfanne geben und in weiteren 15 Min. fertig braten. Rösti vierteln, auf Teller verteilen, je einen Klecks Sahne und je 2 Scheiben Lachs darauf setzen und mit Dill garnieren. Dazu passen grüner Salat oder Gurkensalat und Grauburgunder.

Variante:
Zusätzlich: 1 in feine Streifen gehobelten Zucchino (ca. 250 g) unter die Kartoffelmasse mischen

vegetarisch Kartoffel-Brokkoli-Puffer

200 g Zwiebeln
1 Knoblauchzehe
1 reife Mango (ca. 400 g)
60 g Butterschmalz
1 TL gemahlener Kardamom
1 TL eingelegte grüne Pfefferkörner
375 g Brokkoli
500 g mehlig kochende Kartoffeln
3 Eier
50 g Mehl
1 Bund Minze
Salz – Pfeffer

Zubereitung: 1 Std.
Für 4 Personen / Pro Portion: ca. 400 kcal

1 Zwiebeln und Knoblauch schälen, fein würfeln. Mango schälen, Fruchtfleisch vom Kern lösen und in Würfel schneiden.
2 2 EL Butterschmalz in einem Topf erhitzen. Knoblauch und drei Viertel der Zwiebeln darin dünsten. Mango, Kardamom und Pfefferkörner zugeben und ca. 20 Min. zugedeckt köcheln lassen. Salzen und pfeffern.
3 Inzwischen Brokkoli putzen, waschen und in kleine Röschen oder dünne Scheibchen schneiden, Stiele fein würfeln oder raspeln. Kartoffeln schälen, waschen und fein raspeln.
4 Kartoffeln, Brokkoli, übrige Zwiebeln, Eier und Mehl mischen. Masse mit Salz und Pfeffer würzen. Aus der Masse esslöffelweise im restlichen Butterschmalz portionsweise kleine Puffer backen, dabei die Masse etwas flach drücken.
5 Minze waschen, trockenschütteln, hacken und unter die Mangosauce rühren. Abschmecken und zu den Puffern reichen. Dazu passen gebratener Fisch und Orangensaft.

Variante:
Statt Sauce: je 1 Scheibe Camembert auf die Puffer legen und schmelzen lassen

würzig Kartoffel-Bohnen-Bratlinge

150 g weiße Bohnen
600 ml Gemüsebrühe
1 Lorbeerblatt
500 g fest kochende Kartoffeln
100 g Räucherspeck
2 Zwiebeln
1 Bund Majoran
2 Eier
50 g Mehl
6 EL Öl
200 g Ajvar (aus dem Glas)
200 g Doppelrahmfrischkäse
Salz – Pfeffer

Zubereitung: 2 Std. 15 Min.
Für 4 Personen / Pro Portion: ca. 710 kcal

1 Bohnen in der Brühe mit Lorbeerblatt in knapp 2 Std. weich kochen. Kartoffeln waschen und 25 Min. in Wasser kochen. Abschrecken, pellen und auskühlen lassen.
2 Speck fein würfeln. Zwiebeln schälen und fein würfeln. Speck in einer Pfanne auslassen, Zwiebeln darin glasig dünsten.
3 Majoran waschen, trocknen, Blättchen abzupfen und hacken. Bohnen abgießen. Kartoffeln grob raspeln. Mit Bohnen, Eiern, Majoran, Mehl und Zwiebel-Speck-Masse vermengen. Mit Salz und Pfeffer würzen.
4 Aus der Masse esslöffelweise im heißen Öl portionsweise kleine Puffer backen, dabei die Masse etwas flach drücken. Ajvar und Frischkäse glatt rühren und abschmecken, zu den Puffern reichen. Dazu passen Salat und Bier.

Tipp
Über Nacht in Wasser eingeweichte Bohnen benötigen nur ca. 1 Std. Garzeit. Wenn's schnell gehen soll, ca. 500 g Bohnen aus der Dose nehmen.

deftig Kartoffelpfanne mit Fleischkäse

750 g fest kochende Kartoffeln
2 Zwiebeln
1 rote Paprikaschote (ca. 200 g)
250 g Fleischkäse
3 EL Butterschmalz
200 ml Fleischbrühe
1 EL süßer Senf
20 g frischer Meerrettich (ersatzweise aus dem Glas)
1 Bund Schnittlauch
Salz – Pfeffer

Zubereitung: 45 Min.
Für 4 Personen / Pro Portion: ca. 695 kcal

1 Kartoffeln schälen, waschen und in ca. 1 cm große Würfel schneiden. Zwiebeln schälen und würfeln. Paprikaschote putzen, waschen und in Würfel schneiden. Fleischkäse in Stifte schneiden.
2 Butterschmalz in einer Pfanne erhitzen. Fleischkäse darin anbraten und herausnehmen. Kartoffeln im Bratfett 10 Min. braten. Paprika und Zwiebeln zugeben und kurz anbraten. Brühe und Senf verrühren. Kartoffeln damit ablöschen. Mit Salz und Pfeffer würzen und weitere 10 Min. schmoren.
3 Meerrettich schälen und fein reiben. Schnittlauch waschen, trockenschütteln und in Röllchen schneiden. Fleischkäse in der Kartoffelpfanne erhitzen. Mit Meerrettich und Schnittlauch bestreuen (Meerrettich aus dem Glas in die Pfanne rühren). Dazu passen grüner Salat und Weißweinschorle.

Variante:
Statt Fleischkäse: Kasseler in Würfeln verwenden

Klassiker Bratkartoffeln

800 g fest kochende Kartoffeln	***100 g Räucherspeck***
2 Zwiebeln	***3 EL Öl***
	Salz – Pfeffer

Zubereitung: 50 Min. (+ 1 Std. Auskühlzeit)
Für 4 Personen / Pro Portion: ca. 350 kcal

1 Kartoffeln waschen und in ausreichend Wasser zugedeckt in 20–25 Min. gar kochen.
2 Zwiebeln schälen und fein würfeln. Den Speck ebenfalls fein würfeln.
3 Kartoffeln abgießen, kalt abschrecken und pellen. Kartoffeln ca. 1 Std. auskühlen lassen.
4 Kartoffeln in Scheiben schneiden. Öl in einer beschichteten Pfanne erhitzen. Speck darin auslassen. Kartoffeln darin rundherum anbraten. Zwiebeln zugeben und alles unter gelegentlichem Wenden in ca. 10 Min. goldbraun braten. Mit Salz und Pfeffer würzen. Dazu passen Steak, Braten oder Spiegeleier und gemischter Salat und Bier.

Varianten:
Zusätzlich: mit 150 g Apfelwürfeln und 10 Salbeiblättern braten
Zusätzlich: in 4 EL Krebsbutter braten, mit 1 Bund fein geschnittenem Dill, 50 g gehackten Cashewkernen und 1/2 TL Sambal oelek würzen
Zusätzlich: 250 g frische Ananasstücke und 50 g gehackte Erdnüsse unter die fertigen Kartoffeln heben und erhitzen
Statt Zwiebeln: 1 Bund Lauchzwiebeln in Ringen mitbraten
Bratkartoffeln aus rohen Kartoffeln: Kartoffelscheiben in 3 EL Butterschmalz braten, mit Paprikapulver würzen
Überbacken: Kartoffeln in einer ofenfesten Pfanne braten und dann mit 100 g geriebenem Gouda-Käse bestreut im Backofen kurz überbacken

Tipps
Die Kartoffeln können Sie schön gleichmäßig im Eierschneider in Scheiben schneiden. Die geschnittenen Scheiben sollte man während des Bratens am besten nur in der Pfanne schwenken, damit sie nicht zerfallen.

asiatisch Indische Würzkartoffeln

1 kg kleine fest kochende Kartoffeln
2 Zwiebeln
1 Knoblauchzehe
5 EL Öl
je 1/2 TL Kurkumapulver und Garam Masala
1 TL gemahlener Kreuzkümmel
1 Prise Cayennepfeffer
Salz

Zubereitung: 45 Min. (+ 1 Std. Auskühlzeit)
Für 4 Personen / Pro Portion: ca. 265 kcal

1 Kartoffeln gründlich unter fließendem Wasser abbürsten. In Salzwasser in 15–20 Min. gar kochen, abgießen und 1 Std. abkühlen lassen.
2 Zwiebeln und Knoblauch schälen, Zwiebeln in Ringe, Knoblauch in Würfelchen schneiden. Kartoffeln halbieren oder je nach Größe vierteln (nicht schälen).
3 Öl erhitzen, Zwiebelringe darin leicht bräunen. Die Gewürze und den Knoblauch zugeben und mit Zwiebeln und Öl zu einer Paste verrühren.
4 Kartoffeln dazugeben und gut mit der Paste mischen, salzen und in 5–10 Min. knusprig braun braten, dabei immer mal wieder umrühren. Dazu passen gegrillte Lammkoteletts, die Gurken-Minze-Raita (Seite 48) und Salat sowie Apfelsaftschorle.

Variante:
Statt Zwiebeln und Gewürze: Kartoffeln anbraten und nach 2–5 Min. mit 1 EL Kräutern der Provence, 4 klein gewürfelten, getrockneten, in Öl eingelegten Tomaten mischen. Zum Anbraten evtl. das Öl der Tomaten nehmen

deftig Bauernfrühstück

800 g fest kochende Kartoffeln
2 Zwiebeln
3 EL Öl
6 Eier
6 EL Milch
150 g roher geräucherter Schinken
1 Bund glatte Petersilie
4 Essiggurken
Salz – Pfeffer

Zubereitung: 1 Std. (+ 1 Std. Auskühlzeit)
Für 4 Personen / Pro Portion: ca. 315 kcal

1 Bratkartoffeln nach Grundrezept ohne Speck (Seite 116) zubereiten.
2 Eier und Milch verquirlen. Mit Salz und Pfeffer würzen. Die Hälfte der Bratkartoffeln in eine zweite Pfanne geben. Jeweils die Hälfte der Eier über die Bratkartoffeln gießen und stocken lassen.
3 Inzwischen Schinken in kleine Würfel schneiden. Petersilie waschen, trockenschütteln und die Blättchen hacken. Gurken längs halbieren und fächerförmig einschneiden.
4 Bauernfrühstück zusammenklappen und auf einer Platte anrichten. Mit Schinken und Petersilie bestreuen. Mit Gurken garnieren. Dazu passen grüner Salat und Bier.

Variante:
Statt rohem Schinken: 100 g Appenzeller Käse verwenden. Den Käse würfeln und bereits in die Eiermilch rühren

Tipp
Die Eiermasse sollte an der Oberfläche glänzen und nur leicht gestockt sein, damit das Bauernfrühstück richtig saftig ist.

für Gäste Kartoffelgratin

1 kg vorwiegend fest kochende Kartoffeln
Muskatnuss, frisch gerieben
150 g Gruyère am Stück
1/4 l Milch
125 g Sahne
2 Eier
1 Knoblauchzehe
Salz – Pfeffer
Fett für die Form

Zubereitung: 20 Min. (+ 1 Std. Backzeit)
Für 4 Personen / Pro Portion: ca. 595 kcal

1 Kartoffeln schälen und in dünne Scheiben schneiden. Eine flache Auflaufform ausfetten, die Hälfte der Kartoffelscheiben einschichten. Mit Salz, Pfeffer und Muskat würzen.
2 Backofen auf 180° vorheizen. Käse reiben, die Hälfte auf den Kartoffeln verteilen. Restliche Kartoffeln einlegen und würzen.
3 Milch, Sahne und Eier verquirlen. Knoblauch schälen und dazupressen. Die Mischung über die Kartoffeln gießen, mit dem restlichen Käse bestreuen. Im Ofen (Mitte, Umluft 160°) in ca. 1 Std. goldbraun überbacken. Dazu passen Braten oder kurz gebratenes Fleisch und ein kräftiger Weißwein, z. B. Gutedel aus Baden.

Varianten:
Statt 1/4 l Milch und 125 g Sahne: 1/2 l Milch und 200 g Crème fraîche verwenden
Zusätzlich: gebratene Pilz- oder Speckwürfelchen und Petersilie über das Gratin streuen
Zusätzlich: 1 Bund in feine Ringe geschnittene Frühlingszwiebeln mit den Kartoffeln mischen

gut vorzubereiten Kartoffel-Bohnen-Auflauf

750 g fest kochende Kartoffeln
400 g grüne Bohnen
1 Bund Bohnenkraut
150 g Schinkenspeck in dünnen Scheiben
4 Eier
200 g Sahne
Muskatnuss, frisch gerieben
100 g Gruyère am Stück
Salz – Pfeffer
Fett für die Form

Zubereitung: 45 Min. (+ 45 Min. Backzeit)
Für 4 Personen / Pro Portion: ca. 730 kcal

1 Kartoffeln waschen und in Wasser 20–25 Min. kochen. Abschrecken, pellen und in dickere Scheiben schneiden.
2 Bohnen putzen, waschen, halbieren und in Salzwasser mit 3 Stielen Bohnenkraut ca. 10 Min. kochen. Abgießen.
3 Speck in Streifen schneiden. Eier und Sahne verquirlen. Mit Salz, Pfeffer und Muskat würzen. Übriges Bohnenkraut waschen, trockenschütteln und die Blättchen hacken. In die Eiersahne rühren. Backofen auf 200° vorheizen.
4 Käse fein reiben. Kartoffeln, Bohnen und Speck in eine gefettete Auflaufform schichten. Mit der Eiersahne übergießen und mit Käse bestreuen. Im Backofen (Mitte, Umluft 180°) 40–45 Min. backen. Nach 20 Min. mit Alufolie bedecken. Dazu passt ein leichter Rotwein, z. B. italienischer Valpolicella.

Variante:
Statt Bohnenkraut: 1–2 TL Kräuter der Provence und 3 EL gehackte schwarze Oliven unter die Eiersahne mischen

gelingt leicht Würzige Backkartoffeln

1 kg kleine fest kochende Kartoffeln
5 EL Olivenöl
1 Zweig Rosmarin
2 TL Korianderkörner
3 Knoblauchzehen
grobes Salz – Pfeffer

Zubereitung: 50 Min.
Für 4 Personen / Pro Portion: ca. 285 kcal

1 Backofen auf 200° vorheizen.
2 Kartoffeln gründlich waschen und quer halbieren. Backblech mit 1 EL Olivenöl bestreichen. Kartoffeln mit der Schnittfläche nach oben darauf setzen.
3 Rosmarin waschen, trockenschütteln und die Nadeln hacken. Korianderkörner zerdrücken. Knoblauch schälen und hacken. Mit dem übrigen Olivenöl, Rosmarin und Koriander verrühren. Ölmischung auf Kartoffelschnittflächen streichen und mit Salz und Pfeffer bestreuen. Im Ofen (Mitte, Umluft 180°) ca. 30 Min. backen. Dazu passen kurz gebratenes Fleisch oder Braten, z. B. Lammkeule (Seite 195) oder Roastbeef (Seite 194), sowie ein kräftig-würziger Weißwein, z. B. weißer Burgunder.

Variante:
Statt Rosmarin und Koriander: Fenchelsamen verwenden

Tipps
Zerdrücken Sie den Koriander in einem Mörser oder geben Sie ihn in einen Gefrierbeutel und zerdrücken ihn mit dem Nudelholz. Die Ölmischung mit einem Backpinsel auf die Kartoffeln streichen.

mediterran Gefüllte Kartoffeln

8 vorwiegend fest kochende Kartoffeln (à ca. 150 g)
150 g rote Zwiebeln
3 Knoblauchzehen
60 g Butter
1 Bund Oregano
2 Eier
100 g Parmesan, frisch gerieben
Salz – Pfeffer

Zubereitung: 1 Std. 30 Min.
Für 4 Personen / Pro Portion: ca. 465 kcal

1 Kartoffeln waschen und in Wasser ca. 35 Min. kochen. Abschrecken und etwas abkühlen lassen.
2 Zwiebeln und Knoblauch schälen und fein würfeln. In 4 EL Butter glasig dünsten, abkühlen lassen.
3 Oregano waschen, trockenschütteln und Blättchen hacken. Backofen auf 200° (Umluft 180°) vorheizen.
4 Von den Kartoffeln einen Deckel abschneiden. Kartoffeln aushöhlen. Inneres fein zerstampfen. Zwiebeln mit Eiern, 70 g Parmesan, Oregano und dem Kartoffelmus mischen. In die Kartoffeln füllen. Restlichen Parmesan mit der restlichen weichen Butter verrühren und auf den Kartoffeln verteilen. Im Ofen (Mitte) ca. 25 Min. backen. Eignet sich mit Salat als Hauptgericht oder zu Steaks oder gegrilltem Fisch. Dazu passt ein leicht fruchtiger Weißwein, z. B. ein italienischer Gavi.

Variante:
Statt Parmesan: gewürfelten Gorgonzola verwenden

Tipp
Wenn Sie die Kartoffeln (mit einem Teelöffel) aushöhlen, lassen Sie einen ca. 1 cm breiten Rand stehen.

fettarm Tomatensugo

500 g reife Tomaten (ersatzweise 1 Dose Tomaten à 800 g Füllgewicht)
1 kleine Möhre
1 Stange Staudensellerie
1 Zwiebel
2 Knoblauchzehen
2 EL Olivenöl
1 TL gehackter Oregano
1 Prise Zucker
Salz – Pfeffer

Zubereitung: 35 Min.
Für 4 Personen / Pro Portion: ca. 75 kcal

1 Tomaten überbrühen, häuten und klein würfeln. Möhre und Sellerie putzen, beides in kleine Würfel schneiden. Zwiebel und Knoblauchzehen schälen und fein hacken.
2 Öl in einem Topf erhitzen, Zwiebel und Knoblauch kurz andünsten. Möhre und Sellerie dazugeben und anrösten. Tomatenstücke hinzufügen, mit Oregano würzen. Ca. 20 Min. bei mittlerer Hitze köcheln lassen, zwischendurch umrühren.
3 Tomatensugo mit Zucker, Salz und Pfeffer abschmecken. Passt zu kurzen oder langen Nudeln, mit frisch geriebenem Parmesan reichen.

Varianten:
Zusätzlich: 1 kleine scharfe Pfefferschote (Peperoni) mit der Zwiebel andünsten. 1/2 Bund gehackte Petersilie untermischen
Zusätzlich: mit 2 EL Orangensaft, 1 TL abgeriebener unbehandelter Orangenschale, 1 EL trockenem Sherry und 2 EL Sojasauce würzen

Tipp
Falls die Sauce zu dick wird, gießen Sie etwas Wasser an.

gut vorzubereiten Pesto alla genovese

2 Bund Basilikum
3 Knoblauchzehen
2 EL Pinienkerne
100 ml Olivenöl
50 g Pecorino, frisch gerieben (ersatzweise Parmesan)
Salz – Pfeffer

Zubereitung: 15 Min.
Für 4 Personen / Pro Portion: ca. 235 kcal

1 Basilikum abbrausen, Blätter abzupfen und mit einem Tuch trockentupfen. Knoblauch schälen und grob zerschneiden. Pinienkerne in einer Pfanne ohne Fett bei mittlerer Hitze hellbraun rösten, abkühlen lassen.
2 Alles im Mixer pürieren. Öl und Käse unterrühren, mit Salz und Pfeffer abschmecken. Sollte das Pesto zu dickflüssig sein, etwas mehr Olivenöl unterarbeiten. Passt zu Spaghetti oder Gnocchi.

Varianten:
Bärlauch-Pesto: Basilikum durch je 75 g Bärlauch und glatte Petersilie, Pinienkerne durch Walnüsse und Pecorino durch Parmesan ersetzen
Rucola-Pesto: Basilikum durch 2 Bund Rucola und Pecorino durch alten Gouda ersetzen
Tomaten-Pesto: Basilikum durch 12 in Öl eingelegte getrocknete Tomaten ersetzen, zusätzlich 1 zerbröselte getrocknete Chilischote untermischen
Koriander-Pesto: Basilikum durch 2 Bund Koriandergrün und Pinienkerne durch Cashewkerne ersetzen, zusätzlich 1 entkernte, kleine grüne Chilischote hacken und unterrühren

Klassiker Bologneser Tomatensauce

1 Möhre
1 Stange Staudensellerie
1 Zwiebel
75 g Räucherspeck
50 g Butter
300 g Rinderhackfleisch
1 TL Mehl
1/4 l Fleischbrühe
2 EL Tomatenmark
1 Lorbeerblatt
Muskatnuss, frisch gerieben
Salz – Pfeffer

Zubereitung: 40 Min.
Für 4 Personen / Pro Portion: ca. 270 kcal

1 Möhre und Sellerie waschen, putzen. Zwiebel schälen. Alles zusammen mit dem Speck fein würfeln.
2 Butter in einem Topf erhitzen, die Speck-Gemüsewürfel-Mischung hineingeben und bei kleiner Hitze in ca. 5 Min. anbraten.
3 Hackfleisch dazugeben und unter Rühren anbraten. Mehl darüber stäuben und mit Brühe ablöschen. Tomatenmark und Lorbeerblatt unterrühren und mit Salz, Pfeffer und Muskat würzen.
4 Bei geschlossenem Deckel ca. 30 Min. schmoren lassen. Lorbeerblatt vor dem Servieren entfernen. Passt zu Spaghetti oder Makkaroni mit frisch geriebenem Parmesan.

Varianten:
Statt Fleischbrühe: Rotwein verwenden
Zusätzlich: 3 zerkrümelte getrocknete Chilischoten mitkochen
Zusätzlich: 10 g getrocknete Steinpilze in 1/8 l lauwarmem Wasser etwa 30 Min. einweichen, Pilze hacken, samt Einweichflüssigkeit im Sugo mitschmoren

schnell Schinken-Sahnesauce

1 rote Paprikaschote
200 g gekochter Schinken
200 g Sahne
2 TL Zitronensaft
Muskatnuss, frisch gerieben
1/2 Bund glatte Petersilie
2 TL Kapern
Salz – Pfeffer

Zubereitung: 25 Min.
Für 4 Personen / Pro Portion: ca. 260 kcal

1 Backofengrill vorheizen. Paprikaschote waschen, halbieren und putzen. Mit der Hautseite nach oben auf einen Rost legen und 8–10 Min. grillen, bis die Haut schwarz wird.
2 Schinken vom Fettrand befreien und klein würfeln. Paprika enthäuten und ebenfalls würfeln. Beides mit Sahne im Mixer oder mit dem Pürierstab pürieren. Mit Zitronensaft, Salz, Pfeffer und Muskat abschmecken. 2–3 EL Nudelkochwasser unterrühren.
3 Petersilie waschen, trockenschütteln, Blätter abzupfen, fein hacken und mit Kapern unter die Schinkencreme mischen. Passt zu Tagliatelle.

Variante:
Statt der Paprikaschote: 1 klein gewürfelten säuerlichen Apfel mit Schinken pürieren. Kapern weglassen

Tipp
Gekochte Nudeln im Topf oder in vorgewärmter Schüssel mit zwei Drittel Schinkensauce vermischen, bis sie heiß ist. Übrige Sauce darauf anrichten.

preiswert Zitronencreme

2 Schalotten
1 unbehandelte Zitrone
3 EL Butter
100 ml Gemüsebrühe
250 g Sahne
Salz – Pfeffer

Zubereitung: 20 Min.
Für 4 Personen / Pro Portion: ca. 265 kcal

1 Schalotten schälen und fein würfeln. Zitrone heiß waschen, abtrocknen und Schale fein abreiben. 2 EL Zitronensaft auspressen.
2 Butter erhitzen, Schalotten darin glasig dünsten. Mit Brühe und Sahne aufgießen, Zitronenschale einrühren und bei mittlerer Hitze in ca. 5 Min. leicht cremig einkochen lassen. Sauce mit Salz, Pfeffer und Zitronensaft abschmecken. Passt zu gelben oder grünen Bandnudeln.

Varianten:
Zusätzlich: mit den Schalotten 1 fein geschnittenen Stängel Zitronengras andünsten
Zusätzlich: 200 g feinblättrig geschnittene Champignons mitdünsten. 1/2 Bund gehacktes Basilikum dazugeben
Zusätzlich: 200 g Brokkoli blanchieren, mit 3 EL Gemüsebrühe pürieren. Unter die Sauce rühren und leicht erhitzen
Zusätzlich: 1 EL kleine Kapern unterrühren
Zusätzlich: Sauce mit je 1 Msp. Cayennepfeffer und Zimt abschmecken
Zusätzlich: Hälfte der Brühe durch trockenen Weißwein ersetzen

schnell Käsesauce

150 g Gorgonzola
50 g Mozzarella
1 Zwiebel
1 Knoblauchzehe
1 EL Butter
250 g Sahne
1 TL Aceto balsamico
Salz – Pfeffer

Zubereitung: 20 Min.
Für 4 Personen / Pro Portion: ca. 260 kcal

1 Gorgonzola und Mozzarella in kleine Würfel schneiden. Zwiebel und Knoblauchzehe schälen und sehr fein würfeln.
2 Butter in einer Pfanne erhitzen, Zwiebel und Knoblauch darin glasig dünsten. Sahne angießen und aufkochen lassen, Gorgonzola und Mozzarella hinzufügen und bei kleiner Hitze unter Rühren cremig kochen lassen, bis der Käse geschmolzen ist. Mit Aceto balsamico, Salz und Pfeffer abschmecken. Passt zu Spaghetti oder Tagliatelle.

Varianten:
Statt Gorgonzola und Mozzarella: 4 Sorten Käse verwenden: z. B. jeweils 50 g Parmesan, Taleggio, Gorgonzola und Frischkäse
Zusätzlich: 1 fein gehackte rote Peperoni mit Zwiebel und Knoblauch andünsten
Zusätzlich: 1/2 Bund gehackten Rucola oder glatte Petersilie untermischen
Zusätzlich: mit 1 EL Grappa abschmecken
Zusätzlich: 1 EL gehackte Walnüsse untermischen

gelingt leicht Tunfischsauce

1 Dose Tunfisch im eigenen Saft (180 g Abtropfgewicht)
2 Sardellen
50 g Sahne
3 Tomaten
2 Schalotten
1 Knoblauchzehe
1 EL Olivenöl
3 EL Gemüsebrühe
1/2 Bund glatte Petersilie
Salz – Pfeffer

Zubereitung: 20 Min.
Für 4 Personen / Pro Portion: ca. 95 kcal

1 Tunfisch abgießen und zerpflücken. Sardellen abspülen und hacken. Ungefähr zwei Drittel Tunfisch mit Sardellen und Sahne pürieren. Tomaten waschen und klein würfeln. Schalotten und Knoblauch schälen, fein hacken.
2 Öl in hochwandiger Pfanne erhitzen, Schalotten und Knoblauch glasig dünsten. Tunfischpüree, Brühe und Tomaten dazugeben und unter Rühren ca. 5 Min. köcheln lassen.
3 Petersilie waschen, trockenschütteln, abzupfen und fein hacken. Sauce mit Salz und Pfeffer abschmecken. Petersilie und übrigen Tunfisch dazugeben und kurz erhitzen. Passt zu Penne oder anderen kurzen, dicken Nudeln.

Variante:
Zusätzlich: 50 g kleine Kapern untermischen und mit 1/2 TL abgeriebener unbehandelter Zitronenschale würzen

Tipp
Falls die Sauce zu dick ist, rühren Sie 3 EL Gemüsefond, -brühe oder Weißwein unter.

asiatisch Pilzsauce

20 g getrocknete Mu-Err-Pilze
200 g Shiitake-Pilze
200 g Egerlinge
3 Frühlingszwiebeln
1 Stück frischer Ingwer (ca. 2 cm)
2 EL süße Sojasauce
2 EL trockener Sherry (nach Belieben)
1/4 l Gemüsebrühe
1 TL Sesam-Würzöl
1 TL Speisestärke
2 EL Erdnussöl
Salz – Pfeffer

Zubereitung: 35 Min.
Für 4 Personen / Pro Portion: ca. 290 kcal

1 Mu-Err-Pilze mit kochendem Wasser überbrühen und ca. 30 Min. einweichen. Übrige Pilze abreiben, putzen und blättrig schneiden. Frühlingszwiebeln waschen, putzen und in feine Ringe schneiden. Ingwer schälen und fein würfeln.
2 Sojasauce, Sherry, Brühe, Sesamöl und Stärke verquirlen. Mu-Err-Pilze abgießen und in feine Streifen schneiden.
3 Erdnussöl in Pfanne erhitzen. Ingwer und 2/3 der Frühlingszwiebeln kurz andünsten. Pilze dazugeben, ca. 3 Min. unter Rühren braten. Würzsauce angießen, ca. 1 Min. köcheln lassen. Salzen und pfeffern. Übrige Frühlingszwiebeln unterrühren, kurz ziehen lassen. Passt zu Nudeln, z. B. chinesischen Weizennudeln und zu gekochtem Reis.

Varianten:
Statt der Hälfte der Pilze: 200 g Möhrenstreifen verwenden
Zusätzlich: mit Ingwer und Frühlingszwiebeln 2 fein gehackte Knoblauchzehen andünsten

preiswert Spätzle

400 g Mehl
4 Eier
1 EL Öl
Salz
Spätzlehobel

Zubereitung: 40 Min.
Für 4 Personen / Pro Portion: ca. 430 kcal

1 Mehl in eine Schüssel geben, in der Mitte eine Mulde formen. Eier hineingeben, 1 TL Salz und ca. die Hälfte von 1/8 l Wasser dazugeben. Teig verrühren, dann mit dem Kochlöffel oder den Knethaken des elektrischen Handrührgeräts kräftig schlagen, bis er Blasen wirft. Dabei je nach Konsistenz noch Wasser zum Teig gießen, bis er glatt, zäh und elastisch aussieht. Spätzleteig ca. 15 Min. ruhen lassen.

2 In einem großen Topf 1 l Wasser zum Kochen bringen. 1 El Salz und 1 EL Öl hineingeben. Spätzlehobel mit kaltem Wasser abspülen. Teig über einer Schüssel in den rechteckigen Behälter des Hobels füllen. Diesen auf den Topf legen und durch Hin- und Herschieben des »Schlittens« die Spätzle hobeln. Die Spätzle sind gar, wenn sie an der Oberfläche schwimmen. Mit dem Schaumlöffel herausheben. Passt zu Braten, Geschnetzeltem und Gulasch.

Varianten:

Safran-Spätzle: 1 g Safranfäden in 1 EL heißem Wasser auflösen und mit dem Teig vermischen

Kräuter-Spätzle: 2 EL ganz fein gehackte Kräuter, z. B. Petersilie, Schnittlauch oder Bärlauch unter den Teig mischen

Spinat-Spätzle: 4 EL pürierten Spinat unter den Teig mischen

Nuss-Vollkorn-Spätzle: normales Mehl durch 125 g Dinkelmehl und 100 g Buchweizenmehl (evtl. im Bioladen mahlen lassen) und 60 g fein gemahlene Walnüsse ersetzen

Tipp

Mit Milch statt Wasser zubereitet werden die Spätzle lockerer. Man kann die Spätzle natürlich auch vom Brett schaben; siehe dazu Seite 227.

Klassiker Käsespätzle

400 g Mehl
4 Eier
80 g Emmentaler, frisch gerieben
1 Zwiebel
2 El Öl
Salz

Zubereitung: 1 Std.
Für 4 Personen / Pro Portion: ca. 490 kcal

1 Spätzle nach Grundrezept (Seite 124) zubereiten. In eine große Pfanne geben und mit dem Käse bestreuen. So lange mit einem Holzlöffel verrühren, bis der Käse geschmolzen ist und Fäden zieht.
2 Zwiebel in feine Ringe schneiden und in einer Pfanne in Öl leicht rösten. Käsespätzle mit den gerösteten Zwiebelringen servieren. Oder Spätzle abwechselnd mit Käse in eine gefettete Auflaufform schichten. Geröstete Zwiebeln darüber geben und kurz im Backofen bei 225° (Umluft 220°) gratinieren. Dazu passen grüner Salat und Bier.

Varianten:
Mediterran: Spätzle in eine gefettete Form geben, 2 in Ringe geschnittene Frühlingszwiebeln und 4 gehackte Sardellen darüber streuen. 1 Kugel Mozzarella würfeln, darüber verteilen und im Ofen bei 225° kurz gratinieren
Zusätzlich: 2 Äpfel in dünne Spalten schneiden, in 2 EL Butter ca. 3–5 Min. andünsten und mit unter die Spätzle mischen
Zusätzlich: 3 EL gehackte Hasel- oder Walnüsse untermischen

vegetarisch Spätzleauflauf mit Pilzen

400 g Mehl
4 Eier
1 TL Kurkumapulver (ersatzweise Currypulver)
200 g Brennnesselkäse am Stück
1 Stange Lauch
je 150 g Champignons und Austernpilze
1 Bund glatte Petersilie
2 EL Butter
2 EL Sojasauce
1/2 TL Sambal oelek
Salz – Pfeffer
Fett für die Form

Zubereitung: 1 Std. 10 Min.
Für 4 Personen / Pro Portion: ca. 620 kcal

1 Spätzle nach Grundrezept (Seite 124) zubereiten, dabei aber das Kurkumapulver unter den Teig rühren. Fertige Spätzle in einem Sieb abtropfen lassen.
2 Backofen auf 150° vorheizen. Käse grob reiben. Lauch waschen, putzen und in dünne Ringe schneiden. Pilze sauber reiben, putzen und in Scheiben oder Streifen schneiden. Petersilie waschen, trockenschütteln und hacken.
3 Butter in einer Pfanne erhitzen, Lauch und Pilze darin unter Rühren 5–6 Min. dünsten. Mit Salz, Pfeffer, Sojasauce und Sambal oelek würzen, vom Herd nehmen und Petersilie unterrühren.
4 Eine Auflaufform ausfetten. Spätzle, Pilzmischung und Käse lagenweise einfüllen, mit Käse abschließen. Die Spätzle im Ofen (Mitte, Umluft 140°) ca. 10 Min. backen, bis der Käse geschmolzen ist. Dazu passen Salat und ein Pils.

asiatisch Bami Goreng

300 g asiatische Eiernudeln
300 g Hähnchenbrustfilet
1 Bund Frühlingszwiebeln
200 g Möhren
2 Knoblauchzehen
1 Stück frischer Ingwer (ca. 2 cm)
4 EL Sojaöl
2 TL Sambal oelek
4 EL süße Sojasauce
2 EL Zitronensaft
Salz – Pfeffer

Zubereitung: 25 Min.
Für 4 Personen / Pro Portion: ca. 460 kcal

1 Nudeln in kochendes Salzwasser geben und nach Packungsangabe ca. 5 Min. garen. Abgießen, abtropfen lassen.
2 Fleisch in feine Streifen schneiden. Frühlingszwiebeln waschen, putzen und in dünne Ringe, Möhren schälen und in feine Stifte schneiden. Knoblauch und Ingwer schälen und klein würfeln.
3 Im Wok 2 EL Öl sehr heiß werden lassen. Fleisch und Möhren darin unter Rühren ca. 2 Min. braten, herausnehmen. Ingwer, Knoblauch und Frühlingszwiebeln mit restlichem Öl ca. 2 Min. unter Rühren braten. Sambal oelek untermischen.
4 Nudeln zugeben und ca. 5 Min. mitbraten. Fleisch und Möhren untermischen, nach 2–3 Min. Bratzeit nochmals umrühren. Mit Sojasauce, Zitronensaft, Salz und Pfeffer abschmecken. Dazu passt Ananassaft.

Tipp

Bami Goreng sind gebratene Eiernudeln, die Sie mit beliebigen Zutaten, auch Gemüseresten, variieren können.

mediterran Tintenfisch-Nudeln

400 g küchenfertige Tintenfische
1 TL Kräuter der Provence
300 g Tagliatelle (Bandnudeln)
je 1 gelbe und grüne Paprikaschote
1 Zwiebel
2 Knoblauchzehen
4 Tomaten
1 Bund glatte Petersilie
4 EL Olivenöl
4 EL Zitronensaft
10 schwarze Oliven
Salz – Pfeffer

Zubereitung: 30 Min.
Für 4 Personen / Pro Portion: ca. 465 kcal

1 Tintenfische waschen, trocknen, in Ringe oder Streifen schneiden. Mit Kräutern, Salz und Pfeffer würzen.
2 Nudeln in reichlich kochendem Salzwasser nach Packungsangabe bissfest garen. Abschrecken und gut abtropfen lassen.
3 Paprikaschoten waschen, putzen, Zwiebel schälen, dann beides in feine Streifen schneiden. Knoblauch schälen. Tomaten waschen und achteln. Petersilie abbrausen, abzupfen und hacken.
4 Im Wok 2 EL Öl stark erhitzen. Tintenfische portionsweise in 2–3 Min. unter Rühren anbraten, herausnehmen. Paprika, Zwiebel und zerdrückten Knoblauch im übrigen Öl ca. 3 Min. unter Rühren braten. Nudeln dazugeben und ca. 5 Min. mitbraten.
5 Tintenfische und Tomaten vorsichtig untermischen, nach 2–3 Min. Bratzeit nochmals umrühren. Alles mit Salz, Pfeffer und Zitronensaft abschmecken. Mit Petersilie und Oliven bestreut servieren. Dazu passt ein fruchtig-frischer Vinho Verde aus Portugal.

preiswert Weißkohl-Nudeln mit Kasseler

300 g chinesische Weizennudeln
300 g ausgelöstes gekochtes Kasseler
400 g Weißkohl
1 Stange Lauch
1 Zwiebel
1 Knoblauchzehe
3 EL Öl
1 TL Kümmel
1 TL Paprikapulver, rosenscharf
200 g saure Sahne
Salz – Pfeffer

Zubereitung: 30 Min.
Für 4 Personen / Pro Portion: ca. 620 kcal

1 Nudeln in kochendem Salzwasser nach Packungsangabe in ca. 5 Min. bissfest garen, abgießen und gut abtropfen lassen.
2 Kasseler 1–2 cm klein würfeln. Kohl und Lauch waschen, putzen und in feine Streifen oder Ringe schneiden. Zwiebel und Knoblauchzehe schälen und fein würfeln.
3 Im Wok 2 EL Öl erhitzen. Kohl darin ca. 3 Min. unter Rühren kräftig anbraten. Lauch, Zwiebeln, Knoblauch und Kasseler hinzufügen und ca. 3 Min. unter Rühren mitbraten. Mit Salz, Pfeffer, Kümmel und Paprika würzen, dann herausnehmen.
4 Restliches Öl im Wok stark erhitzen, Nudeln unter Wenden knusprig braten. Kasseler-Gemüse untermischen, mit je einem Klecks saurer Sahne anrichten. Übrige saure Sahne dazu reichen. Dazu passt ein Pils.

Varianten:
Statt Weißkohl: Chinakohl verwenden
Statt Kasseler: gekochten Schinken verwenden

orientalisch Gelbe Spinat-Spaghetti

300 g Spaghetti
600 g junger Blattspinat
1 Zwiebel
1 Knoblauchzehe
2 EL Butterschmalz
2 TL gemahlener Kreuzkümmel
1 TL Kurkumapulver
2 EL Zitronensaft
4 Spritzer Tabasco
Salz – Pfeffer

Zubereitung: 25 Min.
Für 4 Personen / Pro Portion: ca. 340 kcal

1 Spaghetti in reichlich kochendem Salzwasser nach Packungsangabe bissfest garen, abgießen und abtropfen lassen.
2 Spinat waschen, putzen und verlesen. In kochendem Salzwasser ca. 30 Sekunden garen, abschrecken und gut abtropfen lassen. Zwiebel und Knoblauch schälen und fein würfeln.
3 Schmalz im Wok erhitzen, Zwiebel und Knoblauch glasig dünsten. Mit Kreuzkümmel und Kurkuma bestäuben, kurz anschwitzen. Nudeln dazugeben, 2–3 Min. braten und wenden, bis sie gut mit Gewürzen vermischt sind. Spinat hinzufügen und vorsichtig untermischen, nur kurz erhitzen. Mit Salz, Pfeffer, Zitronensaft und Tabasco kräftig abschmecken. Dazu passt Apfelsaftschorle.

Varianten:
Zusätzlich: 2 EL eingeweichte Rosinen oder Korinthen untermischen
Zusätzlich: 2 EL geröstete Pinienkerne oder Mandelblättchen aufstreuen

1

2

Klassiker Lasagne

100 g Räucherspeck
1 Zwiebel
2 Knoblauchzehen
2 Bund Suppengemüse
2 EL Olivenöl
300 g Rinderhackfleisch
1 Dose Tomaten (800 g Füllgewicht)
je 1/2 TL gehackter Thymian und Oregano
50 g Butter
3 EL Mehl
600 ml Milch
Muskatnuss, frisch gerieben
250 g Mozzarella
350 g Lasagne-Blätter (ohne Vorkochen)
60 g Parmesan, frisch gerieben
Fett für die Form

Zubereitung: 45 Min. (+ 35 Min. Backzeit)
Für 6 Personen / Pro Portion: ca. 775 kcal

1 Speck klein würfeln. Zwiebel und Knoblauch schälen, fein hacken. Suppengemüse waschen, putzen, klein schneiden.
2 Öl erhitzen, Speckwürfel darin 1 Min. anbraten. Zwiebel, Knoblauch und Suppengemüse dazugeben, leicht anrösten. Hackfleisch zugeben und anbraten. Tomaten mit Saft unterrühren, offen bei schwacher Hitze 45 Min. köcheln, dabei ab und zu umrühren.
3 Nach 30 Min. die Hackfleischsauce mit Salz, Pfeffer, Thymian und Oregano würzen. Backofen auf 200° vorheizen.
4 Für die Béchamel-Sauce in einem Topf die Hälfte der Butter bei mittlerer Hitze erhitzen, Mehl einrühren und aufschäumen lassen. Milch einrühren und unter Rühren aufkochen und 2–4 Min. köcheln lassen. Sauce vom Herd nehmen, mit Salz, Pfeffer und 1 Prise Muskatnuss abschmecken.
5 Mozzarella in Scheiben schneiden. Eine Auflaufform fetten und mit etwas Béchamelsauce ausstreichen. Lagenweise Nudelblätter, 4–5 EL Hackfleischsauce, 4–5 EL Béchamelsauce, Mozzarellascheiben und etwas Parmesan einschichten, bis alles verbraucht ist. Restliche Butter in Flöckchen gleichmäßig darauf verteilen.
6 Lasagne im heißen Ofen (Mitte, Umluft 180°) 30–35 Min. goldbraun überbacken. Dazu passt ein fruchtiger Rotwein, z. B. ein Barbera d'Alba aus Italien.

Varianten:

1 **Zusätzlich:** 150 g in Streifen geschnittene Shiitake-Pilze und 1 Bund in Ringe geschnittene Frühlingszwiebeln anbraten, mit 1–2 TL Sambal oelek würzen und unter die Hackfleischmasse mischen

2 **Statt Hackfleisch:** 300 g in Scheiben geschnittene weiße oder braune Champignons mit dem Gemüse anbraten, die Sauce dann nur ca. 15 Min. köcheln lassen

macht was her Curry-Lachs-Lasagne

1 Zwiebel
1 Stange Lauch
3 große Möhren
300 g Knollensellerie
90 g Butter
2 EL Currypulver
60 g Mehl
1/2 l Gemüsebrühe
200 g Sahne
500 g Lachsfilet
250 g Lasagne-Blätter (ohne Vorkochen)
250 g Mozzarella
Salz – Pfeffer
Fett für die Form

Zubereitung: 45 Min. (+ 45 Min. Backzeit)
Für 4–6 Personen / Bei 6 Personen pro Portion: ca. 665 kcal

1 Zwiebel schälen, Lauch waschen, putzen und in dünne Ringe schneiden. Möhren und Sellerie schälen und in grobe Streifen hobeln. In 1 EL Butter andünsten, mit 1 EL Curry, Salz und Pfeffer würzen, vom Herd nehmen.
2 Für die Béchamelsauce restliche Butter in einem Topf bei mittlerer Hitze schmelzen, Mehl einrühren und aufschäumen lassen. Brühe und Sahne unter ständigem Rühren nach und nach zugießen. Ca. 5 Min. kochen lassen, dabei gut rühren. Mit restlichem Curry, Salz und Pfeffer kräftig abschmecken.
3 Backofen auf 200° vorheizen. Eine ofenfeste Form fetten. Lachsfleisch eventuell von der Haut abtrennen, dann in Streifen oder kleine Würfel schneiden und mit dem Gemüse mischen. Etwas Sauce in die Form geben, Lasagne-Blätter, Lachsgemüse und Currysauce in dieser Reihenfolge gleichmäßig übereinander schichten, bis alle Zutaten aufgebraucht sind, mit Lasagne-Blättern abschließen.
4 Mozzarella in Scheiben schneiden und auf Lasagne schichten. Im heißen Ofen bei 200° (Mitte, Umluft 175°) ca. 40 Min. goldgelb backen. Dazu passen grüner Salat und ein Riesling.

Variante:
Lauch-Lachs-Lasagne: Als Gemüse nur 3 Stangen Lauch andünsten, Curry weglassen, dafür etwas geriebene Muskatnuss und 1 Bund gehackten Dill unter die Béchamelsauce mischen

preiswert Makkaroni-Erbsen-Auflauf

200 g Makkaroni
150 g gekochter Schinken
2 Zwiebeln
1 EL Butter
300 g Erbsen (TK)
75 g grob gehackte Haselnüsse
125 g mittelalter Gouda am Stück (ersatzweise Bergkäse)
250 g saure Sahne
4 Eier
Muskatnuss, frisch gerieben
Salz – Pfeffer
Fett für die Form

Zubereitung: 20 Min. (+ 30 Min. Backzeit)
Für 4 Personen / Pro Portion: ca. 795 kcal

1 Makkaroni in Salzwasser nach Packungsanweisung bissfest garen, in ein Sieb gießen und abtropfen lassen. Schinken grob würfeln. Zwiebeln schälen, würfeln und in Butter glasig dünsten. Erbsen unterrühren, salzen, pfeffern. Vom Herd nehmen und Schinkenwürfel und Haselnüsse unterrühren.
2 Backofen auf 200° vorheizen. Inzwischen Käse reiben, mit saurer Sahne und Eiern gut verrühren und mit Salz, Pfeffer und Muskatnuss kräftig abschmecken.
3 Eine ofenfeste Form ausfetten. Etwas mehr als die Hälfte der Makkaroni einfüllen, Erbsen-Schinken-Masse darauf verteilen. Die restlichen Nudeln darüber schichten und mit der Käse-Eier-Masse übergießen. Im heißen Ofen bei 200° (Mitte, Umluft 175°) ca. 30 Min. backen. Dazu passen Salat und Kirschsaft.

Variante:
Statt Erbsen: 500 g in Salzwasser ca. 5 Min. vorgegarte Brokkoliröschen verwenden

raffiniert Nudel-Linsen-Auflauf mit Lamm

250 g grüne Bandnudeln
100 g Linsen
1/4 l Gemüsebrühe
1 Aubergine (ca. 250 g)
1 Zwiebel
250 g Lammfleisch (aus der Keule)
2 EL Öl
1 TL Kräuter der Provence
2 EL Tomatenmark
100 g Schafkäse
150 g saure Sahne
100 ml Milch
3 Eier
50 g Parmesan, frisch gerieben
Salz – Pfeffer
Fett für die Form

Zubereitung: 45 Min. (+ 40 Min. Backzeit)
Für 4 Personen / Pro Portion: ca. 735 kcal

1 Nudeln in Salzwasser nach Packungsanweisung bissfest garen, abgießen. Linsen in Brühe in ca. 30–45 Min. bissfest garen, abgießen, dabei Brühe auffangen.
2 Aubergine waschen, klein würfeln. Zwiebel schälen, hacken. Lammfleisch würfeln. Beides in Öl anbraten, Aubergine zugeben, mit Salz, Pfeffer und Kräutern würzen. Tomatenmark unterrühren, Gemüsebrühe angießen und 2–3 Min. köcheln lassen, Linsen untermischen.
3 Backofen auf 200° vorheizen. Käse klein würfeln. Saure Sahne, Milch und Eier verrühren, salzen und pfeffern. Hälfte der Nudeln in eine gefettete Form schichten, Schafkäse unter Lamm-Linsen-Masse mischen und auf Nudeln geben. Übrige Nudeln darüber schichten, mit Eiersahne übergießen und mit Parmesan bestreuen. Im Ofen (Mitte, Umluft 175°) in 35–40 Min. knusprig braun backen. Dazu passt ein kräftiger Rotwein, z. B. Bordeaux.

vegetarisch Spinat-Pilz-Cannelloni

500 g Champignons
1 Zwiebel
1 Knoblauchzehe
je 1 Bund glatte Petersilie und Basilikum
2 EL Olivenöl
300 g gehackter junger Spinat (TK)
1/2 TL getrockneter Oregano
1 1/2 TL gekörnte Brühe
150 g Sahne
250 g Ricotta
250 g Cannelloni (ohne Vorkochen)
1 große Dose Tomaten (800 g Füllgewicht)
50 g Parmesan, frisch gerieben
2 EL Butter
Salz – Pfeffer

Zubereitung: 40 Min. (+ 35 Min. Backzeit)
Für 4 Personen / Pro Portion: ca. 585 kcal

1 Pilze putzen und klein würfeln. Zwiebel und Knoblauch schälen und hacken. Kräuter waschen, trocknen, hacken.
2 Zwiebel in Öl glasig dünsten, Champignons und Knoblauch zugeben, salzen, pfeffern, 2–3 Min. braten. Spinat, 1/2 TL Oregano und Brühe unterrühren und köcheln bis der Spinat aufgetaut ist. Abkühlen lassen.
3 Sahne, Ricotta und gehackte Kräuter unter Gemüse mischen. Masse vorsichtig in Cannelloni füllen. Diese nebeneinander in eine feuerfeste Form legen. Backofen auf 200° vorheizen.
4 Tomaten mit Saft pürieren, mit Salz, Pfeffer und 1/2–1 TL Oregano würzen. Über die Cannelloni gießen, Parmesan darüber streuen und mit Butterflöckchen belegen. Im heißen Ofen (Mitte, Umluft 175°) in ca. 35 Min. knusprig braun backen. Dazu passt ein frischer Weißwein, z. B. italienischer Soave.

mediterran Überbackene Pesto-Nudelnester

400 g Spaghetti
3 Fleischtomaten
1 Bund Rucola
100 g Salami am Stück
250 g Mozzarella
100 g Pesto (aus dem Glas oder Rezept Seite 120)
Salz
Fett für das Blech

Zubereitung: 25 Min. (+ 35 Min. Backzeit)
Für 4 Personen / Pro Portion: ca. 740 kcal

1 Nudeln in Salzwasser nach Packungsangabe bissfest kochen. In ein Sieb abgießen, kalt abbrausen und abtropfen lassen.
2 Tomaten waschen, achteln, dabei Kerne und Stielansatz entfernen, anschließend fein würfeln. Rucola verlesen, waschen und grob hacken. Salami in kleine Würfel schneiden. Tomaten, Rucola und Salami miteinander mischen.
3 Backofen auf 180° vorheizen. Mozzarella in acht Scheiben schneiden. Die Nudeln in einer Schüssel mit dem Pesto mischen und zu acht Nestern drehen, nebeneinander auf ein gefettetes Backblech legen.
4 Tomaten-Salami-Mischung auf den Nestern verteilen und mit Mozzarella-Scheiben belegen. Im heißen Ofen (Mitte, Umluft 160°) in 30–35 Min. backen, bis der Käse geschmolzen und gebräunt ist. Dazu passt frischer grüner Salat und ein leichter, fruchtiger Rotwein, z. B. ein Sangiovese aus der Toskana.

1

2

3

Klassiker Maki-Sushi

Für den Sushi-Reis:
150 g Sushi-Reis
1 Stück Kombu-Alge
(ca. 4 x 2 cm; nach Belieben)
2 EL Reisessig
1 TL Zucker
2 geröstete Blätter Nori-Algen
1 TL Wasabi-Paste
Salz
Für die Füllung:
1/2 Avocado
200 g Surimi
1 Bambusmatte (Asienladen)

Zubereitung: 1 Std. 15 Min.
Für ca. 20 Stück / Pro Stück: ca. 45 kcal

1 Reis in einem Sieb waschen. In einem Topf mit 350 ml Wasser und nach Belieben Kombu-Alge aufkochen, dann bei schwacher Hitze in 10–15 Min. zugedeckt ausquellen lassen.
2 Ein Tuch zwischen Topf und Deckel legen, 10 Min. ruhen lassen. Essig erhitzen, 1 TL Salz und Zucker darin auflösen, abkühlen lassen. Reis in eine Schüssel geben, Alge entfernen. Reis mit Essiglösung mischen, abkühlen lassen, dabei mehrmals umrühren.
3 Je 1/2 Nori-Algenblatt auf die Bambusmatte legen, ein Viertel Reis darauf verteilen, dabei einen Rand freilassen. In die Mitte längs eine Vertiefung drücken, etwas Wasabi darauf verteilen.
4 Für die Füllung Avocado schälen, in acht Streifen schneiden, Surimi längs halbieren. Je ein Viertel von beidem längs in die Reisvertiefung legen, leicht andrücken. Matte anheben und Nori-Blatt und Reis vorsichtig zu einer Rolle formen. Die Nahtstelle mit etwas Wasser befeuchten und festdrücken. Vier Rollen formen, mit einem scharfen Messer in vier bis fünf gleich große Stücke schneiden. Genauso lassen sich auch andere Füllungen einrollen. Dazu passt grüner Tee.

Varianten:
1 **Spinat-Forellen-Füllung:** 100 g blanchierten, gut ausgedrückten Spinat, 200 g in Streifen geschnittenes geräuchertes Forellenfilet und 2 EL Sesamsamen verwenden
2 **Tunfisch-Rucola-Füllung:** 200 g abgetropften Tunfisch im eigenen Saft, 1/2 Bund Rucola und 1 in Streifen geschnittenes Stück Gurke (ca. 10 cm lang) verwenden
3 **Rote-Bete-Rettich-Füllung:** je 100 g in Streifen geschnittene vorgegarte Rote Bete und weißer Rettich und 1 Bund Schnittlauch verwenden

Tipp
Servieren Sie beide Sushi-Arten mit Sojasauce und Wasabi-Paste, die vor dem Dippen in der Sauce aufgelöst wird. Dazu isst man traditionellerweise Gari, süß-sauer eingelegte Ingwerscheiben.

Klassiker Nigiri-Sushi

doppelte Portion Sushi-Reis
(siehe Rezept Maki-Sushi)
150 g Räucher- oder Graved Lachs in Scheiben
2 Eier
1 TL Sojasauce
2 EL Mineralwasser mit Kohlensäure
2 EL Butter
1/2 geröstetes Blatt Nori-Algen
3 TL Wasabi-Paste
Salz

Zubereitung: 1 Std.
Für ca. 16 Stück / Pro Stück: ca. 105 kcal

1 Reis wie im Rezept für Maki-Sushi beschrieben zubereiten und auskühlen lassen.
2 Lachs in acht Stücke von ca. 3 x 5 cm Länge schneiden. Aus der Hälfte Reis acht gleich große Röllchen formen. Lachs auf einer Seite mit wenig Wasabi bestreichen. Mit dieser Seite nach unten auf die Reisröllchen legen und festdrücken.
3 Eier, Sojasauce und Mineralwasser verquirlen, mit Salz abschmecken. Butter in einer kleinen Pfanne erhitzen, Eiermasse hineingeben und bei geschlossenem Deckel in ca. 8 Min. stocken lassen. Herausnehmen, abkühlen lassen, in acht Streifen schneiden. Nori-Algenblatt in acht ca. 1/2 cm breite Streifen schneiden.
4 Wie oben beschrieben Sushi-Röllchen formen, Omelett-Streifen mit Wasabi bestreichen und auf Röllchen legen. Nori-Algenstreifen um Omelett und Reisröllchen legen und Nahtstelle mit etwas Wasser befeuchten und zusammenkleben.

Tipps
Sollten Sie keine gerösteten Algenblätter bekommen, rösten Sie die Nori-Algen selbst: in eine erhitzte Pfanne legen und darin rösten, bis sie aromatisch duften. Wer will, kann auch je 150 g in dünne Scheiben geschnittenes rohes Fischfilet (z. B. Lachs, Tunfisch, Seezunge oder Makrele) auf die Sushis packen. Der Fisch muss aber absolut frisch sein.

Klassiker Paella

2 rote Paprikaschoten
1 Gemüsezwiebel
4 Knoblauchzehen
3 Fleischtomaten (ca. 600 g)
4 Hähnchenkeulen
400 g Miesmuscheln
8 ungeschälte rohe Garnelen
6 EL Olivenöl
500 g Langkornreis
1/4 l Fleischbrühe
1/2 Döschen Safran (1 g)
1 TL Paprikapulver
1 Lorbeerblatt
300 g Erbsen (TK)
Salz – Pfeffer

Zubereitung: 1 Std. 15 Min.
Für 4–6 Personen / Bei 6 Personen pro Portion: ca. 680 kcal

1 Paprikaschoten putzen, waschen, in Streifen schneiden. Zwiebel und Knoblauch schälen und hacken. Tomaten waschen, Stielansatz entfernen und würfeln. Hähnchenkeulen am Gelenk in zwei Teile trennen, salzen und pfeffern. Meeresfrüchte unter fließendem Wasser säubern, offene Muscheln wegwerfen.
2 Öl in großer Pfanne erhitzen, Hähnchen rundherum braun braten, herausnehmen. Zwiebel und Knoblauch glasig dünsten, Reis, Tomaten, Brühe, Safran, Paprikapulver und Lorbeerblatt zugeben, salzen und pfeffern. 10 Min. köcheln lassen, Meeresfrüchte unterrühren, 15 Min. köcheln lassen, bis der Reis die Flüssigkeit aufgesogen hat. Backofen auf 180° vorheizen.
3 Paprikastreifen und Erbsen untermischen. Hähnchen auf Reis verteilen. Pfanne mit geschlossenem Deckel in den Ofen (Mitte, Umluft 140°) stellen, 15–20 Min. garen, Lorbeerblatt und geschlossene Muscheln vor dem Servieren entfernen. Dazu passt ein trockener voller Rotwein, z. B. spanischer Navarra oder Penedès.

Klassiker Jambalaya

1 Zwiebel
2 Knoblauchzehen
1 gelbe Paprikaschote
200 g Kirschtomaten
4 Zweige Thymian
100 g Frühstücksspeck
4 EL Öl
200 g Langkornreis
2 EL Tomatenmark
1/2 l Fischfond (aus dem Glas)
1 Dose Ananasstücke (420 g Füllgewicht)
1 Bund Frühlingszwiebeln
250 g Hähnchenbrustfilet
300 g Seeteufel (ersatzweise Kabeljau)
Tabasco
200 g geschälte rohe Garnelen
Salz – Pfeffer

Zubereitung: 45 Min.
Für 4–6 Personen / Bei 6 Personen pro Portion: ca. 625 kcal

1 Zwiebel und Knoblauch schälen, fein würfeln. Paprikaschote waschen, putzen, grob würfeln. Tomaten waschen, halbieren, Thymian waschen und trockenschütteln. Speck in schmale Streifen schneiden.
2 Zwiebel und Knoblauch in 2 EL Öl andünsten. Reis, Paprika, Tomaten, Thymian, Speck, Tomatenmark und Fond dazugeben und abgedeckt bei schwacher Hitze 20 Min. garen.
3 Ananas abgießen, dabei Saft auffangen. Frühlingszwiebeln waschen, putzen und fein schneiden. Hähnchen und Fisch in mundgerechte Stücke schneiden. Hähnchen im übrigen Öl bei mittlerer Hitze 4–5 Min. braten, salzen und pfeffern.
4 Ananas und Frühlingszwiebeln unter Reis mischen, mit Tabasco, Salz, Ananassaft abschmecken. Hähnchen, Fisch und Garnelen untermengen. In 5–8 Min. fertig garen, dabei ab und zu umrühren, Thymian herausnehmen. Dazu passt ein Bier.

orientalisch Lamm-Pilaw

500 g Lammfleisch (aus der Schulter)
3 grüne Kardamomkapseln
je 1 TL Koriander- und Kreuzkümmelsamen
3 Gewürznelken
1 getrocknete Chilischote
1 Stück Zimtstange
1 Stück frischer Ingwer (ca. 2 cm)
Saft von 2 Orangen
4 EL Öl
4 große Tomaten (ca. 600 g)
2 Zwiebeln
1 Dose Aprikosen (820 g Füllgewicht)
250 g Langkornreis (z. B. Basmatireis)
400 ml Lammfond (aus dem Glas, ersatzweise Gemüsebrühe)
Salz

Zubereitung: 1 Std. (+ 12 Std. Marinierzeit)
Für 4 Personen / Pro Portion: ca. 635 kcal

1 Fleisch in 3 cm große Würfel schneiden. Gewürze 1–2 Min. bei mittlerer Hitze rösten, dann im Mörser fein zerreiben. Ingwer schälen und fein hacken, mit Gewürzen, Orangensaft und 3 EL Öl unter das Fleisch mischen. Über Nacht marinieren lassen.
2 Tomaten waschen und Stielansatz herausschneiden, Zwiebeln schälen, beides grob würfeln. Aprikosen abgießen, Saft dabei auffangen und mit der Hälfte der Früchte pürieren.
3 Fleisch ohne Marinade bei starker Hitze 4–5 Min. anbraten, beiseite stellen. Zwiebeln, Reis und Tomaten im übrigen Öl andünsten. Fleisch, Marinade, Fruchtpüree und Fond dazugeben, aufkochen lassen. Bei schwacher Hitze zugedeckt 20 Min. garen lassen.
4 Übrige Aprikosen in Spalten schneiden, untermischen. Mit Salz abschmecken. Dazu passen Gurkensalat mit Joghurtsauce und Minztee.

exotisch Curry-Reis mit Bananen

400 g Weißkohl
300 g Möhren
1 Zwiebel
2 Knoblauchzehen
2 EL Butterschmalz
250 g Langkornreis (z. B. Basmatireis)
2 TL Currypulver
1/4 TL Zimtpulver
1/4 TL gemahlener Kreuzkümmel
50 ml Sherry (ersatzweise Gemüsebrühe)
1 l Gemüsebrühe
2 Bananen
50 g Cashewkerne
Salz

Zubereitung: 30 Min.
Für 4 Personen / Pro Portion: ca. 475 kcal

1 Kohl waschen und putzen, Möhren schälen. Beides in feine Streifen schneiden. Zwiebel und Knoblauch schälen, klein würfeln.
2 Butterschmalz zerlassen, Zwiebel, Knoblauch und Gemüse darin bei mittlerer Hitze 2–3 Min. andünsten. Reis und Gewürze untermischen, mit Sherry ablöschen. Brühe dazugießen, aufkochen, bei geringer Hitze zugedeckt 15 Min. garen, dabei ab und zu umrühren.
3 Bananen schälen und in Scheiben schneiden, Cashewkerne hacken. Beides unter den Reis mischen, weitere 5 Min. garen. Mit Salz abschmecken. Passt zu kurz gebratenem Fleisch und Fisch oder Gemüse aus dem Wok sowie einem kühlen Pils.

Variante:
Statt der Hälfte des Kohls: Mungbohnensprossen und grob geschnittene Frühlingszwiebeln verwenden; erst mit den Bananen untermischen

Klassiker Risotto alla milanese

1 l Fleischbrühe
1 Zwiebel
100 g Butter
400 g Risottoreis
(z. B. Arborio oder Vialone)
1/8 l trockener Weißwein
1/2 Döschen Safran (1 g)
3 EL Sahne
100 g Parmesan, frisch gerieben
Salz – Pfeffer

Zubereitung: 40 Min.
Für 4 Personen / Pro Portion: ca. 695 kcal

1 Fleischbrühe in einem Topf erhitzen. Zwiebel schälen und fein hacken. In einem zweiten Topf 50 g Butter zerlassen, darin die gehackte Zwiebel bei schwacher Hitze andünsten, bis sie weich, aber nicht zu braun ist.

2 Den Reis zu den Zwiebeln geben und so lange rühren, bis die Körner glasig sind. Dann mit Weißwein ablöschen und verdampfen lassen. Nach und nach die heiße Brühe angießen, den Risotto salzen und ohne Deckel bei mittlerer Hitze ca. 10 Min. garen. Dabei immer wieder umrühren.

3 Safran in 3 EL Brühe auflösen und in den Reis geben. Bei mittlerer Hitze und unter Rühren weitere 5 Min. garen. Bei Bedarf noch etwas Brühe angießen.

4 Unter den fertigen Risotto Sahne und restliche Butter mischen. Mit Pfeffer würzen und sofort servieren. Dazu frisch geriebenen Parmesan reichen.

Varianten:

Gorgonzola-Risotto: Kurz vor Garzeitende 400 g klein gewürfelten Gorgonzola unter den Risotto mischen; Safran, Parmesan und Butter am Ende weglassen

Spargel-Risotto: 1 kg grünen Spargel in mundgerechte Stücke schneiden und mit der Zwiebel andünsten; die Spitzen erst mit dem Wein zugeben; Safran nach Belieben weglassen

Radicchio-Risotto: 500 g in breite Streifen geschnittenen Radicchio mit dem Reis andünsten; Safran weglassen

Pilz-Risotto: 50 g getrocknete, in Wasser eingeweichte und klein gehackte Steinpilze mit dem Reis andünsten; evtl. Wein durch gleiche Menge Pilz-Einweichwasser ersetzen; Safran weglassen

Kürbis-Risotto: 750 g geputzten, klein gewürfelten Kürbis mit der Zwiebel andünsten; Wein durch Brühe ersetzen und Safran weglassen

Grünes Risotto: Safran weglassen, dafür je 1 Bund klein gehackten Rucola, Basilikum und glatte Petersilie kurz vor Garzeitende unterrühren

Tipp

Risotto ist ein delikater Zwischengang. Man isst ihn mit dem Löffel.

vegetarisch Risotto mit Spinat

1 Zwiebel
2 getrocknete Feigen
2 EL Butter
350 g Risotto-Reis
(z. B. Arborio oder Vialone)
100 ml trockener Weißwein
(ersatzweise Gemüsebrühe)
800 ml heiße Gemüsebrühe
150 g Blattspinat
2 EL Pinienkerne
100 g cremiger Ricotta
Salz – Pfeffer

Zubereitung: 40 Min.
Für 4 Personen / Pro Portion: ca. 505 kcal

1 Zwiebel schälen und klein würfeln, Feigen in dünne Streifen schneiden. 1 EL Butter zerlassen, Zwiebel und Feigen bei schwacher Hitze 2 Min. andünsten. Reis untermischen und mit Wein und Brühe zugedeckt 15 Min. garen, wie im Grundrezept beschrieben (Seite 136).
2 Spinat putzen, waschen und grob hacken. Pinienkerne bei mittlerer Hitze ohne Fettzugabe goldbraun rösten. Spinat zum Risotto geben, kurz mitgaren und zusammenfallen lassen.
3 Risotto vom Herd ziehen und 1 Min. stehen lassen, dann übrige Butter und Pinienkerne untermischen. Mit Salz und Pfeffer würzen, Ricotta löffelweise dazugeben und vorsichtig untermengen. Dazu passt ein frisch-fruchtiger Weißwein, z. B. ein Gavi oder Soave aus Italien.

Varianten:
Statt Spinat: 400 g Kürbisfleisch verwenden; dieses klein würfeln und mit Zwiebel und Feigen andünsten
Statt mit Weißwein: Risotto mit Rotwein, z. B. Barolo ablöschen und nach Belieben 1 frische Trüffel darüber hobeln

für Gäste Asia-Risotto mit Garnelen

400 ml Hummerfond (aus dem Glas, ersatzweise Gemüsebrühe)
400 ml ungesüßte Kokosmilch (aus der Dose)
1 Zwiebel
2 EL Butter
350 g Risotto-Reis
(z. B. Arborio oder Vialone)
100 ml Sherry (ersatzweise Hummerfond)
1 Stück frischer Ingwer (ca. 2 cm)
1 unbehandelte Limette
1 Bund Schnittknoblauch
1 EL Erdnussöl
1 EL Chiliöl
400 g geschälte gekochte Garnelen
4 EL Fischsauce

Zubereitung: 30 Min.
Für 4 Personen / Pro Portion: ca. 560 kcal

1 Fond und Kokosmilch erhitzen. Zwiebel schälen, klein würfeln und in zerlassener Butter bei schwacher Hitze kurz andünsten. Reis untermischen und mit Sherry, Fond und Kokosmilch 20 Min. garen, wie im Grundrezept beschrieben (Seite 136).
2 Ingwer schälen, in feine Streifen schneiden. Limette waschen, Schale abreiben, Saft auspressen. Schnittknoblauch waschen, trockenschütteln, putzen und in 3–4 cm lange Röllchen schneiden.
3 Kurz bevor der Risotto fertig ist, beide Ölsorten erhitzen und Ingwer bei mittlerer Hitze kurz andünsten. Garnelen dazugeben und 1–2 Min. braten. Schnittknoblauch unterrühren, mit 1 EL Fischsauce würzen.
4 Garnelen unter den Risotto mischen, 1 Min. neben der Herdplatte stehen lassen. Mit übriger Fischsauce und Limettensaft abschmecken, Limettenschale darüber streuen. Dazu passt ein Bier oder Ginger Ale.

Klassiker Nasi Goreng

4 Schalotten
2 Knoblauchzehen
1/2 Salatgurke
1 rote Paprikaschote
150 g Mungbohnensprossen
5 EL Öl
4 Eier
500 g gekochter Langkornreis
3 EL süße Sojasauce
1 EL Ketchup
2 TL Sambal oelek
Salz

Zubereitung: 35 Min.
Für 4 Personen / Pro Portion: ca. 405 kcal

1 Schalotten und Knoblauch schälen und hacken. Gurke waschen, in Scheiben schneiden, Paprikaschote putzen, waschen und in Streifen schneiden. Sprossen kalt abbrausen. 1 EL Öl erhitzen, Eier aufschlagen. 4 Spiegeleier braten, salzen, pfeffern und warm stellen.

2 Restliches Öl erhitzen, Schalotten, Knoblauch andünsten, Reis zufügen und unter Rühren 3 Min. braten. Sojasauce, Ketchup, Sambal oelek, Paprika und Sprossen untermischen, weitere 3 Min. braten. Fertigen Reis pro Portion jeweils mit einem Spiegelei belegen und mit Gurkenscheiben garnieren. Dazu passt Tonic-Wasser mit Limettenscheiben.

Tipp

Für ca. 500 g gekochten Reis: 200 g Reis in einem Sieb unter fließendem kaltem Wasser klar spülen. 400–450 ml Salzwasser in einem Topf aufkochen, Reis zugeben, Hitze sofort stark reduzieren und Reis in 15–20 Min. bei geschlossenem Deckel garen. Vom Herd nehmen und 10 Min. nachquellen lassen.

mediterran Gebratener Pilzreis

je 250 g Pfifferlinge und Champignons
1 große Stange Lauch
2 Knoblauchzehen
100 g Räucherspeck
4 EL Olivenöl
500 g gekochter Langkornreis
50 ml trockener Weißwein (ersatzweise Orangensaft)
100 ml Waldpilzfond (aus dem Glas, ersatzweise Gemüsebrühe)
je 1/2 Bund Majoran und glatte Petersilie
80 g Parmesan am Stück
Salz – Pfeffer

Zubereitung: 30 Min.
Für 4 Personen / Pro Portion: ca. 570 kcal

1 Pilze putzen und je nach Größe ganz lassen, halbieren oder vierteln. Lauch putzen, längs einschneiden, waschen und in 1 cm dicke Ringe schneiden. Knoblauch schälen und durch die Presse drücken.

2 Speck in feine Streifen schneiden und im Öl bei mittlerer Hitze in 5 Min. knusprig auslassen. Pilze, Lauch und Knoblauch dazugeben und 5–6 Min. braten.

3 Reis untermischen, mit Wein ablöschen, Fond aufgießen und unter Rühren 1–2 Min. kochen lassen. Kräuter waschen, trockenschütteln, grob hacken und untermischen. Mit Salz und Pfeffer abschmecken. Parmesan in feine Späne darüber hobeln. Dazu passen Blattsalate der Saison mit einer Balsamico-Vinaigrette, kurz gebratenes Rinder- oder Lammfleisch oder Wild sowie ein kräftiger Rotwein, z. B. französischer Bordeaux.

preiswert Reis-Fisch-Küchlein

1/2 l Fischfond (aus dem Glas, ersatzweise Gemüsebrühe)
1 Schalotte
4 EL Butterschmalz
200 g Rundkornreis
50 g Kerbel
400 g saure Sahne
1 kleiner Zucchino
150 g Fischfilet (z. B. Kabeljau)
1 Ei
abgeriebene Schale von 1/2 unbehandelten Zitrone
2 Msp. gemahlener Piment
100 g gemahlene Mandeln
Salz – Pfeffer

Zubereitung: 1 Std. 10 Min.
Für 4 Personen / Pro Portion: ca. 615 kcal

1 Fond erhitzen. Schalotte schälen, fein würfeln und in 1 EL zerlassenem Butterschmalz andünsten. Reis dazugeben, Fond aufgießen und zugedeckt bei geringer Hitze 30 Min. quellen lassen. Abkühlen lassen.
2 Kerbel waschen, trockenschleudern und fein hacken. Mit saurer Sahne verrühren, salzen und pfeffern. Kühl stellen.
3 Zucchino waschen, putzen und mit dem Fischfilet winzig klein würfeln. Mit Ei und Zitronenschale unter den Reis mengen. Mit Piment, Salz und Pfeffer würzen.
4 Aus dieser Masse zwölf gleich große Küchlein formen, in den Mandeln wenden. Übriges Schmalz zerlassen und die Küchlein bei geringer bis mittlerer Hitze auf jeder Seite in 3–4 Min. goldbraun braten. Mit der Kerbelsahne servieren. Dazu passen ein Tomaten-Basilikum-Salat, Gurken- oder Möhrensalat oder Gemüse süß-sauer (Seite 91) sowie ein fruchtig-frischer Weißwein, z. B. Pinot Blanc.

herzhaft Scharfer Reisschmarren

3 EL weißer Portwein (ersatzweise weißer Traubensaft)
3 EL Rosinen
200 g Zuckerschoten
2 rote Zwiebeln
2 große Möhren
4 Eier
1 EL Zucker
1/2 TL gemahlener Kardamom
400 g gekochter Rundkornreis
3 EL Speisestärke
8 EL Butterschmalz
Cayennepfeffer
Salz

Zubereitung: 1 Std.
Für 4 Personen / Pro Portion: ca. 691 kcal

1 Portwein erhitzen und Rosinen darin einweichen. Zuckerschoten waschen, Zwiebeln schälen und beides in feine Streifen schneiden. Möhren schälen und winzig klein würfeln.
2 Eier trennen. Eiweiße mit 1 Prise Salz steif schlagen. Eigelbe mit Zucker und Kardamom hellschaumig schlagen. Reis, Stärke und Rosinen unterrühren, Eischnee unterheben.
3 2 EL Butterschmalz in einer großen beschichteten Pfanne zerlassen. Die Hälfte Teig hineingeben und zugedeckt bei geringer Hitze in 5–6 Min. stocken lassen und goldbraun backen.
4 Pfannkuchen in Stücke reißen, wenden und noch 1 EL Schmalz zugeben. Die zweite Portion Reismasse ebenso verarbeiten. Fertige Schmarren im Ofen warmhalten.
5 Übriges Butterschmalz in eine zweite Pfanne geben und Zuckerschoten, Zwiebeln und Möhren darin unter Rühren in 4–5 Min. braten. Mit Salz und Cayennepfeffer abschmecken und mit den Schmarren servieren. Dazu passen gebratener Fisch oder Fleisch, das Gemüse-Kokos-Curry (Seite 90) sowie ein fruchtiger Weißwein, z. B. kalifornischer Fumé Blanc.

Klassiker

Polenta mit Pilzsauce

20 g getrocknete Steinpilze
2 Schalotten
1 Knoblauchzehe
60 g Butter
300 g Sahne
150 g Polenta (Maisgrieß)
1/8 l Milch
je 1 Bund Petersilie und Schnittlauch
6 TL heller Saucenbinder
Muskatnuss, frisch gerieben
Salz – Pfeffer

Zubereitung: 1 Std.
Für 4 Personen / Pro Portion: ca. 280 kcal

1 Pilze ca. 20 Min. in 1/2 l warmem Wasser einweichen. Schalotten und Knoblauch schälen, Schalotten fein würfeln. Pilze aus dem Wasser nehmen, hacken. 4 EL Butter erhitzen. Schalotten darin glasig dünsten, Knoblauch dazupressen, kurz mitdünsten. Pilze, Einweichwasser und Sahne zugeben, aufkochen, bei starker Hitze auf die Hälfte einkochen lassen.

2 Polenta in 1/2 l kochendes Salzwasser einrieseln lassen. Dabei ständig mit einem Holzlöffel rühren, damit sich keine Klümpchen bilden. Bei schwacher Hitze unter gelegentlichem Rühren 5 Min. kochen lassen. Milch und restliche Butter einrühren, zugedeckt warm halten, gelegentlich umrühren.

3 Kräuter waschen, trockenschütteln. Petersilie hacken, Schnittlauch in Röllchen schneiden. Pilzsauce mit Saucenbinder binden, mit Salz, Pfeffer und Muskatnuss abschmecken. Kräuter unterheben und mit der Polenta servieren. Passt zu Wild oder dunklem Fleisch und Geflügel mit einem mittelkräftigen Rotwein, z. B. ein Dornfelder.

Varianten:
Zusätzlich: 100 g getrocknete, in Öl eingelegte Tomaten in Würfeln oder in Olivenöl gebratene Salbeiblätter in Streifen unter die Polenta rühren
Rotwein-Pilz-Sauce: 10 g getrocknete Steinpilze in 200 ml Wasser einweichen. In 2 EL Öl 1 gewürfelte Zwiebel und 1 durchgepresste Knoblauchzehe glasig braten, herausheben. Die Hälfte von je 200 g klein geschnittenen Champignons, Austern- und Shiitake-Pilzen in 2 EL Öl 5 Min. braten, herausheben, restliche Pilze ebenso braten. Alles mit 1–2 EL Thymianblättchen, 150 ml Rotwein und der Steinpilzbrühe bei starker Hitze 3–5 Min. kochen lassen, salzen und pfeffern

Tipp
Vorsicht beim Einstreuen der Polenta in das kochende Salzwasser: Es kann spritzen.

vegetarisch Polenta-Pizza

200 g Polenta (Maisgrieß)
1/2 Bund Oregano
2 Knoblauchzehen
1 Bund Frühlingszwiebeln
400 g Zucchini
250 g kleine Champignons
4 EL Olivenöl
500 g mittelgroße feste Tomaten
200 g Mozzarella
Salz – Pfeffer

Zubereitung: 55 Min. (+ 20 Min. Backzeit)
Für 4 Personen / Pro Portion: ca. 425 kcal

1 750 ml Salzwasser aufkochen, vorsichtig Polenta einstreuen. Unter Rühren bei kleinster Hitze 5 Min. köcheln. Die Masse auf einem mit Backpapier ausgelegten Backblech rund verstreichen (ca. 32 cm Ø).
2 Backofen auf 200° vorheizen. Oregano waschen, trockenschütteln, Blättchen hacken. Knoblauch schälen. Frühlingszwiebeln waschen, in Ringe schneiden. Zucchini putzen, waschen, längs vierteln und in 1/2 cm große Würfel schneiden. Pilze putzen, vierteln, mit Zucchini und Frühlingszwiebeln mischen. Jeweils die Hälfte Gemüse nacheinander in 2 EL Öl unter Rühren 3 Min. braten, Knoblauch dazupressen. Oregano untermischen, salzen und pfeffern.
3 Tomaten quer in Scheiben schneiden, Kerne entfernen, klein würfeln und auf Polenta verteilen, salzen und pfeffern. Mozzarella trockentupfen, würfeln, Zucchini-Pilze und Mozzarella darauf geben. Im heißen Ofen (unten, Umluft 175°) 15–20 Min. backen. Dazu passen grüner Salat und Chianti.

Varianten:
Zusätzlich: 100 g getrocknete, in Öl eingelegte Tomaten würfeln und auf der Pizza verteilen
Zusätzlich: in Streifen geschnittene und in Olivenöl gebratene Salbeiblätter auf der Pizza verteilen

für Gäste Polenta-Auflauf

200 g Polenta (Maisgrieß)
50 g Parmesan, frisch gerieben
2 Zwiebeln
2 Knoblauchzehen
1 Bund Suppengemüse
4 EL Olivenöl
500 g gemischtes Hackfleisch
3 EL Tomatenmark
1 kleine Dose stückige Tomaten (400 g Füllgewicht)
je 1/2 Bund Thymian und Oregano
100 g Fontina-Käse in dünnen Scheiben
Salz – Pfeffer
Fett für die Form
1 Kastenform (Länge 22 cm)

Zubereitung: 35 Min. (+ 1 Std. Auskühlzeit + 25 Min. Backzeit)
Für 4 Personen / Pro Portion: ca. 785 kcal

1 750 ml Salzwasser aufkochen, Maisgrieß vorsichtig einstreuen. Unter Rühren bei kleinster Hitze 5 Min. kochen lassen. Vom Herd nehmen, Parmesan unterrühren. In eine gefettete Kastenform füllen, glatt streichen, 1 Std. abkühlen lassen.
2 Zwiebeln schälen, fein würfeln, Knoblauch schälen. Suppengemüse putzen, waschen, klein würfeln. 2 EL Öl erhitzen, Hack darin krümelig braten, herausnehmen. Restliches Öl in die Pfanne geben, Zwiebeln und Suppengemüse anbraten. Knoblauch dazupressen, Tomatenmark zufügen, kurz mitbraten. Hack, Tomaten und 1/8 l Wasser zugeben, offen bei kleiner Hitze 20 Min. kochen lassen. Kräuter waschen, trockenschütteln, Blättchen abzupfen, grob hacken. Zur Sauce geben, salzen und pfeffern. Backofen auf 200° vorheizen.
3 Polenta aus der Form stürzen, in ca. 1 cm dicke Scheiben schneiden, überlappend in eine gefettete Auflaufform legen. Sauce darüber verteilen, mit Käse belegen. Im heißen Ofen (unten, Umluft 175°) ca. 25 Min. backen. Dazu passen grüner Salat und ein fruchtiger Rotwein, z. B. Merlot.

vegetarisch Bulgurpfanne mit Gemüse

200 g Möhren
200 g Zucchini
1 Zwiebel
1 Knoblauchzehe
2 EL Olivenöl
300 g Bulgur
700 ml Gemüsebrühe
3 Tomaten (ca. 250 g)
100 g junger Blattspinat
75 g Crème fraîche
80 g Parmesan am Stück
Salz – Pfeffer

Zubereitung: 50 Min.
Für 4 Personen / Pro Portion: ca. 525 kcal

1 Möhren und Zucchini putzen und in 1 cm große Würfel schneiden. Zwiebel und Knoblauch schälen, fein würfeln, im heißen Öl glasig dünsten. Bulgur und Brühe zugeben und aufkochen. Zugedeckt bei kleiner Hitze 10 Min. garen.
2 Inzwischen Tomaten mit kochendem Wasser überbrühen, kurz ziehen lassen, häuten und würfeln, mit Möhren und Zucchini unter den Bulgur heben und 10 weitere Min. garen.
3 Spinat verlesen, waschen und trockenschleudern. In kochendes Wasser geben, 2 Min. kochen lassen, herausheben, kalt abschrecken, abtropfen lassen, gut ausdrücken, auflockern und unter den Bulgur mischen und erhitzen. Crème fraîche unterrühren, mit Salz und Pfeffer würzen. Parmesan mit dem Sparschäler hobeln und dazu servieren. Dazu passen grüner Salat sowie Apfelsaftschorle.

Variante:
Statt Spinat: Rucola verwenden; diesen nur kurz mit Bulgur erhitzen

schmeckt auch kalt Hirseplätzchen

1 Knoblauchzehe
600 ml Gemüsebrühe
250 g Hirse
6 EL Olivenöl
150 g in Öl eingelegte, gegrillte Paprikaschoten (aus dem Glas)
100 g schwarze Oliven
8 Salbeiblätter
3 Eier
100 g Speisequark (20 %)
1 TL Paprikapulver
Salz – Pfeffer

Zubereitung: 1 Std.
Für 4–6 Personen / Bei 6 Personen pro Portion: ca. 395 kcal

1 Knoblauch schälen und hacken, Brühe erhitzen. Hirse gut abspülen, abtropfen lassen. In einem Topf in 2 EL heißem Öl anrühren, bis alle Körner von Fett überzogen sind. Knoblauch und Brühe zugeben. Zugedeckt bei kleiner Hitze 30–40 Min. quellen lassen. Auskühlen lassen.
2 Paprika und Oliven in einem Sieb abtropfen lassen. Oliven vom Stein schneiden, hacken. Paprika würfeln. Salbei waschen, trockentupfen und in Streifen schneiden. Eier trennen. Eigelbe, Quark und Paprikapulver verrühren. Oliven, Paprika und Salbei untermischen, salzen und pfeffern. Eiweiße steif schlagen. Hirse unter den Quark rühren, Eischnee unterheben.
3 Zwölf Plätzchen formen. 2 EL Öl in einer beschichteten Pfanne erhitzen, sechs Plätzchen auf beiden Seiten 3–4 Min. braten, warm stellen, restliche Plätzchen ebenso braten. Dazu passen grüner Salat, ein Joghurt-Dip mit Tomatenwürfeln und Schnittlauch sowie ein frisch-fruchtiger Weißwein, z. B. italienischer Pinot Grigio.

Klassiker Couscous mit Lamm

200 g Zwiebeln
1 Knoblauchzehe
800 g Lammgulasch
7 EL Olivenöl
1/2 TL gemahlener Kreuzkümmel
1/2 TL Ingwerpulver
je 1 TL Kurkuma- und Paprikapulver
1 Dose Kichererbsen (240 g Abtropfgewicht)
600 g Möhren
1 kleine Dose stückige Tomaten (400 g Füllgewicht)
3 TL Harissa
200 g Couscous
Salz – Pfeffer

Zubereitung: 1 Std. 30 Min.
Für 4 Personen / Pro Portion: ca. 705 kcal

1 Zwiebeln und Knoblauch schälen, Zwiebeln in Streifen schneiden, Knoblauch hacken. Fleisch portionsweise in 3 EL Öl rundherum anbraten. Zwiebeln und Knoblauch 2 Min. mitbraten. 150 ml Wasser und die Gewürze zugeben. Salzen, pfeffern und zugedeckt 30 Min. schmoren lassen.
2 Inzwischen Kichererbsen abgießen. Möhren schälen, schräg in 1 cm dicke Scheiben schneiden. Mit Kichererbsen, Tomaten und 1 TL Harissa zum Fleisch geben, weitere 15–20 Min. schmoren lassen, so dass die Möhren noch bissfest sind.
3 Couscous mit 4 EL Öl mischen und bei mittlerer Hitze unter Rühren 3 Min. rösten. Vom Herd nehmen, 1/4 l Salzwasser zugeben, zugedeckt 5 Min. quellen lassen. Evtl. weiteres Wasser zugeben, mit einer Gabel auflockern. Couscous mit Lammgulasch servieren und restliches Harissa dazu reichen. Dazu passen Möhrensalat oder Gurkensalat und schwarzer Tee mit Minze.

orientalisch Gerstenpilaw mit Aprikosen

200 g Gerstengraupen
1/2 Döschen Safran (1 g)
200 g getrocknete Aprikosen
1 Zwiebel
1 Knoblauchzehe
2 rote Paprikaschoten
1 kleine rote Chilischote
4 EL Öl
1/2 TL Zimt
2 EL Zitronensaft
25 g gehackte Pistazien
Salz – Pfeffer

Zubereitung: 45 Min. (+ 4 Std. Einweichzeit)
Für 4 Personen / Pro Portion: ca. 455 kcal

1 Graupen in 1/2 l kaltes Wasser geben und mindestens 4 Std. oder über Nacht einweichen. Safran in 6 EL heißem Wasser einweichen. Mit Graupen und 1 TL Salz zugedeckt aufkochen und 30 Min. bei schwacher Hitze quellen lassen.
2 Aprikosen vierteln, Zwiebel und Knoblauch schälen, würfeln. Paprikaschoten putzen, würfeln. Chilischote aufschlitzen, entkernen und hacken. Im heißen Öl Zwiebel und Knoblauch glasig dünsten. Paprika- und Chilischote zugeben, 5 Min. unter Rühren mitdünsten, Zimt darüber stäuben. Aprikosen und Graupen unterheben. Mit Zitronensaft, Salz und Pfeffer würzen. Mit Pistazien bestreut servieren. Dazu passen Fisch, gebratenes Lammfleisch sowie schwarzer Tee, mit grünen Kardamomkapseln aromatisiert.

Tipp

Graupen sind geschälte, geschliffene und polierte Gerstenkörner. Besonders fein sind Perlgraupen. Sie finden Sie im Supermarkt meist im Reisregal, im Naturkostladen oder Reformhaus.

Fisch und Meeresfrüchte

»Immer nur Freitags«, lautete lange die Devise. Diese Zeiten sind heute glücklicherweise vorbei. Fisch ist zwar beileibe kein billiges, aber zumindest kein seltenes Vergnügen mehr. Man sollte es sich unbedingt ab und zu gönnen. Fische und Meeresfrüchte sind im Regelfall fett- und cholesterinarm, dafür reich an Eiweiß und gesunden essenziellen Fettsäuren. Dank moderner Kühlmethoden und vereinfachter Transportwege kommt Fisch heute frisch wie nie auf den Tisch. Meist ist er schon ausgenommen, geschuppt oder gar enthäutet und filetiert. Jetzt müssen Sie ihn nur noch vorsichtig in Topf, Pfanne oder Ofen packen und ganz, ganz sanft garen, denn so ziemlich das Einzige, was Fisch nicht mag, ist allzu große Hitze.

Klassiker Forelle Müllerin

4 küchenfertige Forellen (à ca. 300 g)
4 EL Butter
1 Zitrone
Salz – Pfeffer
Mehl zum Wenden

Zubereitung: 15 Min.
Für 4 Personen / Pro Portion: 335 kcal

1 Forellen unter fließendem, kaltem Wasser waschen, dann trockentupfen. Innen und außen mit Salz und Pfeffer würzen. Mehl auf einen Teller geben und Forellen darin wenden.
2 In zwei Pfannen je 2 EL Butter erhitzen. Forellen darin bei mittlerer Hitze von beiden Seiten in insgesamt ca. 10 Min. braun braten. Herausnehmen und mit der Bratbutter beträufeln. Zitrone achteln und mit den Fischen anrichten. Dazu passen Salzkartoffeln mit Petersilie und ein Glas Riesling.

Varianten:
Zusätzlich: pro Forelle 1 EL Mandelblättchen ca. 2 Min. vor Garzeitende in die Butter geben, mitbräunen, dann über den Forellen verteilen
Zusätzlich: pro Forelle 4–5 Blätter Salbei ca. 1 Min. vor Garzeitende in die Butter geben, mitbräunen und mit der Butter über die fertigen Forellen geben
Zusätzlich: einige Stängel Kräuter, z. B. Thymian, Rosmarin oder Oregano, und eine Scheibe unbehandelte Zitrone vor dem Braten in den Bauch der Forellen füllen
Zusätzlich: 500 g klein gewürfelte gehäutete Tomaten, 1 klein gehackte Knoblauchzehe und 50 g klein gewürfelte grüne Oliven ca. 2 Min. vor Garzeitende zu den Forellen geben. Forellen aus der Pfanne nehmen, Tomaten mit 1/8 l Weißwein ablöschen, weitere 3 Min. kochen lassen, mit den Forellen servieren
Forelle im Mangoldblatt: pro Forelle 2 große Mangoldblätter ineinander legen und fest um den gewürzten Fisch wickeln, mit Holzspießchen feststecken, dann wie Forelle Müllerin braten

raffiniert Petersilie-Zitronen-Forellen

4 küchenfertige Forellen (à ca. 300 g)
1 große Möhre
1 Stange Staudensellerie
2 Knoblauchzehen
4 EL Olivenöl
400 ml trockener Weißwein (ersatzweise Fischfond)
1 Bund glatte Petersilie
2 Zitronen
Salz – Pfeffer
Mehl zum Wenden

Zubereitung: 40 Min.
Für 4 Personen / Pro Portion: 415 kcal

1 Forellen unter fließendem, kaltem Wasser waschen, dann trockentupfen. Innen und außen mit Salz und Pfeffer würzen. Mehl auf einen Teller geben und Forellen darin wenden.
2 Möhre schälen, Sellerie putzen, beides waschen und in winzig feine Würfelchen schneiden. Knoblauch schälen und ganz fein würfeln.
3 Je 2 EL Öl in zwei Pfannen erhitzen. Forellen darin bei mittlerer Hitze von beiden Seiten je 2 Min. anbraten. Gemüse und Knoblauch zugeben, kurz andünsten, dann mit etwas Wein ablöschen. Wein bei schwacher Hitze etwas verdampfen lassen, dann nachgießen, bis der ganze Wein aufgebraucht ist. Fische so in 20–25 Min. bei schwacher Hitze fertig garen.
4 Inzwischen Petersilie waschen, trockenschütteln und hacken. Zitrone mit der weißen Haut schälen und in dünne Scheiben schneiden, diese vierteln. 2 Min. vor Garzeitende Zitronen und Petersilie zu den Fischen geben. Forellen mit der Sauce anrichten. Dazu passen Salzkartoffeln oder frisches Baguette und frischer Weißwein, z. B. Frascati.

scharf Forellen mit Honigsauce

4 küchenfertige Forellen (à ca. 300 g)
4 kleine rote Chilischoten
1 Stück frischer Ingwer (ca. 3 cm)
4 Kaffir-Limettenblätter
3 EL Honig
6 EL Sojasauce
2 Knoblauchzehen
2 Frühlingszwiebeln
6 EL Weißweinessig
3 EL Butter
Mehl zum Wenden

Zubereitung: 40 Min.
Für 4 Personen / Pro Portion: ca. 355 kcal

1 Forellen unter fließendem, kaltem Wasser waschen, dann trockentupfen. Die Haut beidseitig gitterförmig einschneiden.
2 Chilischoten waschen, entkernen, Ingwer schälen, Limettenblätter waschen. Alles in Würfelchen schneiden, mit Honig und Sojasauce mischen. Knoblauch schälen und dazupressen.
3 Forellen innen mit etwas Marinade einpinseln, etwas Marinade mit einem Löffel in die Einschnitte pressen, ca. 15 Min. marinieren lassen. Frühlingszwiebeln waschen, putzen, in Ringe schneiden, die Hälfte davon mit Essig in die verbliebene Marinade geben.
4 Butter in zwei Pfannen erhitzen, Forellen in Mehl wenden und bei schwacher Hitze von beiden Seiten jeweils in ca. 5 Min. knusprig braun braten.
5 Forellen aus der Pfanne nehmen, Marinade in Pfanne geben und bei großer Hitze ca. 2 Min. sirupartig einkochen. Forellen mit restlichen Zwiebelringen bestreuen und mit der warmen Sauce zu Reis oder Couscous servieren. Dazu passt Bier.

Variante:
Zusätzlich: gehacktes Koriandergrün unter die Sauce mischen

gut vorzubereiten Buntbarsch mit Kräuter-Salsa

1 Bund glatte Petersilie
1/2 Bund Minze
1 Bund Schnittlauch
1 Knoblauchzehe
1 Tomate
1 Msp. gemahlener Koriander
4 EL Limettensaft (ersatzweise Zitronensaft)
4 Buntbarschfilets (ca. 600 g)
2 EL Öl
Salz – Pfeffer

Zubereitung: 25 Min.
Für 4 Personen / Pro Portion: ca. 175 kcal

1 Kräuter waschen und trockenschütteln. Petersilien- und Minzeblättchen abzupfen, Schnittlauch grob schneiden. Knoblauch schälen, mit Kräutern, Tomate, Koriander und Limettensaft im Blitzhacker pürieren, mit Salz abschmecken.
2 Fischfilets waschen, trockentupfen, salzen und pfeffern. Öl in einer Pfanne erhitzen. Die Fischfilets darin von einer Seite ca. 4 Min. braten. Wenden, mit der Salsa bestreichen und in ca. 4 Min. fertig braten. Dazu passen Reis und Paprikagemüse (Seite 86) sowie ein fruchtiger Weißwein, z. B. französischer Graves.

Varianten:
Statt Buntbarsch: Rotbarsch, Lachs, Zander oder Atlantik-Meerzungen verwenden
Statt Salsa: Zitronen-Kräuteröl über die Fischfilets träufeln: dafür die Hälfte der Kräuter pürieren, mit 4 EL Olivenöl, dem Saft 1 Zitrone und Salz verrühren

schnell Fisch-Nuggets mit Cocktailsauce

Für die Cocktailsauce:
4 Stängel Dill
200 g saure Sahne
6 EL Mayonnaise
2 EL Ketchup
2 EL Tomatenmark
4 EL Zitronensaft

Für die Fisch-Nuggets:
700 g Heilbuttfilet (ersatzweise anderes Fischfilet)
1 Ei
150 g gehackte Mandeln
2 EL Butterschmalz
Salz – Pfeffer

Zubereitung: 25 Min.
Für 4 Personen / Pro Portion: ca. 655 kcal

1 Für die Cocktailsauce Dill waschen, trockenschütteln, Dillspitzen abzupfen und fein hacken. Saure Sahne mit Mayonnaise, Ketchup, Tomatenmark, Zitronensaft und Dill verrühren. Mit Salz und Pfeffer abschmecken.
2 Fischfilets waschen, trockentupfen, in mundgerechte Würfel schneiden und salzen. Ei auf einem Teller verquirlen. Mandeln auf einen anderen Teller streuen. Butterschmalz in einer Pfanne erhitzen. Fischwürfel erst in Ei, dann in Mandeln wenden und im Fett bei mittlerer Hitze von jeder Seite 3–4 Min. braten. Mit dem Dip servieren. Dazu passen knackiges Gemüse, das man auch in den Dip tunken kann, Pommes frites oder frisches Baguette und ein Pils.

Variante:
Statt Mandeln und Sauerrahm-Mayonnaise: Kokosraspeln und als Dip Mango-Chutney (Seite 49) verwenden

scharf Garnelen mit Tomatensauce

24 geschälte rohe Riesengarnelen
2 Knoblauchzehen
2 Zweige Zitronenthymian (ersatzweise Thymian)
30 g Räucherspeck
1 EL Öl
1 kleine Dose stückige Tomaten (400 g Füllgewicht)
2 TL Ajvar (aus dem Glas)
Salz

Zubereitung: 30 Min.
Für 4 Personen / Pro Portion: ca. 150 kcal

1 Garnelen waschen und trockentupfen, schwarzen Darm mit einem spitzen Messer entfernen. Knoblauch schälen. Thymian waschen, trockenschütteln, Blättchen abzupfen.
2 Speck würfeln, in einer Pfanne ohne Fett knusprig ausbraten, herausnehmen. Öl in der Pfanne erhitzen und die Garnelen darin von jeder Seite 2–3 Min. braten. Knoblauch in die Pfanne pressen, dann die Garnelen herausnehmen.
3 Tomaten, Speck und Thymian in die Pfanne geben, einmal aufkochen lassen. Sauce mit Ajvar und Salz abschmecken und zu den Garnelen servieren. Dazu passen frisches Weißbrot oder Reis und ein fruchtiger Rosé, z. B. ein italienischer Bardolino Chiaretto.

Varianten:
Asiatisch: Zitronenthymian, Speck und Ajvar weglassen und die Tomatensauce stattdessen mit Thai-Basilikum und süß-scharfer Chili-Sauce würzen
Statt Garnelen: klein geschnittene Fischfilets braten

für Gäste Lachsfilet mit Paprika und Mango

2 rote Paprikaschoten
1 kleine Mango
6 Stängel Koriandergrün
4 Lachsfilets (à ca. 200 g)
Saft von 2 Limetten
2 EL Öl
1 TL Honig
Chilipulver
Salz

Zubereitung: 25 Min.
Für 4 Personen / Pro Portion: ca. 505 kcal

1 Paprikaschoten waschen, halbieren, putzen und in kleine Würfel schneiden. Mango schälen, Fruchtfleisch vom Stein schneiden und klein würfeln. Koriander waschen, trockenschütteln, Blättchen fein hacken. Fisch waschen, trockentupfen, salzen und mit etwas Limettensaft beträufeln.
2 Öl erhitzen und den Lachs darin bei mittlerer Hitze von jeder Seite ca. 4 Min. braten. Nach dem Wenden die Paprika- und Mangowürfel zugeben und mitbraten.
3 Fisch herausnehmen, Honig unter die Paprika- und Mangowürfel rühren. Mit restlichem Limettensaft ablöschen, mit Salz und Chilipulver abschmecken und zum Lachs servieren. Dazu passen Basmatireis oder frisches Weißbrot und ein fruchtiger Weißwein, z. B. italienischer Chardonnay.

Variante:
Mediterran: Lachs von einer Seite braten und nach dem Wenden 2 klein geschnittene Knoblauchzehen und Majoranblättchen zugeben. Mit einem Schuss Weißwein, etwas Butter und Salz abschmecken

asiatisch Forelle auf Ei

2 küchenfertige Forellen (à ca. 350 g)
8 Eier
6 EL Sojasauce
4 EL Reiswein (ersatzweise Sherry, nach Belieben)
8 EL Gemüsebrühe
3 Frühlingszwiebeln
1 Stück frischer Ingwer (ca. 2 cm)
3 EL Sesam-Würzöl

Zubereitung: 45 Min.
Für 4 Personen / Pro Portion: ca. 420 kcal

1 Forellen unter fließendem Wasser säubern, in kochendes Salzwasser geben, 1 Min. ziehen lassen, herausheben und abtropfen lassen. Eier mit 2 EL Sojasauce, Reiswein und 4 EL Brühe verquirlen. In zwei tiefe Teller verteilen, Forellen hineinlegen.
2 Teller auf eine umgedrehte Tasse in einen Wok (oder großen Topf) stellen und so viel kochendes Wasser zugießen, dass die Tasse zu zwei Dritteln im Wasser steht. Wok schließen (mit Deckel oder Alufolie), Wasser aufkochen lassen. Forelle bei mittlerer Hitze 15 Min. dämpfen. Warm stellen, mit zweiter Forelle ebenso verfahren.
3 Inzwischen Frühlingszwiebeln putzen und hacken, Ingwer dünn schälen und fein hacken. Mit restlicher Sojasauce, Brühe und dem Sesamöl verrühren. Zu den Forellen servieren. Dazu passen Reis oder gebratene Reisnudeln und Lychee-Tee.

Tipp

Reiswein (»Sake«) ist ein Gärungstrunk aus Reis, Wasser, Malz und Hefe mit ca. 15 Vol.-% Alkohol. Außer zum Kochen kann man ihn auf traditionelle Art verwenden: heiß aus kleinen Porzellanbechern oder eiskalt in Cocktails trinken.

gut vorzubereiten Lachsforellen in Papier

700 g kleine Kartoffeln
1/2 Döschen Safran (1 g)
1/4 TL zerbröselte getrocknete Chilischoten
10 EL Olivenöl
2 EL Zitronensaft
4 Frühlingszwiebeln
150 g schwarze Oliven
4 Lachsforellenfilets (mit Haut; à ca. 180 g)
4 Scheiben unbehandelte Zitrone
4 große Stängel Dill
Salz – Pfeffer
Backpapier

Zubereitung: 1 Std. 30 Min.
Für 4 Personen / Pro Portion: ca. 580 kcal

1 Kartoffeln mit der Schale in Salzwasser aufkochen, dann 15 Min. kochen lassen. Safran, Chili und Öl erwärmen, jedoch nicht kochen lassen. Zitronensaft zugeben, salzen und pfeffern. Zwiebeln waschen, putzen und in Ringe schneiden.
2 Kartoffeln abgießen, heiß pellen und in Scheiben schneiden. Mit Zwiebeln und der Hälfte des Safranöls mischen. Oliven vom Stein schneiden, die Hälfte davon untermischen. Ofen auf 200° vorheizen.
3 Fisch trockentupfen, Hautseite dreimal einschneiden und salzen und pfeffern. Aus Backpapier vier Quadrate (40 x 40 cm) schneiden. Kartoffeln in die Mitte geben, Fisch (Hautseite nach oben) darauf legen. Restliches Öl und Oliven darüber verteilen, je 1 Zitronenscheibe und 1 Dillstängel auflegen.
4 Papier zu Päckchen schließen, Ränder zusammendrücken. Im Ofen (Mitte, Umluft 180°) 20 Min. dämpfen. Dazu passen Chicoréesalat mit Orange und ein fruchtig-frischer Weißwein, z. B. französischer Sancerre.

für Gäste Gedämpfte Seezungenröllchen

2 dicke Möhren (200 g)
100 g Zuckerschoten
2 Stängel Zitronengras
8 Seezungenfilets (à ca. 120 g; ersatzweise Schollenfilets)
200 ml Weißwein (ersatzweise Fischfond + 2 EL Zitronensaft)
200 ml Fischfond (aus dem Glas)
200 g Sahne
2 EL heller Saucenbinder (nach Belieben)
3 EL geriebener Meerrettich (aus dem Glas)
1 Kästchen Kresse
Salz – Pfeffer
8 Holzspießchen

Zubereitung: 45 Min.
Für 4 Personen / Pro Portion: ca. 555 kcal

1 Möhren putzen, quer halbieren, längs sechsteln, Zuckerschoten putzen. Beides in Salzwasser ca. 1 Min. kochen, dann abschrecken, abtropfen lassen. Zitronengras andrücken, längs und quer halbieren.
2 Fisch trockentupfen, salzen, pfeffern. Möhren, Zuckerschoten, Zitronengras darauf legen. Vom breiteren Ende aufrollen, mit Holzspießchen feststecken, in einen Dämpfeinsatz legen.
3 Wein und Fond in einem Topf zugedeckt aufkochen, Dämpfeinsatz hineinstellen. Bei mittlerer Hitze 12–15 Min. dämpfen, Dämpfeinsatz herausnehmen, zugedeckt warm stellen.
4 Sud bei starker Hitze auf die Hälfte einkochen, Sahne zugeben, nach Belieben mit Saucenbinder binden. Meerrettich und abgeschnittene Kresse unterheben, zum Fisch servieren. Dazu passen Salzkartoffeln oder Reis und ein fruchtiger Weißwein, z. B. badischer Weißburgunder.

macht was her Gedämpfte Muscheln

3 Stangen Staudensellerie (ca. 250 g)
1 große rote Paprikaschote
1 rote Chilischote
2 Knoblauchzehen
3 EL Öl
1 TL Szechuan-Pfefferkörner
3 EL Sojasauce
1 EL Reiswein (ersatzweise Sherry, nach Belieben)
2 kg Miesmuscheln
1 Bund Koriandergrün
Backpapier
Küchengarn

Zubereitung: 45 Min.
Für 4 Personen / Pro Portion: ca. 345 kcal

1 Sellerie putzen, in Scheibchen schneiden. Paprikaschote putzen, fein würfeln. Chilischote längs aufschlitzen, entkernen, fein hacken. Knoblauch schälen und hacken. Alles in heißem Öl unter Rühren 1–2 Min. braten, Pfefferkörner kurz mitbraten, vom Herd nehmen.
2 Backofen auf 225° vorheizen. Sojasauce mit dem Reiswein mischen. Muscheln in kaltem Wasser waschen, offene oder beschädigte Muscheln wegwerfen. Aus Backpapier vier Quadrate (40 x 40 cm) schneiden. Muscheln in die Mitte geben, Gemüsemischung und je 1 EL Marinade darauf verteilen. Papier zusammenfassen und mit Küchengarn zu Beuteln schnüren. Auf einem Blech im heißen Ofen (Mitte, Umluft 200°) 15 Min. garen.
3 Koriander hacken. Muscheln im Papier servieren, geschlossene Muscheln entfernen. Koriander dazu reichen. Dazu passen Basmatireis und Bier.

Variante:
Statt Szechuan-Pfeffer: 1 Stück frischen Ingwer (ca. 3 cm) fein würfeln und mitbraten

preiswert Fischkoteletts in Senfsauce

800 g Fischkoteletts
(z. B. Schellfisch, Schwarzer Heilbutt oder Kabeljau)
3 Zwiebeln
2 Lorbeerblätter
1 EL Senfkörner
1 l Fischfond (aus dem Glas)
Saft von 1 Zitrone
2 Schalotten
4 EL Butter
je 1 EL Dijon- und körniger Senf
3 Eigelb
75 g Sahne
1 Prise Zucker
Salz – Pfeffer

Zubereitung: 25 Min.
Für 4 Personen / Pro Portion: ca. 855 kcal

1 Fischkoteletts abspülen. Zwiebeln schälen, in Ringe schneiden, mit Lorbeerblättern, Senfkörnern, Fond und Zitronensaft in einem Topf aufkochen, mit Pfeffer abschmecken. Hitze reduzieren, Fischkoteletts hineinlegen und bei kleiner Hitze und geschlossenem Deckel in ca. 15 Min. dünsten, nach Hälfte der Zeit evtl. vorsichtig wenden.

2 Schalotten schälen, fein würfeln, in Butter glasig dünsten. Fischkoteletts aus dem Sud nehmen, warm stellen, den Sud durch ein Sieb gießen und auffangen.

3 400 ml Sud abmessen und zu den Schalotten gießen, Senf einrühren. Eigelbe und Sahne verquirlen und unter Rühren unter die Sauce gießen, nicht mehr kochen lassen. Sauce mit Zucker, Salz, Pfeffer und evtl. noch etwas Senf abschmecken. Fischfilets mit der Sauce zu Salzkartoffeln servieren. Dazu passt ein fein-fruchtiger Weißwein, z. B. Elsässer Riesling.

raffiniert Schollenröllchen in Petersiliensahne

8 Schollenfilets (à 80 g)
Saft und Schale von 1 unbehandelten Zitrone
1 Bund glatte Petersilie
1 Stange Lauch
100 g Frischkäse
2 Schalotten
1 EL Butter
1/8 l trockener Wermut (z. B. Noilly Prat, ersatzweise Fischfond)
1/8 l Fischfond (aus dem Glas)
250 g Sahne
Salz – Pfeffer
Holzspießchen

Zubereitung: 25 Min.
Für 4 Personen / Pro Portion: ca. 535 kcal

1 Fischfilets trockentupfen. 1–2 EL Zitronensaft über Fisch träufeln. Petersilie waschen, Blättchen abzupfen und hacken. Vom Lauch oberen grünen Teil in der Länge der Filets abschneiden, längs halbieren und waschen. In kochendem Salzwasser in 1–2 Min. blanchieren, herausnehmen und kalt abbrausen.

2 Frischkäse mit 1/2 TL Zitronenschale und Hälfte der Petersilie vermengen. Auf die Filets streichen. Je 1 Lauchblatt darauf legen, aufrollen und mit einem Holzspießchen feststecken. Schalotten schälen, fein hacken und in der Butter andünsten. Wermut und Fond zugießen, Röllchen darin bei geschlossenem Deckel in ca. 10 Min gar dünsten. Mit Salz und Pfeffer abschmecken, herausnehmen.

3 Sahne steif schlagen. Restliche Zitronenschale und -saft im Sud kurz aufkochen. Vom Herd nehmen, Sahne und restliche Petersilie unterrühren. Schollenröllchen mit der Sauce servieren. Dazu passt ein feiner, trockener Weißwein, z. B. weißer Burgunder von der Côte d'Or.

asiatisch Kabeljau auf Asia-Gemüsebett

800 g Kabeljaufilet (ersatzweise Seelachs)
1 rote Paprikaschote
400 g Chinakohl
1 Zwiebel
1 Knoblauchzehe
1 kleine rote Chilischote
3 EL Öl
1/8 l Fischfond (aus dem Glas)
3 EL Sojasauce
2 EL Sherry (nach Belieben)
1 Dose Bambusschösslinge (170 g Abtropfgewicht)
1/2 TL gemahlener Koriander
1 Apfel
Salz – Pfeffer

Zubereitung: 30 Min.
Für 4 Personen / Pro Portion: ca. 335 kcal

1 Fischfilet in ca. 3 cm breite Streifen schneiden. Paprikaschote waschen, halbieren, putzen. Chinakohl waschen, beides in feine Streifen schneiden. Zwiebel und Knoblauchzehe schälen, Chilischote längs aufschneiden, entkernen. Alles fein hacken und in Öl andünsten. Paprika- und Chinakohlstreifen zugeben und unter Rühren ca. 3 Min. braten.
2 Fond, Sojasauce, Sherry und abgetropfte Bambusschösslinge zugeben und weitere 3–4 Min. garen, mit Koriander, Salz und Pfeffer abschmecken. Inzwischen Apfel waschen, vierteln, Kerngehäuse entfernen und in feine Streifen schneiden.
3 Fischstreifen und Apfel auf das Gemüse legen und bei geschlossenem Deckel in ca. 3 Min. bei schwacher Hitze gar ziehen lassen. Dazu passen Reis und Bier.

fettarm Rotbarsch mit Zwiebel-Kürbis-Gemüse

800 g Rotbarschfilet
Saft von 1 Zitrone
1 Glas eingelegter Kürbis (340 g Füllgewicht)
1 Bund Thymian
3 Gemüsezwiebeln
2 Knoblauchzehen
2 EL Olivenöl
1 kleine Dose stückige Tomaten (400 g Füllgewicht)
2 EL Tomatenmark
1 Prise Zucker
1/2 TL gemahlener Kreuzkümmel
Salz – Pfeffer

Zubereitung: 40 Min.
Für 4 Personen / Pro Portion: ca. 360 kcal

1 Fisch in acht Stücke teilen, mit Zitronensaft beträufeln. Kürbis abgießen, dabei Saft auffangen. Thymian waschen, trocknen, Blättchen abstreifen und hacken.
2 Zwiebeln und Knoblauch schälen, Zwiebeln längs halbieren, dann längs in Streifen schneiden, Knoblauch würfeln. Beides im heißen Öl andünsten, mit Kürbissud ablöschen, Tomaten, Tomatenmark und Thymian zugeben. Mit Zucker, Kreuzkümmel, Salz und Pfeffer abschmecken und 15 Min. bei geschlossenem Deckel dünsten.
3 Kürbisstücke unterrühren, Fischstücke salzen und pfeffern, auf das Gemüse legen und in 8–10 Min. gar ziehen lassen. Dazu passen Couscous und weicher Rotwein, z. B. Merlot.

Variante:
Statt Kürbis: 3 kleine Zucchini (ca. 500 g) klein würfeln und statt der Zwiebel andünsten, zusätzlich 50 g schwarze Oliven mit den Tomaten zugeben

Klassiker Curry-Fish and Chips

2 Eier
150 g Mehl
200 ml helles Bier
1 EL Currypulver
800 g Viktoriabarschfilet (ersatzweise Heilbutt)
2 EL Zitronensaft
800 g mehlig kochende Kartoffeln
Salz – Pfeffer
1 l neutrales Öl oder Pflanzenfett zum Frittieren

Zubereitung: 50 Min.
Für 4 Personen / Pro Portion: ca. 525 kcal

1 Eier trennen. Eigelbe mit Mehl, Bier, Curry, 1 Prise Salz und Pfeffer glatt verrühren. Ca. 30 Min. quellen lassen.
2 Inzwischen Fisch abspülen, trockentupfen und in vier Stücke à ca. 200 g schneiden. Mit Zitronensaft beträufeln, salzen und pfeffern. Kartoffeln schälen, in kräftige Stifte schneiden und trockentupfen.
3 Öl oder Fett in großem Topf oder Fritteuse stark erhitzen. Kartoffeln portionsweise in ca. 5 Min. goldbraun frittieren, herausnehmen, abtropfen lassen, salzen und warm stellen.
4 Eiweiße steif schlagen, unter den Bierteig heben. Fischstücke mit einer Gabel in den Teig tauchen, abtropfen lassen und in heißem Fett in 3–4 Min. goldbraun ausbacken. Herausnehmen, auf Küchenpapier kurz abtropfen lassen. Mit Chips servieren. Dazu passen die Feurige Paprikasauce (Seite 49) und ein leichter trockener Weißwein, z. B. ein italienischer Verdicchio oder Bier.

Varianten:
Statt Curry: 1 EL rosenscharfes Paprikapulver in den Teig geben
Statt Bier: kohlensäurehaltiges Mineralwasser verwenden

asiatisch Meeresfrüchte-Tempura

400 g Fischfilet (z. B. Rotbarsch, Kabeljau oder Seelachs)
400 g küchenfertige Tintenfische
8 geschälte rohe Garnelen
1 Bund Frühlingszwiebeln
8 EL Sojasauce
8 EL Sherry (ersatzweise Hühnerbrühe)
1/2 TL Wasabi-Paste (ersatzweise Meerrettich aus dem Glas)
1 Stück frischer Ingwer (ca. 2 cm)
1/2 Bund Schnittlauch
2 Eier
100 g Tempura-Mehl (Asienladen)
1 l neutrales Öl oder Pflanzenfett zum Frittieren

Zubereitung: 30 Min.
Für 4 Personen / Pro Portion: ca. 700 kcal

1 Fischfilet, Tintenfisch und Garnelen waschen und trockentupfen. Fisch in 3 cm große Würfel, Tintenfische in Ringe schneiden. Garnelen am Rücken aufritzen, schwarzen Darm entfernen. Frühlingszwiebeln waschen, putzen und in 4 cm lange Stücke schneiden.
2 Für den Dip Sojasauce, Sherry und Wasabi verrühren. Ingwer schälen, fein würfeln. Schnittlauch waschen, trocknen und in Röllchen schneiden. Beides in den Dip rühren.
3 Eier mit 200 ml eiskaltem Wasser verrühren, dann mit dem Schneebesen gründlich unter das Mehl rühren.
4 Öl oder Fett in Topf oder Fritteuse stark erhitzen. Fisch-, Tintenfisch-, Zwiebelstücke und Garnelen portionsweise durch den Teig ziehen, sofort ins heiße Fett geben und in 1–2 Min. knusprig braun frittieren. Auf Küchenpapier abtropfen lassen und heiß mit dem Dip servieren. Dazu passen Sake oder trockener Sherry.

macht was her Mandelforelle mit Ajvarsauce

Für die Forellen:

4 küchenfertige Forellen (à ca. 300 g)
100 g Mehl
2 Eier
100 g gehackte Mandeln
1 l neutrales Öl oder Pflanzenfett zum Frittieren

Für die Ajvarsauce:

3 Schalotten
1 EL Olivenöl
1/4 l Gemüsebrühe
1/8 l Weißwein (ersatzweise Brühe)
1 EL Ajvar (aus dem Glas)
50 g eiskalte Butter
1/2 Bund glatte Petersilie
1 Prise Zucker
Salz – Pfeffer

Zubereitung: 30 Min.
Für 4 Personen / Pro Portion: ca. 895 kcal

1 Forellen waschen, trockentupfen, mit Salz und Pfeffer würzen. Mehl, verquirlte Eier und Mandeln jeweils auf einen Teller geben. Forellen nacheinander in Mehl, Eiern und Mandeln wenden.
2 Öl oder Fett in Fritteuse oder breitem Topf stark erhitzen. Forellen darin portionsweise in 8–10 Min. frittieren, dabei zwischendurch wenden.
3 Inzwischen für die Sauce Schalotten schälen, fein würfeln und in Öl glasig dünsten. Brühe und Wein angießen, bei starker Hitze ca. 5 Min. einkochen lassen. Ajvar unterrühren, Butter würfeln und mit dem Schneebesen unterschlagen.
4 Petersilie abbrausen, abzupfen, fein hacken und unterrühren. Sauce mit Zucker, Salz und Pfeffer würzen. Forellen mit Ajvarsauce servieren. Dazu passen Weißbrot oder Reis und ein Pils.

exotisch Kalmare mit Ananas-Relish

Für die Kalamare:

600 g kleine küchenfertige Tintenfische
1 TL gemahlener Koriander
2 EL Zitronensaft
2 EL Olivenöl
2 Eier
150 g Mehl
150 ml Mineralwasser mit Kohlensäure
1 l neutrales Öl oder Pflanzenfett zum Frittieren

Für das Ananas-Relish:

1/2 Ananas (ca. 600 g)
1 kleine rote Paprikaschote
1 rote Zwiebel
1 Stück frischer Ingwer (ca. 3 cm)
1 rote Chilischote
1/2 Bund Koriandergrün
1 EL Reisessig
Salz – Pfeffer

Zubereitung: 45 Min.
Für 4 Personen / Pro Portion: ca. 505 kcal

1 Tintenfische waschen, trockentupfen und in Ringe schneiden. Mit Koriander, Salz, Pfeffer, Zitronensaft und Öl mischen.
2 Eier trennen. Eigelbe, Mehl, Mineralwasser und 1/2 TL Salz verquirlen, ca. 20 Min. quellen lassen.
3 Für das Relish Ananas, Paprikaschote, Zwiebel und Ingwer putzen, schälen oder waschen und sehr klein würfeln. Chilischote ebenfalls klein würfeln. Koriandergrün abbrausen, abzupfen und hacken. Alles mischen, mit Essig, Salz und Pfeffer würzen.
4 In einem großen Topf oder Fritteuse Öl oder Fett stark erhitzen. Eiweiße steif schlagen, unter Teig ziehen. Tintenfischringe portionsweise durch den Teig ziehen und in 2–3 Min. knusprig frittieren. Auf Küchenpapier kurz abtropfen lassen, mit dem Ananas-Relish servieren. Dazu passt ein Bier.

gelingt leicht Makrele mit Gurkengemüse

1/2 Bund Thymian
1 Bund glatte Petersilie
2 Knoblauchzehen
5 EL Olivenöl
Saft von 1 Zitrone
4 küchenfertige Makrelen (à ca. 350 g)
1,2 kg Schmorgurken
2 Fleischtomaten
1 Zwiebel
Salz – Pfeffer

Zubereitung: 45 Min.
Für 4 Personen / Pro Portion: ca. 795 kcal

1 Thymian und Petersilie waschen und ohne Stiele fein hacken. Knoblauch schälen und dazupressen. Mit 4 EL Öl und 1 EL Zitronensaft verrühren, mit Salz und Pfeffer würzen.
2 Makrelen waschen, trocknen und beidseitig im Abstand von ca. 3 cm einschneiden. Mit übrigem Zitronensaft beträufeln, salzen und pfeffern. Kräuteröl gut im Bauch der Makrelen verteilen.
3 Gurken schälen, entkernen und in Stifte schneiden. Tomaten überbrühen, häuten, entkernen und würfeln.
4 Zwiebel schälen, fein würfeln und in 1 EL heißem Öl glasig dünsten. Gurken und Tomaten dazugeben, ca. 10 Min. bei mittlerer Hitze schmoren lassen. Mit Salz und Pfeffer würzen.
5 Grill vorheizen. Makrelen 7–8 Min. auf jeder Seite grillen. Mit Gurkengemüse servieren. Dazu passt ein frisch-fruchtiger Rosé, z. B. ein Bergerac Rosé aus Frankreich.

Variante:
Zusätzlich: Gemüse mit 2 EL Sojasauce, 2 EL Essig und 1 TL Zucker abschmecken

asiatisch Forelle mit Zitronengras-Chiliöl

4 küchenfertige Forellen (à ca. 300 g)
1/2 Bund Koriandergrün
2 Limetten
1 Stängel Zitronengras
2 kleine rote Chilischoten
1 Schalotte
1 Knoblauchzehe
4 EL Sojaöl
2 EL Sojasauce
2 Frühlingszwiebeln
Salz – Pfeffer

Zubereitung: 30 Min.
Für 4 Personen / Pro Portion: ca. 425 kcal

1 Forellen waschen, trockentupfen und beidseitig im Abstand von ca. 1 cm einritzen. Innen und außen salzen, je 3 Zweige Koriandergrün in den Bauch legen. Limetten auspressen, die Hälfte Saft über Forellen träufeln.
2 Zitronengras putzen, die unteren 10 cm fein hacken. Chilischoten, Schalotte und Knoblauch putzen oder schälen und fein würfeln. Öl erhitzen, Würzzutaten darin ca. 5 Min. dünsten. Mit restlichem Limettensaft und Sojasauce würzen.
3 Grill vorheizen. Würzöl in die Schnitte der Forellen streichen und im Bauch verteilen. Pro Seite ca. 5 Min. grillen, dabei zwischendurch mit Würzöl bestreichen.
4 Frühlingszwiebeln waschen, putzen und in feine Ringe schneiden, vor dem Servieren über die Forellen streuen. Dazu passen Gurkengemüse (Seite 156), Patnareis und ein kühles Bier.

Variante:
Statt Zitronengras, Limettensaft, Sojasauce und Sojaöl:
1 Zweig gehackten Rosmarin, 3 EL Zitronensaft und 3 EL Olivenöl für das Würzöl verwenden

für Gäste Kräuter-Tunfisch-Spieße

600 g Tunfischfilet
Saft von 1 Zitrone
3 EL Olivenöl
1 TL gehackter Thymian
2 kleine Zucchini (ca. 150 g)
2 kleine rote Paprikaschoten (ca. 150 g)
24 frische Salbeiblätter
200 g Joghurt
200 g saure Sahne
1 TL Senf
1 Bund gemischte Kräuter
Salz – Pfeffer
8 lange Holzspieße

Zubereitung: 45 Min.
Für 4 Personen / Pro Portion: ca. 535 kcal

1 Fisch waschen, trockentupfen und in ca. 2 cm große Würfel schneiden. Zitronensaft, Öl, Thymian, Salz und Pfeffer verrühren, Fisch darin wenden und ca. 20 Min. ziehen lassen.
2 Inzwischen Zucchini und Paprikaschoten waschen, putzen und in ca. 1/2 cm dicke Scheiben oder Stücke schneiden. Salbei abreiben.
3 Grill vorheizen. Fisch, Gemüse und Salbei abwechselnd auf die Spieße stecken. Auf einer Aluschale oder -folie auf den Rost legen, ca. 5 Min. von jeder Seite grillen, zwischendurch mit Marinade einpinseln.
4 Inzwischen für die Sauce Joghurt und saure Sahne verrühren, mit Senf, Salz und Pfeffer würzen. Kräuter waschen, trocknen, hacken und untermischen. Mit Fischspießen servieren. Dazu passen frisches Baguette und ein leichter frischer Weißwein, z. B. portugiesischer Vinho Verde.

Tipp
Lassen Sie die Holzspieße ca. 1 Std. in Wasser oder Zitronensaft einweichen, damit sie nicht anbrennen.

mediterran Seelachsfilet mit Tomaten und Mozzarella

750 g Seelachsfilet
2 Schalotten
1 unbehandelte Zitrone
1/2 Bund glatte Petersilie
4 EL Olivenöl
1 Knoblauchzehe
200 g Mozzarella
4 Tomaten
1/2 Bund Basilikum
Salz – Pfeffer

Zubereitung: 1 Std.
Für 4 Personen / Pro Portion: ca. 370 kcal

1 Fisch waschen, trocknen und in vier größere Stücke schneiden. Schalotten schälen und fein würfeln. 1 TL Zitronenschale abreiben, Saft auspressen. Petersilie waschen, abzupfen und fein hacken. Alle Zutaten mit Öl, Salz und Pfeffer verrühren. Knoblauch schälen und dazupressen. Fisch darin wenden und ca. 30 Min. ziehen lassen.
2 Grill vorheizen. Mozzarella in Scheiben schneiden. Tomaten waschen, abtrocknen und ebenfalls in Scheiben schneiden.
3 Fisch in eine ofenfeste Form legen, mit Marinade bestreichen und ca. 3 Min. pro Seite grillen. Tomaten und Mozzarella abwechselnd darauf legen, salzen und pfeffern. Noch weitere 2–3 Min. übergrillen.
4 Basilikumblätter abzupfen, abreiben und obendrauf streuen. Dazu passen frisches Baguette und ein leichter Rotwein, z. B. Chianti.

Variante:
Zusätzlich: je 1 TL Pesto oder Tapenade auf den Fisch streichen, dann belegen

Klassiker Muscheln rheinische Art

2 kg Miesmuscheln
2 Zwiebeln
1 kleine Stange Lauch
2 Möhren
1/8 Sellerieknolle (ca. 100 g)
1/4 l Weißwein (ersatzweise Fischfond)
2 Lorbeerblätter
1 EL Pfefferkörner
Salz

Zubereitung: 1 Std.
Für 4 Personen / Pro Portion: ca. 320 kcal

1 Muscheln gründlich waschen und putzen, geöffnete oder beschädigte Muscheln wegwerfen.
2 Zwiebeln schälen und längs in Streifen schneiden, Lauch waschen und in schmale Ringe schneiden. Möhren und Sellerie schälen und in dünne Scheiben schneiden.
3 In einem großen Topf Weißwein mit 1/8 l Wasser, Gemüse, Lorbeer, Pfefferkörnern und Salz aufsetzen, ca. 15 Min. offen kochen lassen. Muscheln hineingeben, Topf schließen und bei starker Hitze 6–8 Min. garen, bis die Muscheln geöffnet sind. Den Topf hin und wieder schütteln, damit die Muscheln gleichmäßig gar werden.
4 Muscheln, die sich nicht geöffnet haben, wegwerfen. Geöffnete Muscheln mit dem Kochsud servieren. Dazu passen Schwarzbrot oder Pumpernickel mit Butter und ein Glas Kölsch.

Varianten:
Zusätzlich: 3 Zweige Thymian im Muschelsud mitgaren
Statt Lauch und Sellerie: 200 g in feine Stifte geschnittene Zucchini, 1 gehackte Knoblauchzehe und 1 TL Kräuter der Provence im Muschelsud mitgaren; Lorbeerblätter weglassen
Statt Sellerie: 1 kleine, in feine Streifen geschnittene Fenchelknolle und 2 klein gehackte Knoblauchzehen im Muschelsud mitgaren. Lorbeerblätter weglassen; 3 Min. vor Garzeitende 1/8 l Sahne zugießen
Chili-Sahne-Muscheln: 1 halbierte und in feine Scheiben geschnittene Stange Lauch mit einer klein gehackten roten Chilischote mit 1/4 l Weißwein und 150 ml Sahne aufkochen, Muscheln darin 6–8 Min. garen, mit gehacktem Dill bestreuen

mediterran Muscheln im Tomatensud

1 große Stange Lauch
2 große Möhren
1 Zwiebel
6 Knoblauchzehen
1 Bund glatte Petersilie
4 EL Olivenöl
2 Dosen Tomaten (à 800 g Füllgewicht)
4 EL Tomatenmark
3/4 l trockener Weißwein (ersatzweise Fischfond oder Gemüsebrühe)
1 unbehandelte Zitrone
3 kg Miesmuscheln
Salz – Pfeffer

Zubereitung: 1 Std.
Für 4 Personen / Pro Portion: ca. 710 kcal

1 Lauch putzen, längs einschneiden, waschen und in 1/2 cm dicke Ringe schneiden. Möhren, Zwiebel und Knoblauch schälen und klein würfeln. Petersilie waschen, trockenschütteln und hacken.
2 Vorbereitete Zutaten bei mittlerer Hitze im Öl andünsten. Tomaten mit einem Messer noch in der Dose grob zerkleinern und mit Tomatenmark und Wein dazugeben.
3 Zitrone waschen, schälen und auspressen. Schale und Saft zum Sud geben, mit Salz und Pfeffer würzen, ca. 15 Min. kochen lassen.
4 Muscheln gründlich waschen, putzen und geöffnete oder beschädigte Exemplare aussortieren. Muscheln zum Sud geben, abdecken und 6–8 Min. kochen lassen, bis sie geöffnet sind. Ab und zu umrühren. Samt Sud servieren. Dazu passen Toskana-Brot oder Baguette und ein leichter Rosé, z. B. ein Bairrada Vinho Rosé secco aus Portugal.

Variante:
Zusätzlich: je 1 rote und grüne Chilischote oder Peperoni – je nach Schärfewunsch – waschen, putzen, fein schneiden und mitkochen

scharf Asia-Muscheln

2 Knoblauchzehen
4 Kaffir-Limettenblätter
4 EL Erdnussöl
2 TL rote Thai-Currypaste
400 ml ungesüßte Kokosmilch (aus der Dose)
400 ml Asiafond (aus dem Glas, ersatzweise Gemüsebrühe)
2 EL Palmzucker (ersatzweise brauner Zucker)
2 kg Venusmuscheln (ersatzweise Miesmuscheln)
200 g Zuckerschoten
2 Stängel Thai-Basilikum
Salz

Zubereitung: 40 Min.
Für 4 Personen / Pro Portion: ca. 430 kcal

1 Knoblauch schälen und durch die Presse drücken. Mit Limettenblättern bei mittlerer Hitze im Öl andünsten. Currypaste dazurühren, Kokosmilch und Fond aufgießen. Mit Salz und Zucker würzen, ca. 10 Min. kochen lassen.
2 Muscheln gründlich waschen, putzen und geöffnete oder beschädigte Exemplare aussortieren. Muscheln zum Sud geben, abdecken und 6–8 Min. kochen lassen, bis sie geöffnet sind. Ab und zu umrühren.
3 Zuckerschoten waschen und längs in feine Streifen schneiden. Basilikumblätter waschen und grob schneiden. Beides unter die Muscheln mischen, einmal aufkochen lassen. Dazu passt ein lieblicher Weißwein, z. B. ein Pfälzer Kabinett.

Varianten:
Statt roter Currypaste: grüne oder gelbe verwenden
Statt Asia-Fond: trockenen oder lieblichen Weißwein verwenden

exotisch Fisch in Erdnuss-Sauce

600 g Welsfilet (ersatzweise Lachs- oder Rotbarschfilet)
3 Orangen
1 Stück frischer Ingwer (ca. 2 cm)
5 Möhren
4 Stangen Staudensellerie
2 EL Öl
1 1/2 TL gemahlener Koriander
Chilipulver
50 g Sahne
4 EL Kokosraspel
2 EL Portwein oder Sherry (ersatzweise Traubensaft)
5 EL Erdnussbutter
2 TL Zucker
Salz – Pfeffer

Zubereitung: 30 Min.
Für 4 Personen / Pro Portion: ca. 665 kcal

1 Fisch in 3 cm große Würfel schneiden. Orangen auspressen. Ingwer schälen und fein würfeln.
2 Möhren waschen, schälen und schräg in dünne Scheiben schneiden. Staudensellerie waschen, putzen und ebenfalls schräg in Scheiben schneiden.
3 Öl in einem Topf erhitzen. Gemüse hineingeben, andünsten, mit Salz, Pfeffer, Koriander und 1 Prise Chilipulver würzen, mit Orangensaft und Sahne ablöschen. Ingwer und Kokosraspel zugeben, bei geschlossenem Deckel ca. 15 Min. köcheln lassen.
4 Portwein, Erdnussbutter und Zucker unterrühren und die Fischwürfel hineingeben. Bei ganz schwacher Hitze in 3–5 Min. gar ziehen lassen, evtl. mit etwas Orangensaft abschmecken. Dazu passen Basmatireis oder Couscous sowie Portwein oder Orangensaft.

asiatisch Garnelen-Fisch-Masala

2 Zwiebeln
2 EL Öl
200 g Crème légère (ersatzweise Sahnejoghurt)
200 ml Fischfond (aus dem Glas, ersatzweise Gemüsebrühe)
2 TL Garam Masala
2 TL Kurkumapulver
1 Knoblauchzehe
4 Tomaten
300 g Viktoriabarschfilet
200 g geschälte rohe Garnelen
1 Limette
4 Zweige Minze
Salz

Zubereitung: 25 Min.
Für 4 Personen / Pro Portion: ca. 220 kcal

1 Zwiebeln schälen, in Spalten schneiden und im Öl 5 Min. bei mittlerer Hitze braten. Crème légère und Fond unterrühren, mit Garam Masala, Kurkuma und Salz würzen. Knoblauch schälen und dazupressen. Sauce in 8–10 Min. sämig einkochen lassen.
2 Stielansätze der Tomaten keilförmig herausschneiden, Haut kreuzweise einritzen. Tomaten mit kochend heißem Wasser überbrühen, häuten, entkernen und grob würfeln.
3 Fischfilet in 3 cm große Stücke schneiden. Mit Garnelen und Tomaten vorsichtig unter die Sauce mischen. Abgedeckt bei schwacher Hitze in ca. 5 Min. gar ziehen lassen. Limette auspressen. Mit Salz und Limettensaft abschmecken.
4 Minze waschen, trockenschütteln, fein schneiden und darüber streuen. Dazu passen Reis oder Fladenbrot und Lassi (Joghurt mit Eiswürfeln, Zitronensaft, Salz und Kreuzkümmel gewürzt).

mediterran Tunfisch andalusische Art

4 Zweige Thymian
4 Knoblauchzehen
200 ml trockener Sherry (ersatzweise heller Traubensaft)
Saft von 1 Zitrone
2 Lorbeerblätter
600 g weißes Tunfischfilet (ersatzweise Schwertfischfilet)
2 rote Zwiebeln
je 1 rote und gelbe Paprikaschote
80 g grüne oder schwarze Oliven (ohne Stein)
8 EL Olivenöl
200 ml Fischfond (aus dem Glas, ersatzweise Gemüsebrühe)
2 EL große Kapern
Salz – Pfeffer

Zubereitung: 45 Min. (+ 2 Std. Marinierzeit)
Für 4 Personen / Pro Portion: ca. 645 kcal

1 Thymian waschen und trockenschütteln, Knoblauch schälen und durch die Presse drücken. Beides mit Sherry, Zitronensaft, Lorbeer, Salz und Pfeffer mischen. Fisch in 3 cm große Stücke schneiden, mit der Marinade mischen und 2 Std. marinieren.
2 Zwiebeln schälen und in Ringe schneiden. Paprikaschoten waschen, putzen und würfeln. Oliven grob hacken. Den Fisch abgießen, dabei Marinade auffangen, Thymianzweige und Lorbeer entfernen.
3 Zwiebeln und Paprikawürfel 5 Min. bei mittlerer Hitze im Öl dünsten. Marinade und Fond aufgießen, Oliven und Kapern untermischen. Bei mittlerer Hitze 10 Min. kochen lassen.
4 Fisch vorsichtig untermischen und abgedeckt bei geringer Hitze 5 Min. garen. Mit Salz und Pfeffer abschmecken. Dazu passen Weißbrot oder Reis und ein fruchtig-frischer Weißwein, z. B. ein weißer Penedès aus Spanien.

für Gourmets Jakobsmuschel-Ragout

1 kleine Zwiebel
1 Vanilleschote
400 ml Fischfond (aus dem Glas)
400 ml Prosecco (ersatzweise Fischfond)
4 Tomaten
1 kleine Knolle Fenchel
12 ausgelöste Jakobsmuscheln
4 EL Butter
80 g Crème légère (ersatzweise Crème fraîche)
1 TL Zucker
Salz – Pfeffer

Zubereitung: 50 Min.
Für 4 Personen / Pro Portion: ca. 295 kcal

1 Zwiebel schälen und fein würfeln, Vanilleschote längs aufschlitzen. Mit Fond, Prosecco, Salz und Pfeffer bei starker Hitze in ca. 30 Min. auf 150 ml einkochen.
2 Stielansätze der Tomaten keilförmig herausschneiden, Haut kreuzweise einritzen. Tomaten mit kochend heißem Wasser überbrühen, häuten und entkernen. Fenchel waschen und putzen. Beides winzig klein würfeln.
3 Muscheln salzen und pfeffern und in 2 EL Butter bei mittlerer Hitze 1 Min. pro Seite anbraten. Fenchel und Tomaten dazugeben und alles bei schwacher Hitze abgedeckt 3–4 Min. garen.
4 Vanilleschote aus der Sauce nehmen, Crème légère und übrige Butter mit dem Stabmixer untermixen. Unter Muscheln und Gemüse rühren, mit Zucker, Salz und Pfeffer abschmecken. Dazu passen Reis, Wildkräutersalat und Prosecco oder ein fruchtiger Weißwein, z. B. ein Muscadet von der Loire.

Variante:
Statt Fenchel: 200 g grünen Spargel schräg in feine Scheiben schneiden und mitgaren

raffiniert Doraden auf Safranfenchel

4 küchenfertige Doraden (à ca. 400 g)
1 Bund Zitronenthymian (ersatzweise Thymian)
4 EL Olivenöl
Saft von 1 Zitrone
2 Knoblauchzehen
1 Döschen Safran (2 g)
3 EL Rosinen
1 kg Fenchel
3 Orangen
1 Zwiebel
1 EL gekörnte Brühe
1/2 TL Currypulver
Salz – Pfeffer

Zubereitung: ca. 50 Min.
Für 4 Personen / Pro Portion: ca. 670 kcal

1 Doraden waschen, abtrocknen. Beidseitig 3–4 mal einschneiden. Thymian waschen, von 5 Zweigen Blättchen abstreifen und hacken. Mit 2 EL Öl und 1 EL Zitronensaft mischen. Knoblauch schälen, 1 Zehe dazupressen. Thymianöl in die Einschnitte träufeln, restliche Thymianzweige in die Bauchöffnung stecken, Fische salzen und pfeffern.

2 Ofen auf 180° vorheizen. Safran und Rosinen mit 1/4 l heißem Wasser übergießen. Fenchel waschen, putzen, in 1/2 cm breite Streifen schneiden. 2 Orangen schälen, filetieren. 1 Orange auspressen.

3 Zwiebel schälen und würfeln, in 2 EL Öl anbraten. Fenchel zugeben und in 6–8 Min. leicht bräunen. Salzen, pfeffern, restlichen Knoblauch dazupressen, Safran und Rosinen mit Einweichwasser angießen. Brühe, restlichen Zitronensaft, Orangensaft und -filets unterrühren. In eine ofenfeste Form geben.

4 Doraden auf den Fenchel legen und im Ofen (Mitte, Umluft 160°) in ca. 30 Min. garen. Dazu passen Couscous und ein fruchtiger Rosé, z. B. badischer Weißherbst.

edel Gefüllter Wolfsbarsch

1 großer küchenfertiger Wolfsbarsch (ca. 1,5 kg; ersatzweise Kabeljau)
Saft von 1 Zitrone
700 g Champignons
4 Schalotten
60 g Butter
3 EL Crème fraîche
100 ml trockener Weißwein (ersatzweise Gemüsebrühe)
200 g Weißbrot (vom Vortag)
1 Bund Estragon
1 Ei
Salz – Pfeffer
Fett für die Form
Holzspießchen

Zubereitung: 55 Min.
Für 4 Personen / Pro Portion: ca. 535 kcal

1 Fisch waschen, trockentupfen, innen und außen mit Zitronensaft, Salz und Pfeffer würzen.

2 Champignons putzen, 200 g fein würfeln, den Rest in dünne Scheiben schneiden. Schalotten schälen und hacken.

3 Die Hälfte Schalotten mit Champignonwürfeln in 2 EL Butter andünsten, salzen und pfeffern, Crème fraîche unterrühren. Übrige Schalotten und Champignonscheiben in 2 EL Butter ca. 2 Min. braten, salzen, pfeffern, mit Weißwein ablöschen.

4 Brot entrinden, fein würfeln oder im Blitzhacker zerkleinern. Estragon waschen, trocknen und hacken. Backofen auf 200° vorheizen. Saftpfanne oder Bräter fetten, Weißweinchampignons und Hälfte des Estragons darauf geben.

5 Brot, restlichen Estragon und Ei zu den abgekühlten Pilzwürfeln geben, mit Salz und Pfeffer gut vermengen. Fisch damit füllen und die Bauchöffnung mit Spießchen zustecken.

6 Fisch auf die Champignons legen. Die restliche Butter in Flöckchen darauf setzen und im heißen Ofen (unten, Umluft 180°) in 30–35 Min. garen. Dazu passen Salzkartoffeln und ein Muscadet von der Loire.

gelingt leicht Zander mit Koriander-Pesto

120 g geröstete gesalzene Erdnüsse
4 Bund Koriandergrün (ca. 100 g)
1 Knoblauchzehe
6 EL neutrales Öl
60 g Pecorino, frisch gerieben
800 g Zanderfilet
3 EL Limettensaft
Salz – Pfeffer
Fett für die Form

Zubereitung: 50 Min.
Für 4 Personen / Pro Portion: ca. 585 kcal

1 Erdnüsse grob hacken. Koriander waschen, trockenschütteln, mit den zarten Stielen hacken, Knoblauch schälen, grob hacken. Mit Erdnüssen, Koriander, Öl und Pecorino im Blitzhacker oder mit dem Pürierstab zu einer Paste verarbeiten. Evtl. weiteres Öl unterarbeiten. Pesto salzen und pfeffern. Backofen auf 180° vorheizen.
2 Zander in vier gleich große Stücke schneiden, trockentupfen und mit Limettensaft beträufeln, salzen und pfeffern. In eine gefettete Form legen. Koriander-Pesto darauf verstreichen.
3 Zander im heißen Ofen (unten, Umluft 160°) in ca. 20 Min. garen. Dazu passen Reis oder Stangenweißbrot und ein würziger Weißwein, z. B. ein Elsässer Gewürztraminer.

Varianten:
Zusätzlich: 1 gehackte Chilischote unter das Pesto mischen
Mediterran: Koriandergrün durch Basilikum, Erdnüsse durch Pinienkerne (geröstet) und Öl durch Olivenöl ersetzen

mediterran Ofen-Garnelen

12 ungeschälte rohe Riesengarnelen (ohne Kopf, à 30 g)
2 Knoblauchzehen
1 unbehandelte Zitrone
4 EL Olivenöl
300 g reife feste Tomaten
600 g Zucchini
60 g schwarze Oliven
Salz – Pfeffer
Fett für die Form

Zubereitung: 45 Min.
Für 4 Personen / Pro Portion: ca. 230 kcal

1 Garnelen bis auf das Schwanzstück aus den Schalen lösen, am Rücken einschneiden, schwarzen Darmfaden entfernen. Knoblauch schälen. Zitrone waschen und 1 EL Schale abreiben. Zitrone halbieren, eine Hälfte auspressen. Beides mit Öl verrühren, Knoblauch dazupressen. Mit Garnelen mischen.
2 Backofen auf 200° vorheizen. Tomaten mit kochendem Wasser überbrühen, abschrecken, häuten, in Scheiben schneiden. Zucchini waschen, putzen, in ebenso dicke Scheiben schneiden. Beides dachziegelartig in eine gefettete Form schichten, salzen und pfeffern.
3 Im heißen Ofen (unten, Umluft 180°) in ca. 20 Min. garen. Oliven, Garnelen mit Marinade darauf verteilen, weitere 10 Min. garen. Übrige Zitronenhälfte in Scheiben dazu servieren. Dazu passen frisches Baguette und ein leichter Rosé, z. B. ein Matéus rosé aus Portugal.

Variante:
Asiatisch: Zitrone durch Limette, Olivenöl durch 2 EL neutrales und 2 EL Sesam-Würzöl ersetzen. 10 g gehackten Ingwer zur Marinade geben, dann Oliven weglassen

Fleisch und Geflügel

Fleischeslust und -frust lagen immer eng beieinander. Einst den Wohlhabenden und Mächtigen vorbehalten, bekam der Sonntagsbraten später seinen festen Platz auf bürgerlichen Tischen. Der durch den Mangel der Nachkriegsjahre ausgelöste Heißhunger schien nur durch Unmengen an billigem Fleisch stillbar. Inzwischen beeinträchtigen ernährungswissenschaftliche Bedenken und Fleischskandale den Appetit. Aber wäre es nicht jammerschade, wenn wir auf ein saftiges Steak oder den Braten nach Großmutters Rezept verzichten müssten? Hier lautet die Devise: in Maßen essen und beim Kauf auf gute Qualität, nach Möglichkeit aus biologischer Aufzucht, achten. Wer sich um seinen Cholesterinspiegel sorgt, sollte es wie unsere südlichen Nachbarn oder wie die Asiaten halten: kleine Fleischmengen als köstlichste Nebensache der Welt genießen.

schnell Puten-Saltimbocca

8 dünne Putenschnitzel (à ca. 80 g)
100 g Butter
8 Salbeiblätter
8 Scheiben Parmaschinken
4 EL Marsalawein (ersatzweise Traubensaft)
Salz – Pfeffer

Zubereitung: 20 Min.
Für 4 Personen / Pro Portion: ca. 560 kcal

1 Putenschnitzel flach klopfen. Butter in einer großen Pfanne aufschäumen. Salbeiblätter abreiben und 1 Min. darin schwenken, herausnehmen und beiseite legen.
2 Schinkenscheiben in der Salbeibutter ca. 2 Min. leicht anbraten und ebenfalls herausnehmen. Zum Salbei geben und warm stellen.
3 Putenschnitzel in derselben Pfanne pro Seite ca. 2 Min. braten. Mit Salz und Pfeffer würzen.
4 Die Putenschnitzel mit je 1 Scheibe Schinken und 1 Salbeiblatt anrichten und warm stellen.
5 Bratensatz mit Marsala und 1 EL Wasser ablöschen, aufrühren und über die Saltimbocca gießen. Dazu passen Weißbrot oder in Butter gebratene Polentascheiben und ein Glas spritziger Weißwein, z. B. ein italienischer Galestro.

Varianten:
Statt Marsala: zusätzlich 1 Knoblauchzehe mit dem Fleisch anbraten und mit 8 EL Aceto balsamico ablöschen
Zusätzlich: 250 g halbierte Kirschtomaten mit den Putenschnitzeln anbraten und kurz in der Sauce ziehen lassen

gut vorzubereiten Tacos mit Steakstreifen

500 g Rindersteak
je 1 TL gemahlener Koriander und Kreuzkümmel
1/2 TL Cayennepfeffer
1 EL Honig
6 EL Olivenöl
1 Knoblauchzehe
8 Frühlingszwiebeln
200 g saure Sahne
300 g Kirschtomaten
1 große Avocado
1 Bund glatte Petersilie
Saft von 1 Limette
1 kleiner Kopf Romana-Salat
12 Taco-Shells (Fertigprodukt)
100 g Cheddar, frisch gerieben
Salz – Pfeffer

Zubereitung: 50 Min. (+ 1 Std. Marinierzeit)
Für 4–6 Personen / Bei 6 Personen pro Portion: ca. 475 kcal

1 Steak in dünne Streifen schneiden. Gewürze mit Honig und Öl verrühren, Knoblauch schälen und dazupressen. Mit Fleisch vermischen und 1 Std. marinieren lassen.
2 Frühlingszwiebeln waschen, putzen, in feine Ringe schneiden und mit saurer Sahne mischen. Salzen, pfeffern, kühl stellen.
3 Backofen auf 175° (Umluft 160°) vorheizen. Tomaten waschen und vierteln. Avocado schälen, entkernen und klein würfeln. Petersilie waschen, trockenschütteln und hacken. Alles mit Limettensaft vermengen, salzen und pfeffern. Romana-Salat waschen, trockenschleudern, in feine Streifen schneiden und untermischen.
4 Taco-Shells im Ofen (Mitte) in ca. 3 Min. erwärmen. Steakstreifen bei starker Hitze 2 Min. braten, salzen und pfeffern. Shells mit Salat und Fleisch füllen, saure Sahne und Käse darüber verteilen. Dazu passt mexikanisches Bier mit Limettenachteln.

für Gourmets
Rehmedaillons mit Portwein-Birnen-Sauce

400 ml Wildfond (aus dem Glas, ersatzweise Gemüsebrühe)
300 ml Portwein
1 Stange Zimt
1 EL Wacholderbeeren
2 Lorbeerblätter
2 große feste Birnen
4 Rehmedaillons (aus der Nuss, à ca. 180 g)
2 EL Öl
2 EL Birnengelee
2 EL Butter
Salz – Pfeffer

Zubereitung: 50 Min.
Für 4 Personen / Pro Portion: ca. 450 kcal

1 Fond, Port, Zimt, Wacholderbeeren und Lorbeer aufkochen. Birnen schälen, entkernen, in Spalten schneiden. Im Sud bei mittlerer Hitze in ca. 10 Min. bissfest garen, herausnehmen.
2 Backofen auf 80° (Umluft nicht geeignet) vorheizen. Medaillons salzen und pfeffern. Im Öl rundum 7–8 Min. bei mittlerer Hitze braten. Aus der Pfanne nehmen, in eine ofenfeste Form geben und im Ofen (Mitte) in ca. weiteren 30 Min. rosa garen.
3 Inzwischen den Birnensud zum Bratensatz gießen und in ca. 30 Min. auf 200 ml einkochen, durch ein Sieb gießen. Gelee und Butter unterschlagen, mit Salz und Pfeffer abschmecken. Birnen in der Sauce erwärmen. Mit den Medaillons servieren. Dazu passen Möhrengemüse, gebratene Schupfnudeln oder Butterspätzle und glasierte Maronen und ein kräftiger Rotwein, z. B. italienischer Barolo.

Variante:
Asiatisch: statt Birnen und Birnengelee: Mango und Mango-Chutney verwenden

herzhaft
Straußensteaks mit Pfefferrahm

2 EL frische grüne Pfefferkörner (ersatzweise eingelegte Pfefferkörner)
4 Straußensteaks (à ca. 180 g)
4 EL Öl
1/2 Ananas (ca. 600 g)
1 Zweig Rosmarin
3 Zweige Thymian
300 g Sahne
300 ml Wildfond (aus dem Glas, ersatzweise Gemüsebrühe)
Salz

Zubereitung: 40 Min.
Für 4 Personen / Pro Portion: ca. 585 kcal

1 Backofen auf 80° (Umluft nicht geeignet) vorheizen. Pfeffer im Mörser grob zerstoßen. Steaks mit Salz und etwas zerstoßenem Pfeffer einreiben. In 2 EL Öl bei mittlerer Hitze rundherum 7–8 Min. braten. Im Ofen (Mitte) in 30 Min. rosa garen.
2 Inzwischen Ananas schälen, längs vierteln und quer in 1/2 cm dicke Scheiben schneiden. Im Bratensatz und übrigen Öl in 1–2 Min. braun braten und zu den Steaks in den Ofen geben. Kräuter waschen und trockenschütteln.
3 Sahne, Fond, Kräuter und restlichen Pfeffer zum Bratensatz geben und in 20–25 Min. sämig einkochen lassen. Kräuter entfernen, mit Salz abschmecken.
4 Steaks mit Ananas auf Tellern anrichten. Etwas Sauce darüber träufeln, Rest getrennt dazu reichen. Dazu passen Butternudeln, Kartoffelgratin und ein gemischter Blattsalat sowie ein kräftiger Rotwein, z. B. ein Shiraz-Cabernet aus Südafrika.

Variante:
Statt Straußenfleisch: Rindersteaks verwenden

gelingt leicht Schweinespießchen mit Honig

2 Knoblauchzehen
1 getrocknete Chilischote
5 EL Honig
4 EL Calvados (ersatzweise Apfelsaft)
400 g Schweinelende
1/2 unbehandelte Zitrone
2 säuerliche Äpfel
32 Lorbeerblätter
2 EL Olivenöl
400 ml Gemüsefond (aus dem Glas)
3 EL Butter
Salz – Pfeffer
8 lange Holzspieße

Zubereitung: 50 Min. (+ 1 Std. Marinierzeit)
Für 4 Personen / Pro Portion: ca. 340 kcal

1. Knoblauch schälen und mit Chilischote im Mörser fein zerstoßen. Mit 4 EL Honig und Calvados verrühren. Fleisch in dünne Scheiben schneiden, mit Marinade vermischen und 1 Std. ziehen lassen.
2. Backofen auf 80° (Umluft nicht geeignet) vorheizen. Zitrone waschen und in Scheiben schneiden. Äpfel schälen, entkernen und in Spalten schneiden.
3. Fleisch abwechselnd mit Äpfeln und Lorbeerblättern auf die Spieße stecken, salzen und pfeffern. Im Öl bei mittlerer Hitze in 5 Min. rundum braun braten. Im Ofen (Mitte) warm halten.
4. Inzwischen Zitrone im Bratensatz anbraten, Fond aufgießen und in ca. 10 Min. bei starker Hitze einkochen lassen. Übrigen Honig und Butter unterschlagen, mit Salz abschmecken. Sauce zu den Spießen reichen. Dazu passen Reis oder Toskana-Gewürzbrot, Salat und Cidre.

mediterran Leber im Kräutermantel

4 Scheiben Kalbsleber (à ca. 150 g)
je ca. 20 Zweige Thymian, Rosmarin und Oregano
1 Tomate
1 kleine Möhre
2 EL Olivenöl
2 EL Butter
1 TL Zucker
1/4 l Marsala (ersatzweise roter Traubensaft)
100 ml Rinderfond (aus dem Glas, ersatzweise Gemüsebrühe)
Salz – Pfeffer
Küchengarn

Zubereitung: 50 Min.
Für 4 Personen / Pro Portion: ca. 335 kcal

1. Lebern salzen und pfeffern. Kräuter waschen, trockenschütteln und je 1 Zweig von jedem Kraut auf die Leberscheiben legen, zusammenklappen. Übrige Zweige um die Lebern verteilen und mit Küchengarn wie ein Päckchen zusammenbinden.
2. Tomate waschen, grob würfeln, dabei Stielansatz wegschneiden. Möhre schälen und fein würfeln. Backofen auf 150° (Umluft 140°) vorheizen.
3. Lebern in Öl und Butter bei mittlerer Hitze auf jeder Seite in 3–4 Min. braun braten. Im Ofen (Mitte) warm halten.
4. Tomate und Möhre im Bratensatz anbraten, Zucker darüber streuen und karamellisieren lassen. Mit Marsala und Fond aufgießen und bei starker Hitze 5–6 Min. kochen lassen. Sauce mit dem Stabmixer pürieren, mit Salz und Pfeffer abschmecken. Zu den Lebern servieren. Dazu passen Kartoffelpüree mit gebräuntem Knoblauch oder ein Kartoffelgratin, gedünsteter Lauch und ein kräftiger Rotwein, z. B. ein Rasteau aus Frankreich.

herzhaft Gefüllte Schweinekoteletts

100 g Schafkäse
1 kleines Bund Basilikum
4 Schweinekoteletts (à ca. 250 g)
4 in Öl eingelegte gegrillte Paprikaschoten (aus dem Glas, à ca. 30 g)
4 EL Olivenöl
Saft von 1/2 Zitrone
200 ml Fleischfond (aus dem Glas)
2 EL Butter
2 EL kleine Kapern
2 TL Zucker
Salz – Pfeffer
4 Holzspießchen

Zubereitung: 50 Min.
Für 4 Personen / Pro Portion: ca. 650 kcal

1 Käse zerbröckeln, Basilikum waschen, trocknen und fein hacken, beides vermischen. In die Koteletts eine Tasche einschneiden, innen und außen mit Salz und Pfeffer einreiben.
2 Koteletts mit je 1 Paprikastück und dem Käse füllen, Öffnungen mit Holzspießchen zustecken. Backofen auf 80° (Umluft nicht geeignet) vorheizen.
3 Koteletts im Öl bei mittlerer Hitze auf jeder Seite 4–5 Min. braten. Im Ofen (Mitte) warm halten und fertig garen. Bratensatz mit Zitronensaft und Fond ablöschen. Bei starker Hitze in ca. 5 Min. auf zwei Drittel einkochen lassen.
4 Butter unter die Sauce schlagen, Kapern untermischen. Mit Zucker, Salz und Pfeffer abschmecken. Koteletts mit der Sauce überziehen. Dazu passen Baguette und ein Moselriesling.

Variante:
Statt Kapern und Zitronensaft: entsteinte grüne oder schwarze Oliven und Orangensaft verwenden

asiatisch Entenbrust »Asia«

2 Stangen Lauch
2 Möhren
50 g geröstete gesalzene Erdnüsse
2 Knoblauchzehen
1 Stück frischer Ingwer (ca. 2 cm)
8 EL Hoisin-Sauce
150 ml Mirin (süßer japanischer Reiswein, ersatzweise Sherry)
2 Entenbrustfilets (ohne Haut, à ca. 250 g)
4 EL Öl
100 g Mungbohnensprossen
Salz

Zubereitung: 35 Min.
Für 4 Personen / Pro Portion: ca. 575 kcal

1 Lauch putzen, längs einschneiden und waschen, Möhren schälen. Beides in feine Streifen schneiden. Erdnüsse grob hacken.
2 Knoblauch und Ingwer schälen, fein würfeln und mit Hoisin-Sauce und Mirin verrühren.
3 Entenbrustfilets in 1/2 cm dicke Scheiben schneiden. In Öl bei starker Hitze 1–2 Min. braten. Lauch, Möhren und Sprossen dazugeben und unter Rühren nur kurz mitbraten.
4 Angerührte Sauce dazugießen, einmal aufkochen lassen, Erdnüsse untermischen und mit Salz abschmecken. Dazu passen Basmati- oder Duftreis und ein fruchtiger Rotwein, z. B. ein badischer Spätburgunder.

Variante:
Statt Entenbrustfilet: Hähnchen- oder Putenbrustfilet verwenden

raffiniert Schweinefilet in Radicchiosahne

2 Äpfel
2 EL Zucker
2 TL Butter
150 ml Fleischbrühe
1 EL Zitronensaft
1 Kopf Radicchio (ca. 250 g)
600 g Schweinefilet
2 EL Butterschmalz
1/8 l Sherry (ersatzweise Brühe)
3 EL Crème fraîche
Salz – Pfeffer

Zubereitung: 20 Min.
Für 4 Personen / Pro Portion: 380 kcal

1 Äpfel waschen, trocknen, achteln, dabei Kerngehäuse entfernen. Zucker in einer Pfanne hellbraun karamellisieren. Butter zugeben und schmelzen lassen. Apfelachtel in den Karamell geben und 1–2 Min. darin braten. Bevor der Karamell zu dunkel wird, vorsichtig mit 50 ml Brühe und Zitronensaft ablöschen. Äpfel weitere 5 Min. köcheln, vom Herd nehmen.
2 Radicchio waschen, putzen und in 1 cm breite Streifen schneiden. Fleisch in ca. 1/2 cm dicke Scheiben schneiden. Schmalz in einer Pfanne erhitzen und Fleisch darin 2 Min. beidseitig anbraten, salzen und pfeffern.
3 Fleisch mit restlicher Brühe und Sherry ablöschen, leicht köcheln lassen. Crème fraîche unterrühren. Pfanne vom Herd nehmen und Radicchiostreifen unterrühren.
4 Fleisch und Radicchiosahne mit lauwarmen Apfelspalten belegen und etwas Karamell darüber träufeln. Dazu passen Bandnudeln und ein Glas Chablis.

Klassiker Huhn in Kokosmilch

500 g Hähnchenbrustfilet
1 Gemüsezwiebel
je 1 rote und gelbe Paprikaschote
400 ml ungesüßte Kokosmilch (aus der Dose)
1 EL rote Thai-Currypaste
300 g grüne Bohnen (frisch oder TK)
7 Kaffir-Limettenblätter
4 EL Fischsauce
1/2 Bund Koriandergrün (nach Belieben)
1/2 Bund Thai-Basilikum
1 TL Zucker

Zubereitung: 30 Min.
Für 4 Personen / Pro Portion: 235 kcal

1 Fleisch schräg in mundgerechte Scheibchen schneiden. Zwiebel schälen, achteln, einzelne Achtel nochmals längs halbieren. Paprikaschoten waschen, putzen und in mundgerechte Stücke schneiden.
2 Hälfte der Kokosmilch in einen Topf gießen. Currypaste zugeben und bei schwacher Hitze unter Rühren auflösen. Restliche Kokosmilch und Bohnen zugeben und ca. 10 Min. köcheln lassen. Aufkochen lassen, Fleisch zugeben, gut umrühren, Hitze reduzieren und weitere 5 Min. garen.
3 Limettenblätter, Paprika- und Zwiebelstücke sowie Fischsauce zugeben, weitere 10 Min. garen. Koriander und Thai-Basilikum waschen. Korianderblättchen fein hacken, vom Basilikum die einzelnen Blättchen abzupfen.
4 Sauce mit Zucker abschmecken, evtl. mit Fischsauce nachwürzen und mit Koriander und Basilikumblättern bestreuen. Dazu passen Jasmin- oder Duftreis und Mineralwasser mit Limettensaft.

asiatisch Rindergeschnetzeltes mit Tamarinde

4 EL gepresste Tamarinde (Asienladen)
2 Knoblauchzehen
6 Kaffir-Limettenblätter
2 große Bund Frühlingszwiebeln
4 EL Palmzucker (ersatzweise brauner Zucker)
600 g Rinderlende oder -filet
4 EL Öl
2 TL Sambal oelek
Salz

Zubereitung: 40 Min.
Für 4 Personen / Pro Portion: ca. 335 kcal

1 Tamarindenmark in 300 ml heißem Wasser geben und ca. 10 Min. ziehen lassen.
2 Knoblauch schälen und durch die Presse drücken. Limettenblätter in sehr feine Streifen schneiden. Frühlingszwiebeln waschen, putzen und in 3–4 cm lange Stücke schneiden.
3 Eingeweichte Tamarinde im Mixer pürieren und durch ein Sieb streichen. Mit Knoblauch und Zucker verrühren.
4 Fleisch in 1/2 cm dicke Streifen schneiden. Im Öl bei starker Hitze 1–2 Min. braten, salzen.
5 Tamarindensauce zugießen, Limettenblätter und Frühlingszwiebeln untermischen. Abgedeckt 2–3 Min. bei geringer Hitze schmoren lassen. Mit Salz und Sambal oelek abschmecken. Dazu passen Duft- oder Basmatireis und Prosecco.

Variante:
Statt 1 Bund Frühlingszwiebeln: 1 Hand voll Mungbohnensprossen und 100 g Ananasstücke verwenden

mediterran Kalbs-Zitronen-Frikassee

600 g Kalbsnuss
1 Zwiebel
2 EL Butter
5 EL trockener Wermut (z. B. Noilly Prat, ersatzweise Kalbsfond)
200 ml Kalbsfond (aus dem Glas)
1 Zitrone
50 g Kapernäpfel (ersatzweise Kapern)
100 g Sahne
2 Eigelbe
1/2 Bund glatte Petersilie
Salz – Pfeffer
Mehl zum Wenden

Zubereitung: 30 Min.
Für 4 Personen / Pro Portion: ca. 305 kcal

1 Fleisch in 2–3 cm große Würfel schneiden. Zwiebel schälen, fein würfeln und in zerlassener Butter bei mittlerer Hitze andünsten.
2 Fleisch in Mehl wenden, dazugeben und in 4 Min. goldgelb bräunen. Salzen und pfeffern. Mit Wermut ablöschen, Fond aufgießen und bei schwacher Hitze abdeckt ca. 15 Min. garen.
3 Zitrone so schälen, dass die weiße Haut mit entfernt wird. Filets aus den Trennwänden herausschneiden. Kapernäpfel halbieren oder vierteln. Sahne und Eigelbe verrühren. Petersilie waschen, trockenschütteln und fein hacken.
4 Frikassee vom Herd nehmen, Eiersahne unterrühren. Zitronenfilets und Kapern untermischen, kurz ziehen lassen. Mit Salz und Pfeffer abschmecken, Petersilie darüber streuen. Dazu passen Reis und frischer Weißwein, z. B. italienischer Soave.

Varianten:
Statt Kalbsnuss: Putenbrustfilet verwenden
Statt Zitrone und Kapern: Orange und entsteinte grüne Oliven verwenden

asiatisch Zitronengras-Hähnchen

2 Stängel Zitronengras
2 Knoblauchzehen
Saft von 1 Limette
6 EL helle Sojasauce
1 EL Palmzucker (ersatzweise brauner Zucker)
6 EL Erdnussöl
4 Hähnchenbrustfilets (mit Haut, à ca. 150 g)
Salz – Pfeffer
Alufolie

Zubereitung: 20 Min. (+ 1 Std. Marinierzeit)
Für 4 Personen / Pro Portion: ca. 380 kcal

1 Zitronengras waschen, putzen, mit einem Nudelholz »quetschen« und in sehr feine Ringe schneiden. Knoblauch schälen und durch die Presse drücken.
2 Beides mit Limettensaft, Sojasauce, Zucker und Öl verrühren. Marinade mit Salz und Pfeffer abschmecken. Hähnchenbrustfilets mit der Marinade einstreichen, abdecken und mindestens 1 Std. ziehen lassen.
3 Backofen auf 250° (Oberhitze) oder den Grill vorheizen. Hähnchenbrustfilets mit der Haut nach oben auf ein mit Alufolie ausgelegtes Blech legen und im Ofen (Mitte) in ca. 10 Min. knusprig grillen. Filets in dünne Scheiben aufschneiden. Dazu passen Ofenkartoffeln und Ginger Ale mit Limettenscheiben.

Variante:
Zusätzlich: 4–6 gekochte Kartoffeln grob würfeln und mit aufs Blech legen

Tipp
Weniger fett wird das Hähnchen, wenn Sie es ohne die Haut zubereiten.

Klassiker Hähnchen Tandoori-Art

1 getrocknete Chilischote
je 2 TL Kreuzkümmel- und Koriandersamen
je 1 TL Kurkuma- und Paprikapulver
500 g Joghurt
Saft von 1 Limette
4 Knoblauchzehen
1 Stück frischer Ingwer (ca. 4 cm)
1 kleine Tube rote Lebensmittelfarbe (nach Belieben)
8 Hähnchenschenkel (ohne Rückenstück, à ca. 150 g)
Salz
Alufolie

Zubereitung: 35 Min. (+ 12 Std. Marinierzeit)
Für 4 Personen / Pro Portion: ca. 600 kcal

1 Chilischote, Kreuzkümmel und Koriander bei starker Hitze kurz anrösten, dann im Mörser fein zermahlen. Mit übrigen Gewürzen, 1/2 TL Salz, Joghurt und Limettensaft verrühren.
2 Knoblauch und Ingwer schälen, fein reiben und unter die Marinade mischen. Nach Belieben mit Lebensmittelfarbe rot einfärben. Hähnchenschenkel enthäuten, in die Marinade legen und über Nacht ziehen lassen.
3 Backofen auf 250° (Oberhitze) oder den Grill vorheizen. Hähnchenschenkel auf ein mit Alufolie ausgelegtes Blech legen und im Ofen (Mitte) ca. 20 Min. grillen, dabei einmal wenden und mit Marinade bestreichen. Dazu passen Reis oder Fladenbrot, Mango-Chutney (Seite 49) oder mit Kreuzkümmel, Koriander, Salz und Pfeffer gewürzter Joghurt und gekühlter Mangosaft.

Tipp
In Indien wird die beliebte Tandoori-Paste traditionell rot eingefärbt. Man kann die Farbe aber auch weglassen, ohne dass sich der Geschmack verändert.

mediterran Gefülltes Schweinefilet

200 g Blattspinat (frisch oder TK)
1 kleine Zwiebel
6 EL Olivenöl
30 g Cashewkerne
50 g getrocknete Aprikosen
50 g Gorgonzola
Muskatnuss, frisch gerieben
400 g Schweinefilet (vom Metzger zum Füllen und Aufrollen geschnitten)
6 Scheiben Frühstücksspeck (ca. 120 g)
4 EL Marsala (ersatzweise roter Traubensaft)
1 EL Honig
Salz – Pfeffer
Küchengarn

Zubereitung: 50 Min.
Für 4 Personen / Pro Portion: ca. 560 kcal

1 Spinat waschen, putzen und grob hacken. Zwiebel schälen und fein würfeln. Beides in 2 EL Öl bei mittlerer Hitze 3–4 Min. dünsten und zusammenfallen lassen.
2 Cashewkerne hacken und Aprikosen klein würfeln. Mit zerbröckeltem Gorgonzola unter den Spinat mischen. Mit Salz, Pfeffer und Muskat würzen.
3 Backofen auf 250° (Oberhitze) oder den Grill vorheizen. Das Fleisch auseinander klappen, mit der Hand flach klopfen, salzen und pfeffern. Spinatmasse darauf verteilen, aufrollen und mit Speckscheiben umwickeln. Mit Küchengarn festbinden.
4 Restliches Öl mit Marsala, Honig, Salz und Pfeffer verrühren, Filet damit einpinseln. Im Ofen (Mitte) 8–10 Min. grillen, dabei immer wieder mit dem Öl einstreichen. Ofen ausschalten und das Fleisch noch 5 Min. ruhen lassen. Hierzu passen Béchamel-Kartoffeln und ein gemischter Blattsalat sowie ein fruchtig-fülliger Weißwein, z. B. Pfälzer Ruländer.

gelingt leicht Lammkoteletts mit Rosmarin

1 Zweig Rosmarin
1 Knoblauchzehe
1 unbehandelte Orange
8 EL Olivenöl
8 doppelte Lammkoteletts (à ca. 150 g)
Salz – Pfeffer

Zubereitung: 20 Min. (+ 1 Std. Marinierzeit)
Für 4 Personen / Pro Portion: ca. 1225 kcal

1 Rosmarin waschen, trockenschütteln und die Nadeln fein hacken. Knoblauch schälen und durch die Presse drücken. Orange waschen, Schale fein abreiben, Saft auspressen.
2 Vorbereitete Zutaten mit Öl und Pfeffer verrühren. Fettrand der Koteletts einschneiden. Koteletts mit der Marinade bestreichen und abgedeckt 1 Std. ziehen lassen.
3 Backofen auf 250° (Oberhitze) oder den Grill vorheizen. Die Koteletts aus der Marinade nehmen, salzen. Im Ofen (oben) 10–12 Min. grillen, dabei einmal wenden. Dazu passen Baguette oder Bratkartoffeln, ein bunt gemischter Blattsalat und ein kräftig-würziger Rotwein, z. B. französischer Médoc.

Variante:
Amerikanisch: Je 1 Zwiebel und kleine rote Paprikaschote fein würfeln und mit 150 g Honig, 1 TL Salz, Pfeffer, 200 g Ketchup und 2 EL Obstessig mischen. Unter Rühren ca. 15 Min. bei geringer Hitze kochen lassen. Dann mit 1 TL Fenchelsamen, Saft und Schale von 1/2 unbehandelten Zitrone und etwas Tabasco verrühren. Lammkoteletts darin mind. 1 Std. marinieren, dann wie beschrieben grillen

mediterran Puten-Piccata

4 Putenschnitzel (à ca. 125 g)
75 g Mehl
2 Eier
50 g Parmesan, frisch gerieben
100 ml Milch
500 g Fleischtomaten
250 g Champignons
1 Zwiebel
1 Knoblauchzehe
1 EL Olivenöl
1 EL Tomatenmark
1/8 l Gemüsebrühe
2 EL Butterschmalz
Salz – Pfeffer

Zubereitung: 45 Min.
Für 4 Personen / Pro Portion: ca. 395 kcal

1 Schnitzel salzen, pfeffern und in 2 EL Mehl wenden. Eier, Parmesan, übriges Mehl, Milch, Salz und Pfeffer zu einem Teig verquirlen.
2 Tomaten überbrühen, häuten, entkernen und würfeln. Pilze putzen, abreiben und feinblättrig schneiden. Zwiebel und Knoblauchzehe schälen und klein würfeln.
3 Öl erhitzen. Zwiebel, Knoblauch und Pilze darin 2–3 Min. anbraten. Tomatenmark und Tomaten einrühren, Brühe angießen und alles ca. 10 Min. köcheln lassen. Mit Salz und Pfeffer abschmecken.
4 Inzwischen Butterschmalz in beschichteter Pfanne erhitzen. Schnitzel durch den Teig ziehen und bei mittlerer Hitze auf jeder Seite ca. 5 Min. braten. Schnitzel mit Champignon-Tomaten-Sauce servieren. Dazu passen Bandnudeln und ein frischer Weißwein, z. B. Soave.

Variante:
Zusätzlich: Sauce mit 1 TL gehacktem Thymian würzen oder 1 Bund fein geschnittenen Schnittlauch unterrühren

schmeckt auch kalt Erdnuss-Hähnchen-Nuggets

Für die Nuggets:
600 g Hähnchenbrustfilet
2 TL Currypulver
6 EL Ketchup
120 g fein gehackte Erdnüsse
50 ml Erdnussöl

Für die Tomaten-Salsa:
4 große Tomaten
2 Frühlingszwiebeln
1 rote Zwiebel
1 Knoblauchzehe
1 rote Chilischote
1 EL Olivenöl
1 EL Limettensaft
Salz – Pfeffer

Zubereitung: 40 Min.
Für 4 Personen / Pro Portion: ca. 505 kcal

1 Hähnchenfleisch waschen, abtrocknen und in Stücke von ca. 4 cm schneiden. Mit einer Mischung aus 1 TL Salz und dem Curry einreiben. Mit Ketchup bestreichen und beidseitig in Erdnüsse drücken.
2 Backofen auf 220° vorheizen. Nuggets auf ein geöltes Backblech legen und mit einem Pinsel vorsichtig mit Öl betupfen. Im heißen Ofen (unten, Umluft 200°) ca. 30 Min. backen, zwischendurch wenden.
3 Für die Salsa Tomaten waschen, halbieren und in kleine Würfel schneiden. Frühlingszwiebeln waschen, putzen und fein schneiden. Zwiebel, Knoblauch und Chilischote schälen oder putzen und sehr fein würfeln. Alle Zutaten mit Olivenöl und Limettensaft vermischen. Mit Salz und Pfeffer würzen. Hähnchen-Nuggets dazu servieren. Dazu passen geröstete Pellkartoffeln oder Weißbrot und ein Pils.

exotisch Kalbsschnitzel im Kokosmantel

4 Kalbsschnitzel (à ca. 125 g)
1/2 TL Cayennepfeffer
80 g Mehl
2 Eier
80 g Kokosraspel
4 EL Butterschmalz
1 unbehandelte Limette
Salz – Pfeffer

Zubereitung: 45 Min.
Für 4 Personen / Pro Portion: ca. 425 kcal

1 Schnitzel waschen, trockentupfen und quer halbieren. Mit Cayennepfeffer und Salz einreiben. Nacheinander in Mehl, verquirlten Eiern und Kokosraspeln wenden.
2 Butterschmalz in einer Pfanne erhitzen. Schnitzel darin in insgesamt ca. 8 Min. auf beiden Seiten goldbraun braten.
3 Kokos-Schnitzel mit Limettenscheiben anrichten. Dazu passen der Curry-Reis mit Bananen (Seite 135) und Ananassaft mit einem Schuss weißem Rum.

Varianten:
Statt Cayennepfeffer: Curry verwenden
Statt Kalbsschnitzel: Putenbrust- oder Hähnchenfilets verwenden
Statt in Kokosraspeln: Fleisch in fein geriebenen Cashewkernen wenden
Chips-Panade: Tortilla-Chips fein zerbröseln – am besten mit einem Nudelholz – und Schnitzel damit panieren
Geschnetzelt: Schnitzel in mundgerechte Stücke schneiden, panieren, braten und als Beilage zu einem frischen grünen Salat oder kalt bei einem Picknick servieren

für Gäste Schweinefilet mit Kräuterkruste

2 Schweinefilets (möglichst Mittelstücke, à ca. 350 g)
1/2 Bund Thymian
2 Stängel Salbei
1 Zweig Rosmarin
1 Bund glatte Petersilie
1 Knoblauchzehe
4 EL Semmelbrösel
2 EL körniger Senf
5 EL Olivenöl
3 Schalotten
1 TL Butter
1/8 l Kalbsfond (aus dem Glas)
200 g Sahne
2 EL trockener Sherry (nach Belieben)
Salz – Pfeffer

Zubereitung: 35 Min.
Für 4 Personen / Pro Portion: ca. 550 kcal

1 Backofen auf 220° vorheizen. Fleisch waschen, trockentupfen, salzen und pfeffern. Kräuter waschen, trockenschütteln, Blätter abzupfen und fein hacken. Knoblauch schälen und dazupressen. Kräuter, Knoblauch, Semmelbrösel, Senf und 3 EL Öl vermischen. Kräutermasse auf die Filets streichen.
2 Filets auf ein Blech legen und mit 1 EL Olivenöl beträufeln. Im Ofen (Mitte, Umluft 200°) in ca. 15 Min. überbacken.
3 Schalotten schälen und fein würfeln. Übriges Öl und Butter erhitzen, Schalotten darin glasig dünsten. Mit Fond ablöschen, Sahne und Sherry angießen und bei starker Hitze in ca. 5 Min. cremig einkochen lassen. Mit Salz und Pfeffer würzen.
4 Kräuterfilets im abgeschalteten Ofen ca. 5 Min. nachziehen lassen. In Scheiben schneiden und mit der Sahnesauce servieren. Dazu passen Gnocchi und ein fruchtiger Weißwein, z. B. ein Orvieto aus Italien.

schmeckt auch kalt

Kalbsfrikadellen

1 Brötchen (vom Vortag)
3 Frühlingszwiebeln
2 EL Butter
500 g Kalbshackfleisch
1 Ei
1 EL abgeriebene unbehandelte Zitronenschale
1 TL scharfer Senf
3 EL Butterschmalz
Salz – Pfeffer

Zubereitung: 30 Min.
Für 4 Personen / Pro Portion: ca. 420 kcal

1 Brötchen in kaltem Wasser einweichen. Zwiebeln waschen, putzen und in Ringe schneiden. In der heißen Butter 3 Min. unter Rühren dünsten. Vom Herd nehmen und mit Hack, Ei, Zitronenschale, Senf und ausgedrücktem, gut zerpflücktem Brötchen zu einem Teig verkneten. Mit Salz und Pfeffer kräftig würzen.
2 Fleischteig in acht Portionen teilen und zu flachen Frikadellen formen. Butterschmalz in einer großen Pfanne erhitzen, Frikadellen darin auf jeder Seite scharf anbraten. Dann bei mittlerer Hitze auf jeder Seite 5 Min. braten. Dazu passen Kartoffelbrei oder Sahnekartoffeln und ein Bier.

Varianten:
Asiatisch: Zwiebeln mit 1 durchgepressten Knoblauchzehe, 15 g frischem Ingwer und 1 roten Chilischote (beides gehackt) dünsten. Zitrone durch Limette ersetzen, Senf weglassen
Mediterran: Zwiebeln mit 1 durchgepressten Knoblauchzehe und 8 in Streifen geschnittenen kleinen Salbeiblättern oder gehackten Blättchen von 4 Thymianzweigen dünsten
Orientalisch: Senf durch Harissa ersetzen, zusätzlich je 2 EL gehackte Pistazien und Rosinen oder getrocknete Aprikosen unter den Teig mengen

Tipp
Für ein Party-Büfett können Sie die Zutaten verdoppeln. Formen Sie dann aus dem Fleischteig 30 kleine Frikadellen, die Sie wie im Rezept »Frikadellen mit Feta-Füllung« (Seite 177) im Backofen 15 Min. braten.

fürs Büfett Hackfleisch-Reis-Bällchen

150 g Klebreis (Asienladen)
1 Zwiebel
1 Knoblauchzehe
1 Stück frischer Ingwer (ca. 2 cm)
1 Bund Schnittlauch
1 rote Chilischote
600 g Schweinehackfleisch
3 EL Sojasauce
1 Eiweiß
2 Dämpfkörbe (20 cm Ø, Asienladen)

Zubereitung: 1 Std. (+ 12 Std. Einweichzeit)
Für 36 Stück / Pro Stück: ca. 35 kcal

1 Reis waschen, in kaltem Wasser über Nacht einweichen, abgießen, abtropfen lassen. Zwiebel schälen, fein würfeln. Knoblauch und Ingwer schälen, beides fein hacken. Schnittlauch waschen, trockenschütteln und in feine Röllchen schneiden. Chilischote aufschlitzen, entkernen und hacken. Mit dem Hack, Zwiebel, Knoblauch, Ingwer und Schnittlauch verkneten. Sojasauce und Eiweiß unterarbeiten.
2 Dämpfkörbe mit Backpapier auslegen. Reis auf einem Teller ausbreiten. Mit feuchten Händen aus dem Hackteig 36 walnussgroße Kugeln formen, im Reis wälzen, auf das Papier setzen, dabei dazwischen etwas Abstand lassen.
3 Dämpfkörbe übereinander setzen, verschließen und in einen Wok (oder Topf) stellen. Nur so viel Wasser zugießen, dass das Backpapier nicht nass wird. Wok schließen, Wasser aufkochen lassen. Bällchen bei mittlerer Hitze 20–25 Min. dämpfen. Dazu passen die Feurige Paprikasauce (Seite 49) und Tonic-Wasser mit Kirsch- oder Johannisbeersaft.

Tipp
Der äußerst stärkehaltige Klebreis ist ideal zum Essen mit Stäbchen, weil die gegarten Körner gut aneinander haften.

gelingt leicht Frikadellen mit Feta-Füllung

1 Dose Kichererbsen (240 g Abtropfgewicht)
1 Zwiebel
1 Knoblauchzehe
1 Bund glatte Petersilie
500 g Lammhackfleisch
1 Ei
2 EL Ajvar (aus dem Glas)
200 g Schafkäse
Salz – Pfeffer
Fett für das Backblech

Zubereitung: 40 Min.
Für 4 Personen / Pro Portion: ca. 400 kcal

1 Kichererbsen abgießen und abtropfen lassen. Zwiebel und Knoblauch schälen, Zwiebel fein würfeln. Petersilie waschen, trocknen und hacken. Kichererbsen mit dem Kartoffelstampfer zerdrücken. Mit Hack, Ei, Ajvar, Zwiebel und Petersilie in eine Schüssel geben, Knoblauch dazupressen. Kräftig salzen und pfeffern und zu einem Teig verkneten.
2 Backofen auf 200° vorheizen. Feta trockentupfen, in acht Würfel schneiden. Fleischteig in acht Portionen teilen, mit feuchten Händen zu Frikadellen formen, dabei je ein Stück Feta in die Mitte drücken. Auf ein gefettetes Backblech setzen und im heißen Ofen (unten, Umluft 180°) 20 Min. braten. Dazu passen Blechkartoffeln und Gurken-Tomaten-Salat und griechischer Wein, z. B. ein Retsina.

Variante:
Statt Lamm: gemischtes Hackfleisch verwenden

gelingt leicht Hackbällchen in Frischkäse-Sauce

3 Scheiben Toastbrot
1 Zwiebel
250 g gewürztes Mett
250 g gemischtes Hackfleisch
1/4 l Weißwein (ersatzweise Fleischbrühe)
1/4 l Fleischbrühe
75 g grüne Oliven
1 Bund gemischte Kräuter (Petersilie, Kerbel, Schnittlauch)
100 g Doppelrahmfrischkäse mit Kräutern
125 g Sahne
2 EL heller Saucenbinder
Zucker
Salz – Pfeffer

Zubereitung: 30 Min.
Für 4 Personen / Pro Portion: ca. 595 kcal

1 Toast in kaltem Wasser einweichen. Zwiebel schälen und fein würfeln. Mett, Hack, Zwiebel und ausgedrücktes, zerpflücktes Toastbrot zu einem Teig verkneten, salzen und pfeffern.
2 Wein und Brühe in einem weiten Topf aufkochen. Hackteig in acht Portionen teilen und zu Bällchen formen. In der leicht kochenden Brühe in 10 Min. zugedeckt gar ziehen lassen.
3 Inzwischen Oliven vom Stein schneiden, Kräuter waschen, trockenschütteln, Blättchen abzupfen und hacken. Hackbällchen aus der Brühe nehmen und warm stellen. Frischkäse und Sahne in der Brühe aufkochen, mit Saucenbinder binden. Mit Zucker, Salz und Pfeffer abschmecken. Kräuter, Oliven und Hackbällchen in der Sauce servieren. Dazu passen Salzkartoffeln und Apfelsaftschorle.

gut vorzubereiten Spitzkohlbeutelchen

250 g Magerquark
1,2 kg Spitzkohl (2 Stück)
2 Zwiebeln
1 Knoblauchzehe
500 g gemischtes Hackfleisch
3 EL Semmelbrösel
2 Eier
2 TL Kräuter der Provence
3 EL Öl
150 ml Apfelsaft
1 Bund glatte Petersilie
Salz – Pfeffer
Küchengarn

Zubereitung: 45 Min. (+ 30 Min. Schmorzeit)
Für 4 Personen / Pro Portion: ca. 625 kcal

1 Quark abtropfen lassen. Kohl putzen, 12 äußere Blätter ablösen, in kochendem Salzwasser 3 Min. blanchieren, kalt abschrecken und abtropfen lassen. Dicke Blattrippen flachschneiden. Zwiebeln und Knoblauch schälen, Zwiebeln fein würfeln, Hälfte beiseite stellen, die andere Hälfte mit Hack, Quark, Bröseln, Eiern, Kräutern, durchgepresstem Knoblauch, Salz und Pfeffer verkneten. Je eine Portion Teig auf ein Kohlblatt geben, zusammenfassen und mit Küchengarn zu einem Beutelchen binden, beiseite stellen.
2 Restlichen Spitzkohl vierteln, ohne Strunk quer in fingerdicke Streifen schneiden. Öl in einem weiten Topf erhitzen, Kohl und restliche Zwiebelwürfel darin 3 Min. unter Rühren dünsten, salzen und pfeffern. Apfelsaft zugeben, Beutelchen auf den Kohl setzen und zugedeckt bei schwacher Hitze ca. 30 Min. schmoren. Petersilie waschen, trockenschütteln, hacken und unter den Kohl heben. Dazu passen Salz- oder Blechkartoffeln und Pils.

macht was her Wirsing-Lamm-Auflauf

1 Wirsingkohl (ca. 1 kg)
5 EL Zitronensaft
1/4 l Brühe
2 Scheiben Vollkorntoastbrot
2 rote Zwiebeln
1 EL Butterschmalz
1 TL getrocknete Kräuter der Provence
150 g Frühstücksspeck in Scheiben
400 g Lammhack
1 Ei
200 g Sahne
150 g saure Sahne
Salz – Pfeffer
Auflaufform mit Deckel (ca. 24 cm Ø)

Zubereitung: 40 Min. (+ 1 Std. 20 Min. Garzeit)
Für 4 Personen / Pro Portion: ca. 695 kcal

1 Wirsing putzen, 8 äußere Blätter, in kochendem Salzwasser 3 Min. blanchieren, abschrecken und abtropfen lassen. Dicke Blattrippen flach schneiden. Restlichen Kohl vierteln, ohne Strunk quer in fingerdicke Streifen schneiden. Zitronensaft und Brühe mischen. Toast in kaltem Wasser einweichen.

2 Zwiebeln schälen, fein würfeln, im heißen Butterschmalz anbraten. Wirsingstreifen zugeben, 3 Min. mitbraten. 100 ml Brühe und Kräuter zugeben, zugedeckt bei schwacher Hitze 5 Min. dünsten. Kräftig würzen, offen abkühlen lassen.

3 Auflaufform mit Speck und Wirsingblättern auslegen, so dass sie über den Rand stehen. Toastbrot ausdrücken. Mit Hack und Ei, dann mit Wirsingstreifen verkneten. In die Form geben, Blätter über die Füllung klappen, gut andrücken und mit restlicher Zitronenbrühe begießen.

4 Zugedeckt in den kalten Ofen stellen, bei 200° (unten, Umluft nicht empfehlenswert) 50 Min. backen. Sahne und saure Sahne mischen, über den Auflauf gießen, offen weitere 30 Min. backen. Dazu passen Kartoffelbrei und Cidre.

mediterran Hackbraten mit Tomatenfüllung

125 g Magerquark
1 Brötchen (vom Vortag)
150 g getrocknete, in Öl eingelegte Tomaten
1 EL Semmelbrösel
400 g Rinderhackfleisch
1 TL getrockneter Oregano
1 Ei
1 EL Tomatenmark
Salz – Pfeffer
Kastenform (Länge 22 cm)

Zubereitung: 15 Min. (+ 45 Min. Garzeit)
Für 4 Personen / Pro Portion: ca. 380 kcal

1 Quark in einem Sieb abtropfen lassen. Brötchen in kaltem Wasser einweichen. Tomaten abgießen, dabei Öl auffangen. Die Form mit 1 EL Tomatenöl fetten und mit Semmelbröseln ausstreuen. Tomaten würfeln. Backofen auf 200° vorheizen.

2 Brötchen ausdrücken und zerpflücken. Mit Hack, Oregano, Ei, Quark und Tomatenmark in eine Schüssel geben, salzen und pfeffern und zu einem Teig verkneten. In zwei Portionen teilen.

3 Eine Hälfte in die Kastenform geben und glatt streichen. Mit einem feuchten Esslöffel längs mittig eine Vertiefung drücken. Tomaten hineingeben und restlichen Hackteig darüber glatt streichen.

4 Im Ofen (unten, Umluft 180°) ca. 45 Min. backen. Hackbraten 10 Min. ruhen lassen, stürzen und am besten mit einem Elektromesser in Scheiben schneiden. Dazu passen Kartoffeln, Tomatensugo (Seite 120) und ein leichter Rotwein, z. B. ein Sangiovese aus der Toskana.

fettarm Sesam-Hähnchen mit Frühlingsgemüse

300 g Hähnchenbrustfilet
300 g junge Möhren
1 Kohlrabi (ca. 250 g)
3 Frühlingszwiebeln
150 g Zuckerschoten
150 g junger Blattspinat
1 Stück frischer Ingwer (ca. 2 cm)
1 Knoblauchzehe
1/8 l Hühnerbrühe
2 EL Sojasauce
2 TL Sesam-Würzöl
1 TL Speisestärke
4 EL Erdnussöl
2 EL Sesamsamen
Salz – Pfeffer

Zubereitung: 30 Min.
Für 4 Personen / Pro Portion: ca. 415 kcal

1 Fleisch waschen, trockentupfen und in feine Scheiben schneiden, salzen und pfeffern. Gemüse waschen und putzen oder schälen. Möhren und geviertelten Kohlrabi in dünne Scheiben, Frühlingszwiebeln in ca. 4 cm lange Stücke schneiden. Zuckerschoten und Spinat ganz lassen. Ingwer und Knoblauch schälen, fein würfeln. Brühe, Sojasauce, Sesamöl und Stärke in einem Schälchen verquirlen.

2 Im Wok 2 EL Öl erhitzen. Sesamsamen darin goldbraun rösten, in Sieb abgießen, Öl auffangen und wieder im Wok erhitzen. Fleisch darin ca. 3 Min. pfannenrühren, herausnehmen. Übriges Öl erhitzen, Ingwer, Knoblauch, Möhren, Zuckerschoten und Kohlrabi darin ca. 3 Min. braten. Zwiebeln und Spinat ca. 1 Min. mitbraten.

3 Würzsauce angießen, aufkochen lassen. Fleisch dazugeben und alles noch ca. 1 Min. rühren. Mit Sesamsamen bestreuen. Dazu passen weißer Patna-Reis und Holunderblütenlimonade.

fruchtig Süß-saure Entenbrust

2 Entenbrustfilets (à ca. 300 g)
je 1 rote und grüne Paprikaschote
1/2 Ananas (ca. 600 g)
200 g Mungbohnensprossen
1 große Zwiebel
2 Knoblauchzehen
1 Stück frischer Ingwer (ca. 2 cm)
150 ml Geflügelfond (aus dem Glas)
3 EL Ketchup
2 EL trockener Sherry (ersatzweise Fond)
3 EL Weißweinessig
3 EL Sojasauce
2 EL brauner Zucker
1 TL Speisestärke
Salz – Pfeffer

Zubereitung: 45 Min.
Für 4 Personen / Pro Portion: ca. 560 kcal

1 Filets häuten und in feine Streifen schneiden, 50 g Haut fein würfeln. Paprikaschoten waschen und putzen, Ananas schälen und beides in ca. 2 cm große Stücke schneiden. Sprossen waschen und abtropfen lassen. Zwiebel schälen, halbieren und in dünne Scheiben schneiden. Knoblauch und Ingwer schälen und fein würfeln. Fond, Ketchup, Sherry, Essig, Sojasauce, Zucker und Stärke verquirlen.

2 Wok stark erhitzen. Gewürfelte Haut darin ausbraten. Fleisch im heißen Fett portionsweise in 2–3 Min. braun anbraten. Herausnehmen, salzen und pfeffern.

3 Ingwer und Knoblauch kurz anrösten. Zwiebel und Paprika zufügen und ca. 3 Min. pfannenrühren. Würzsauce angießen, aufkochen lassen. Ananas, Sprossen und Fleisch dazugeben und ca. weitere 2 Min. rühren. Dazu passen Reis und Jasmintee oder Pflaumenwein.

asiatisch Rindfleisch mit Bohnen

400 g Rinderfilet oder Rumpsteak
2 TL Speisestärke
500 g zarte grüne Bohnen
200 g Shiitake-Pilze
1 Zwiebel
1 Knoblauchzehe
1 Stück frischer Ingwer (ca. 2 cm)
200 ml Rinderfond (aus dem Glas)
2 EL Austernsauce
2 EL trockener Sherry
2 TL Zucker
4 EL Erdnussöl
Salz – Pfeffer

Zubereitung: 40 Min.
Für 4 Personen / Pro Portion: ca. 445 kcal

1 Fleisch in feine Streifen schneiden. Mit Salz, Pfeffer und 1 TL Stärke vermengen.
2 Bohnen putzen, in ca. 5 cm lange Stücke schneiden und in kochendem Salzwasser ca. 5 Min. garen, abschrecken und abtropfen lassen.
3 Pilze putzen, ohne Stiele in Scheibchen schneiden. Zwiebel, Knoblauch und Ingwer schälen, würfeln. Fond, Austernsauce, Sherry, übrige Stärke, Zucker, Salz und Pfeffer verquirlen.
4 Im Wok 2 EL Öl stark erhitzen. Fleisch darin 2–3 Min. pfannenrühren, herausheben. Zwiebel, Knoblauch und Ingwer im übrigen heißen Öl anrösten. Bohnen und Pilze dazugeben und ca. 3 Min. unter Rühren braten. Würzsauce angießen, aufkochen, Fleisch dazugeben. Alles noch ca. 1 Min. weiterrühren. Dazu passen Reis oder gebratene Mie-Nudeln und trockener Rotwein, z. B. ein Nemea aus Griechenland.

preiswert Schweinefleisch mit Sauerkraut

400 g Schweinelende
1 Knoblauchzehe
1 TL Paprikapulver
2 säuerliche Äpfel (z. B. Boskop)
1 Zwiebel
3 EL Öl
500 g frisches Sauerkraut
2 TL Butter
100 g Schmand
Salz – Pfeffer

Zubereitung: 35 Min.
Für 4 Personen / Pro Portion: ca. 315 kcal

1 Fleisch waschen, trockentupfen und in kleine Würfel schneiden. Knoblauch schälen und durchpressen. Fleisch mit Paprika, Pfeffer und Knoblauch würzen. Äpfel vierteln, schälen, entkernen und quer in dünne Scheiben schneiden. Zwiebel schälen und fein würfeln.
2 Im Wok 2 EL Öl stark erhitzen. Fleisch darin unter Rühren ca. 5 Min. anbraten, herausnehmen, salzen und pfeffern. Zwiebel mit übrigem Öl im Wok glasig dünsten. Sauerkraut dazugeben und unter Wenden ca. 5 Min. kräftig anbraten. Butter im Wok schmelzen lassen, Apfelstücke und Fleisch unter das Kraut mischen und ca. 3 Min. mitgaren. Mit Salz und Pfeffer kräftig abschmecken. Kraut anrichten, jeweils einen Klecks Schmand darauf verteilen. Dazu passen kräftiges Bauernbrot oder Salzkartoffeln und ein trockener Riesling Kabinett von der Mosel.

Varianten:
Zusätzlich: 2 TL fein gewürfelten Ingwer mit Zwiebeln dünsten
Zusätzlich: 50 g gehackte Walnüsse und 1/2 Bund fein gehackte Petersilie vor dem Servieren darüber streuen

1

2

3

4

Klassiker Rinderrouladen

3 große Zwiebeln
150 g Räucherspeck
4 Gewürzgurken (mit Sud, ca. 100 ml)
4 dünne Rindsrouladen (à ca. 150 g)
4 EL scharfer Senf
2 EL Butterschmalz
1 EL Mehl
Rouladennadeln oder Küchengarn

Zubereitung: 30 Min. (+ 1 Std. 30 Min. Schmorzeit)
Für 4 Personen / Pro Portion: ca. 465 kcal

1 Zwiebeln schälen und in Spalten, Speck und Gurken in schmale Streifen schneiden.
2 Rouladen auf beiden Seiten salzen und pfeffern. Ausbreiten, mit 2 EL Senf bestreichen und mit gut zwei Drittel der Zwiebel-, Speck- und Gurkenstreifen belegen. Rouladen fest aufrollen und feststecken oder binden.
3 Butterschmalz erhitzen und die Rouladen rundum kräftig anbraten. Restliche Zwiebeln, Gurken und Speck kurz mitbraten. Mit so viel heißem Wasser ablöschen, dass die Rouladen halb bedeckt sind. Restlichen Senf und Gurkensud einrühren. Zugedeckt 1 1/2 Std. köcheln lassen.
4 Rouladen herausheben, Nadeln oder Garn entfernen, warm stellen. Mehl in 3 EL Wasser anrühren und die Sauce damit binden. Dazu passen Salzkartoffeln und Rotkohl und ein Spätburgunder.

Varianten:
1 **Deftig:** gefüllt mit 100 g Sauerkraut und 10 zerdrückten Wacholderbeeren
2 **Asiatisch:** gefüllt mit 100 g Mango-Chutney und 50 g Mungbohnensprossen
3 **Mediterran:** gefüllt mit 100 g Möhrenscheiben (längs geschnitten) und 1/2 Bund gehacktem Koriander
4 **Würzig:** gefüllt mit 4 Scheiben Raclette-Käse und 50 g gewürfelten Senffrüchten

Tipps
Bei den angegebenen Varianten Gurken, Speck und Gurkensud beim Anbraten einfach weglassen bzw. Sud je nach Geschmack durch Brühe oder Wein ersetzen.
Bei der asiatischen Variante den Senf ebenfalls weglassen und dafür Chutney in die Sauce rühren.

mediterran Involtini

12 kleine Kalbsschnitzel (à ca. 60 g)
50 g Blattspinat
24 Salbeiblätter
100 g Ricotta
12 Scheiben Parmaschinken (ca. 150 g)
1 Zwiebel
3 EL Olivenöl
4 EL Marsala (ersatzweise roter Traubensaft)
2 EL Aceto balsamico
Salz – Pfeffer
Holzspießchen

Zubereitung: 45 Min.
Für 4 Personen / Pro Portion: ca. 405 kcal

1 Schnitzel flach klopfen. Spinat verlesen, waschen und abtropfen lassen. Salbeiblätter abzupfen, waschen und trocknen.
2 Schnitzel mit Salz und Pfeffer würzen, mit Ricotta bestreichen. Mit je 1 Schinkenscheibe, einigen Spinatblättern und 2 Salbeiblättern belegen, aufrollen und feststecken. Zwiebel schälen und fein würfeln.
3 Röllchen im Öl rundherum ca. 10 Min. braten. Herausnehmen und warm stellen.
4 Zwiebelwürfel im Bratöl glasig dünsten. Mit Marsala und Essig ablöschen. Bratensatz unter Rühren lösen. Mit Salz und Pfeffer würzen und mit den Röllchen anrichten. Dazu passen Bandnudeln und Spinat und ein leichter Rotwein, z. B. Chianti.

Varianten:
Statt Kalbfleisch: Schweineschnitzel verwenden
Statt Salbei: Basilikum verwenden
Statt Parmaschinken: Frühstücksspeck verwenden
Statt Marsala: Portwein verwenden
Zusätzlich: Sauce mit Sahne verfeinern

Tipps
Lassen Sie sich beim Metzger die Schnitzel mit der Aufschnittmaschine schneiden. Zwischen Frischhaltefolie lassen sich die Schnitzel leicht flacher klopfen.

Klassiker Gulasch

750 g Zwiebeln
750 g Rindergulasch
4 EL Öl
2 EL Tomatenmark
1 EL Paprikapulver, edelsüß
1 TL Paprikapulver, rosenscharf
1/2 TL Kümmel (nach Belieben)
1/2 l Fleischbrühe
Salz

Zubereitung: 30 Min. (+ 1 Std. 30 Min. Schmorzeit)
Für 4 Personen / Pro Portion: ca. 425 kcal

1 Zwiebeln schälen und in Ringe schneiden.
2 Gulasch trockentupfen und evtl. kleiner schneiden.
3 Öl in einem Schmortopf erhitzen. Fleischwürfel darin portionsweise anbraten und herausnehmen.
4 Zwiebeln im Bratöl andünsten. Tomatenmark unterrühren. Mit Paprikapulver bestäuben und kurz anschwitzen. Nach Belieben mit Kümmel würzen. Fleisch wieder zugeben und alles mit der Brühe ablöschen. Salzen.
5 Das Gulasch zugedeckt ca. 1 1/2 Std. schmoren. Mit Salz abschmecken. Dazu passen Kartoffelbrei oder Bandnudeln und grüner Salat sowie ein fruchtiger Rotwein aus Ungarn, z. B. ein Balaton.

Varianten:
Zusätzlich: 1 Dose abgetropften Mais (185 g Abtropfgewicht) und 100 g klein gewürfelte, in Öl eingelegte Tomaten kurz vor Garzeitende zugeben
Zusätzlich: 400 g Kartoffelwürfel ca. 25–30 Min. mitschmoren lassen
Zusätzlich: je 250 g geviertelte Champignons und Lauchringe ca. 20 Min. mitschmoren
Zusätzlich: 300 g rote Paprikaschotenstreifen ca. 10–20 Min. mitschmoren lassen

Tipp
Wer die Sauce etwas dicker möchte, bindet sie zusätzlich mit einer geriebenen gekochten Kartoffel.

asiatisch Asia-Gulasch

15 g getrocknete Mu-Err-Pilze
2 Zwiebeln
2 Knoblauchzehen
600 g Schweinegulasch
3 EL Sojaöl
1 EL Speisestärke
3/8 l Fleischbrühe
3 EL Sojasauce
1 große Mango
150 g Erbsen (TK)
150 g Mungbohnensprossen
4 EL Reiswein (Sake, ersatzweise Sherry; nach Belieben)
Salz – Pfeffer

Zubereitung: 1 Std. 15 Min.
Für 4 Personen / Pro Portion: ca. 390 kcal

1. Pilze mit kochendem Wasser überbrühen und ca. 30 Min. ziehen lassen.
2. Zwiebeln schälen und in Spalten schneiden. Knoblauch schälen und hacken.
3. Fleisch trockentupfen, evtl. kleiner schneiden. Fleisch im Öl rundherum anbraten und herausnehmen. Zwiebeln und Knoblauch im Bratöl andünsten. Fleisch wieder zugeben. Mit Stärke bestäuben und mit Brühe ablöschen. Mit 2 EL Sojasauce und Pfeffer würzen. Zugedeckt ca. 30 Min. schmoren lassen.
4. Pilze abgießen, in Streifen schneiden, zum Gulasch geben und weitere 15 Min. schmoren lassen.
5. Mango schälen, Fruchtfleisch vom Kern schneiden und würfeln. Mango zugeben, nach weiteren 10 Min. Garzeit Erbsen und Sprossen zugeben und 5 Min. mitgaren.
6. Gulasch mit übriger Sojasauce, wenig Salz, Pfeffer und Reiswein abschmecken. Dazu passen Reis und Sake.

Variante:
Statt Schweinegulasch: Hähnchenbrustfilet verwenden, dann aber nur ca. 30 Min. schmoren lassen

würzig Gulasch mit Backpflaumen

300 g Trockenpflaumen (ohne Stein)
6 EL Armagnac (ersatzweise Pflaumensaft)
350 g Schalotten
750 g gemischtes Gulasch
4 EL Butterschmalz
6 grüne Kardamomkapseln
2 Lorbeerblätter
4 Gewürznelken
20 g Mehl
3/8 l Fleischbrühe
3/8 l Rotwein (ersatzweise Brühe)
Salz – Pfeffer

Zubereitung: 30 Min. (+ 1 Std. 30 Min. Schmorzeit)
Für 4 Personen / Pro Portion: ca. 745 kcal

1. Pflaumen halbieren und mit 4 EL Armagnac beträufeln.
2. Schalotten schälen und in Viertel schneiden.
3. Fleisch trockentupfen und evtl. kleiner schneiden. Butterschmalz in einem Schmortopf erhitzen. Fleisch darin portionsweise anbraten und herausnehmen. Schalotten im Bratfett andünsten. Fleisch, angeritzte Kardamomkapseln, Lorbeer und Nelken zugeben. Mit Mehl bestäuben und anschwitzen. Mit Brühe und Rotwein ablöschen. Mit Salz und Pfeffer würzen. Zugedeckt ca. 1 Std. schmoren lassen.
4. Pflaumen zugeben und weitere 30 Min. garen. Gulasch mit restlichem Armagnac, Salz und Pfeffer abschmecken. Dazu passen Kartoffelbrei und Kopfsalat sowie ein mittelkräftiger Rotwein, z. B. ein griechischer Naoussa.

Varianten:
Statt Kardamom: 1 Zimtstange mitgaren
Zusätzlich: zum Schluss 1 Bund gehackte Petersilie in das Gulasch rühren

Klassiker Szegediner Gulasch

2 Zwiebeln
1 Knoblauchzehe
600 g Schweinegulasch
3 EL Schweineschmalz (ersatzweise Butterschmalz)
3 EL Tomatenmark
2 EL Paprikapulver, edelsüß
1/2 TL Kümmel
1 Dose Sauerkraut (520 g Abtropfgewicht)
3/8 l Fleischbrühe
1 EL Mehl
200 g saure Sahne
Salz – Pfeffer

Zubereitung: 30 Min. (+ 1 Std. 30 Min. Schmorzeit)
Für 4 Personen / Pro Portion: ca. 580 kcal

1 Zwiebeln und Knoblauch schälen und fein würfeln.
2 Fleisch trockentupfen und evtl. kleiner schneiden. Schmalz in einem Schmortopf erhitzen. Fleisch darin portionsweise anbraten und herausnehmen. Zwiebeln und Knoblauch im Bratfett dünsten. Tomatenmark einrühren. Paprika und Kümmel kurz mitdünsten. Fleisch und Sauerkraut zugeben. Mit Brühe ablöschen. Mit Salz und Pfeffer würzen. Zugedeckt ca. 50 Min. schmoren lassen.
3 Mehl und saure Sahne verrühren, in das Gulasch rühren und weitere 10 Min. zu Ende schmoren lassen. Mit Salz und Pfeffer abschmecken. Dazu passen Salzkartoffeln und saure Sahne und Bier.

Varianten:
Zusätzlich: 2 rote Paprikaschoten in Streifen nach 45 Minuten mitgaren
Statt Kümmel: Fenchelsamen verwenden

deftig Rinderragout in Burgundersauce

1 kg Rindfleisch (aus der Keule)
1 Zwiebel
1 Bund Suppengemüse
1 Lorbeerblatt
1/2 Bund Thymian
1 Zweig Rosmarin
3/4 l Rotwein (Burgunder)
150 g Räucherspeck
400 g Möhren
4 Knoblauchzehen
3 EL Olivenöl
200 g Perlzwiebeln
300 g Champignons
Salz – Pfeffer
Mehl zum Wenden

Zubereitung: 35 Min. (+ 12 Std. Marinierzeit + 2 Std. 30 Min. Schmorzeit) / Für 4 Personen / Pro Portion: 815 kcal

1 Rindfleisch in ca. 4 cm große Würfel schneiden. Zwiebel schälen, in Ringe schneiden. Suppengemüse putzen, fein würfeln. Alles mit Kräutern und Rotwein in eine Schüssel geben, abgedeckt über Nacht im Kühlschrank ziehen lassen.
2 Speck klein würfeln, Möhren putzen, schälen und in dicke Scheiben schneiden. Knoblauch schälen und hacken. Fleisch abgießen, dabei Marinade auffangen. Fleisch, Kräuter und Gemüse trennen, trockentupfen.
3 Fleisch in Mehl wenden. Öl in einem großen Topf erhitzen, Fleisch portionsweise in 3–4 Min. anbraten, zuletzt Speck, Marinadengemüse und Knoblauch zugeben, kurz andünsten, dann Marinade mit Kräutern zugießen. Möhren zugeben, salzen, pfeffern und ca. 2 1/2 Std. bei schwacher Hitze schmoren.
4 Inzwischen Perlzwiebeln schälen, Champignons abreiben und putzen. Beides ca. 30 Min. vor Garzeitende zugeben. Dazu passen frisches Baguette und ein Glas Burgunder.

würzig Lammcurry mit Kichererbsen

400 g Zwiebeln
3 Knoblauchzehen
1 grüne Chilischote
600 g Lammfleisch (aus der Keule oder Schulter)
1 Dose Kichererbsen (265 g Abtropfgewicht)
3 EL Butterschmalz
2 EL mildes Currypulver
1 TL Zimtpulver
1 EL Mehl
400 ml Lammfond (aus dem Glas)
1 Bund Koriandergrün
1 TL Sesam-Würzöl
Salz – Pfeffer

Zubereitung: 30 Min. (+ 45 Min. Schmorzeit)
Für 4 Personen / Pro Portion: ca. 625 kcal

1 Zwiebeln schälen und in Streifen schneiden. Knoblauch schälen und hacken. Chilischote entkernen, waschen und hacken. Fleisch in ca. 3 cm große Würfel schneiden. Kichererbsen in ein Sieb geben, abbrausen und abtropfen lassen.

2 Butterschmalz in einem Schmortopf erhitzen. Fleisch darin portionsweise anbraten und herausnehmen. Zwiebeln und Knoblauch im Bratfett andünsten. Curry, Zimt und Chili kurz mitdünsten. Kichererbsen und Fleisch zugeben. Mit Mehl bestäuben. Mit Fond ablöschen. Mit Salz und Pfeffer würzen. Zugedeckt ca. 45 Min. schmoren lassen.

3 Koriander waschen, trockenschütteln und Blättchen hacken. Lammcurry mit Sesamöl, Salz und Pfeffer abschmecken. Mit Koriander bestreuen. Dazu passen Joghurt mit geraspelten Gurken oder Tomatenwürfelchen und ein voller Rotwein, z. B. ein Umbria Rosso aus Italien.

exotisch Karibischer Fleischtopf

1 Gemüsezwiebel
3 Knoblauchzehen
300 g Möhren
500 g Süßkartoffeln
600 g Schweinegulasch
4 EL Öl
1 TL Kurkumapulver
1/2 TL gemahlener Piment
400 ml ungesüßte Kokosmilch (aus der Dose)
1/2 Ananas (ca. 600 g)
Salz – Pfeffer

Zubereitung: 30 Min. (+ 1 Std. Schmorzeit)
Für 4 Personen / Pro Portion: ca. 510 kcal

1 Zwiebel und Knoblauch schälen und fein würfeln. Möhren und Süßkartoffeln schälen, waschen und in ca. 1 cm große Würfel schneiden.

2 Fleisch trockentupfen und evtl. kleiner schneiden. Im heißen Öl portionsweise anbraten und herausnehmen. Zwiebel und Knoblauch im Bratfett dünsten. Möhren und Kartoffeln zugeben und kurz anbraten. Kurkuma und Piment kurz mitdünsten. Fleisch wieder zugeben. Mit Kokosmilch ablöschen. Mit Salz und Pfeffer würzen. Zugedeckt ca. 50 Min. schmoren lassen.

3 Inzwischen Ananas schälen, Strunk entfernen und Fruchtfleisch würfeln. In das Gulasch rühren und weitere 10 Min. zu Ende schmoren lassen. Mit Salz und Pfeffer abschmecken. Dazu passen Reis und ein Planter's Punch (Cocktail aus Orangen-, Ananas-, Limettensaft und Rum).

Varianten:
Statt Kurkuma: scharfes Currypulver verwenden
Statt Süßkartoffeln: fest kochende Kartoffeln verwenden

leicht Kaninchen in Weißwein-Sauce

300 g kleine Schalotten
3 Knoblauchzehen
50 g Räucherspeck
1 küchenfertiges Kaninchen (ca. 1,5 kg; in 8 Stücke zerteilt)
1 EL Mehl
3/8 l Fleischbrühe
3/8 l Weißwein
1 Lorbeerblatt
10 schwarze Pfefferkörner
1 Bund Estragon
200 g Sahne
Salz – Pfeffer

Zubereitung: 40 Min. (+ 35 Min. Schmorzeit)
Für 4 Personen / Pro Portion: ca. 750 kcal

1 Schalotten mit kochendem Wasser überbrühen und ca. 5 Min. ziehen lassen. Knoblauch schälen und in Scheiben schneiden. Speck in Streifen schneiden.
2 Schalotten abgießen und schälen. Kaninchenteile waschen und trockentupfen. Speck in einem Schmortopf auslassen. Fleisch darin rundherum anbraten und herausnehmen. Knoblauch und Schalotten im Speckfett ca. 5 Min. anbraten. Kaninchenteile wieder hinzufügen, mit Mehl bestäuben und anschwitzen. Mit Brühe und Weißwein ablöschen und aufkochen lassen. Mit Lorbeer, Pfefferkörnern und Salz würzen. Zugedeckt ca. 35 Min. schmoren lassen.
3 Estragon waschen, trockenschütteln und die Blättchen fein schneiden. Sahne in den Schmorfond gießen und aufkochen lassen. Estragon unterrühren. Sauce mit Salz und Pfeffer abschmecken. Dazu passen Spätzle oder Gnocchi und ein kräftig-aromatischer Weißwein, z. B. ein Pouilly-Fuissé aus Burgund.

mediterran Hähnchenkeulen mit Tomaten

3 Knollen junger Knoblauch
200 g Räucherspeck
2 Zweige Rosmarin
4 Hähnchenkeulen (à ca. 250 g)
3 EL Olivenöl
2 Lorbeerblätter
150 g grüne Oliven
1/8 l Weißwein (ersatzweise Hühnerbrühe + 1 EL Zitronensaft)
1/2 Döschen Safran (1 g)
1,5 kg Tomaten
Salz – Pfeffer

Zubereitung: 20 Min. (+ 1 Std. Schmorzeit)
Für 4 Personen / Pro Portion: ca. 855 kcal

1 Knoblauchknollen putzen und vierteln. Den Speck in Streifen schneiden. Rosmarin waschen.
2 Keulen salzen und pfeffern, im heißen Öl ca. 10 Min. rundherum anbraten und herausnehmen. Speck und Knoblauch im Bratöl anbraten. Keulen, Rosmarin, Lorbeer und Oliven zugeben. 50 ml Weißwein und Safran verrühren. Keulen damit ablöschen. Offen ca. 30 Min. schmoren lassen, dabei restlichen Wein nach und nach angießen.
3 Inzwischen Tomaten überbrühen, häuten, vierteln und entkernen. Tomaten zum Fleisch geben und weitere 30 Min. schmoren. Mit Salz und Pfeffer abschmecken. Dazu passen Backkartoffeln vom Blech (Seite 119) oder Ciabatta-Brot und ein frischfruchtiger Weißwein, z. B. ein Gavi aus Italien.

Variante:
Statt Weißwein: Rotwein verwenden

orientalisch Lammhaxen-Tajine

4 Lammhaxen (à ca. 350 g)
3 Zwiebeln
3 Knoblauchzehen
1 Bund glatte Petersilie
1/2 Döschen Safran (1 g)
1 TL Kreuzkümmel
8 EL Olivenöl
400 ml Lammfond (aus dem Glas)
1 kleine Dose stückige Tomaten (400 g Füllgewicht)
Schale von 1/4 unbehandelten Zitrone
4 Msp. gemahlener Piment
1 TL Zimtpulver
1 EL Butterschmalz
100 g gehäutete Mandeln
20 Trockenpflaumen
Salz – Pfeffer

Zubereitung: 25 Min. (+ 12 Std. Marinierzeit + 1 Std. 30 Min. Schmorzeit) / Für 4 Personen / Pro Portion: 1080 kcal

1 Haxen waschen und trockentupfen. Zwiebeln und Knoblauch schälen, fein hacken. Petersilie waschen, trockenschütteln und hacken. Safran mit 3 EL heißem Wasser übergießen. Nach 10 Min. mit Zwiebeln, Knoblauch, Petersilie, Kreuzkümmel und 5 EL Öl in einer großen Schüssel mischen, Haxen hineinlegen und damit einreiben. Zugedeckt über Nacht marinieren lassen.

2 Haxen aus Marinade nehmen, diese zurückbehalten. Restliches Öl in einem großen Topf erhitzen, Haxen rundum anbraten, salzen, pfeffern, mit Fond ablöschen. Marinade, Tomaten und Zitronenschale zugeben, mit Piment und 2 Msp. Zimt würzen. Ca. 1 1/2 Stunden bei schwacher Hitze schmoren.

3 Inzwischen Butterschmalz erhitzen, Mandeln darin unter Rühren goldgelb rösten. Backpflaumen und 1/4 TL Salz mit kochendem Wasser übergießen, 10 Min. ziehen lassen.

4 Zitronenschale aus Sauce entfernen. Pflaumen abgießen, mit restlichem Zimt überstäuben und mit Mandeln auf Fleisch verteilen. Dazu passen Couscous und Minztee.

Klassiker Hasenpfeffer

2 Zwiebeln
250 g Möhren
250 g Staudensellerie
1 küchenfertiger Hase (ca. 1 kg; in 8 Stücke zerteilt)
1/2 TL schwarze Pfefferkörner
2 Lorbeerblätter
6 Wacholderbeeren
5 EL Rotweinessig
3/8 l Rotwein
150 g Tiroler Speck
4 EL Butterschmalz
1 EL Mehl
1 Bund glatte Petersilie
100 g schwarzes Johannisbeergelee
Salz – Pfeffer

Zubereitung: 25 Min. (+ 12 Std. Marinierzeit + 1 Std. Schmorzeit) Für 4 Personen / Pro Portion: ca. 730 kcal

1 Zwiebeln schälen und vierteln. Möhren und Sellerie waschen, schälen bzw. putzen und in Stücke schneiden. Alles gut mit Fleisch, Gewürzen, Essig und Wein mischen und zugedeckt 12 Std. kühl stellen.

2 Speck in Stifte schneiden. Fleisch abgießen, Sud auffangen. Fleisch im Butterschmalz anbraten und herausnehmen. Speck im Bratfett anbraten. Gemüse und Zwiebeln mit Gewürzen zugeben und ebenfalls anbraten. Mit Mehl bestäuben. Mit dem Sud ablöschen. Fleischstücke zugeben, mit Salz und Pfeffer würzen und ca. 1 Std. schmoren lassen, evtl. etwas Wein oder Wasser nachgießen.

3 Petersilie waschen, trocknen und hacken. Gelee in den Schmorfond rühren und abschmecken. Mit Petersilie bestreuen. Dazu passen Klöße oder Spätzle und grüner Salat sowie ein kräftiger Rotwein, z. B. ein Cahors aus Frankreich.

Variante:
Zusätzlich: 300 g kleine Champignons mitschmoren lassen

1

2

gelingt leicht Scharfe Hähnchen

2 kleine Brathähnchen (à ca. 800 g)
4 Knoblauchzehen
80 g Butter
4 EL Olivenöl
1 TL zerbröselte getrocknete Chilischoten
1/2 Bund glatte Petersilie
Salz – Pfeffer
Fett für die Form

Zubereitung: 1 Std.
Für 4 Personen / Pro Portion: ca. 1020 kcal

1 Backofen auf 220° (Umluft 200°) vorheizen. Hähnchen mit einer Geflügelschere am Rücken entlang aufschneiden, waschen und trockentupfen. Aufgeklappte Hähnchen flach drücken, rundherum salzen und pfeffern. Mit der Brustseite nach oben auf die gefettete Saftpfanne des Backofens legen, mit einem schweren Topfdeckel beschweren. Im heißen Ofen (unten) 15 Min. braten.
2 Inzwischen Knoblauch schälen. Butter und Öl zerlassen. Knoblauch dazupressen, Chili unterrühren. Deckel entfernen, Hähnchen mit der Buttermischung bestreichen. Weitere 40–50 Min. braten (Umluft 25–30 Min.), dabei alle 10 Min. mit der Buttermischung bestreichen. Petersilie waschen, trockenschütteln, Blättchen abzupfen und grob hacken.
3 Backofengrill vorheizen. Hähnchen unter dem heißen Grill 2–4 Min. bräunen. Mit Petersilie bestreut servieren. Dazu passen Baguette, grüner Salat mit frischer Ananas und Bier.

Varianten:
Asiatisch: Olivenöl durch Sesam-Würzöl ersetzen, Butter mit 1/2 TL 5-Gewürze-Pulver oder fein gemörsertem Szechuan-Pfeffer aromatisieren. Gegrilltes Huhn mit gehacktem Koriandergrün bestreuen
Mediterran: Butter mit 1 TL gemörsertem Fenchelsamen würzen, Huhn mit je 1/2 Bund gehacktem Estragon und Schnittlauchröllchen bestreuen

Tipp
Bei dem in der Variante angegebenen Szechuan-Pfeffer (auch: Sichuan-Pfeffer) handelt es sich um die getrockneten Beerenfrüchte des Pfeffer-Gelbholzbaumes. Er ist im Asienladen erhältlich und sollte vor der Verwendung ohne Fett geröstet werden. So entfaltet er sein ganzes Aroma.

macht was her Huhn mit Polentafüllung

10 g getrocknete Steinpilze
1 Hähnchen (ca. 1,2 kg)
3 Knoblauchzehen
2 Zweige Rosmarin
6 EL Olivenöl
1 TL Wacholderbeeren
1/2 l Milch
250 g Polenta (Maisgrieß)
150 ml Weißwein (ersatzweise Hühnerbrühe)
250 g Sahne
Salz – Pfeffer
Holzspießchen
Küchengarn

Zubereitung: 45 Min. (+ 1 Std. Bratzeit)
Für 4 Personen / Pro Portion: ca. 780 kcal

1 Pilze in 800 ml warmem Wasser einweichen. Huhn innen und außen waschen, trockentupfen. Knoblauch schälen und in dünne Scheiben schneiden. Rosmarinnadeln abzupfen und hacken. Pilze abgießen, Sud auffangen, Pilze hacken.
2 In einem Topf 3 EL Öl erhitzen, Rosmarin und Knoblauch darin 1 Min. braten, Pilze, Wacholder, 1/2 l Pilzsud und Milch zugeben, aufkochen. Polenta einrieseln lassen, salzen. Dabei ständig rühren, damit sich keine Klümpchen bilden. Bei schwacher Hitze unter gelegentlichem Rühren 5 Min. kochen lassen. Vom Herd nehmen.
3 Backofen auf 180° vorheizen (Umluft nicht empfehlenswert). Huhn rundherum salzen und pfeffern. Polenta in die Bauchhöhle geben, mit Holzspießchen verschließen. Huhn mit Küchengarn in Form binden. 3 EL Öl in einem Bräter erhitzen, Huhn rundherum goldbraun anbraten, 100 ml Pilzsud zugeben. Huhn offen im heißen Backofen (unten) 1 Std. braten.
4 Huhn herausheben und warm stellen. Bratensatz mit Wein und Sahne loskochen. Bei starker Hitze 5 Min. einkochen lassen, salzen und pfeffern. Zum Servieren das Huhn samt Knochen längs der Brust mit einer Geflügelschere aufschneiden, Füllung freilegen. Sauce dazu servieren. Dazu passen Rucolasalat mit Nüssen und ein leichter Weißwein, z. B. Pinot Grigio aus Venetien.

Variante:
Asiatisch: 50 g Staudensellerie, 1 Zwiebel (beides gewürfelt), 1 durchgepresste Knoblauchzehe in 1 EL Öl andünsten. 100 g Reis kurz mitdünsten, mit 200 ml heißer Brühe, 50 g klein gewürfelten Trockenaprikosen zugedeckt 20 Min. bei kleiner Hitze quellen lassen. Mit gemahlenem Koriander, Kreuzkümmel, Salz und Pfeffer würzen. Abkühlen lassen, 1 Ei und 2 EL Semmelbrösel unterrühren, Huhn damit füllen, anbraten und mit Brühe schmoren. Sahne in der Sauce durch Brühe ersetzen, einkochen und mit gehackter Minze würzen

für Gäste Rinderfilet mit Estragon-Sabayon

600 g Rinderfilet (aus der Mitte)
6 frische Lorbeerblätter (ersatzweise getrocknete)
250 g Räucherspeck in dünnen Scheiben
1 Schalotte
6 EL trockener Weißwein (ersatzweise Brühe)
2 EL Brühe
2 EL Aceto balsamico
2 Stängel Estragon
4 Eigelbe
Salz – Pfeffer
Küchengarn

Zubereitung: 1 Std.
Für 4 Personen / Pro Portion: ca. 620 kcal

1 Fleisch waschen, trocknen, salzen und pfeffern. Lorbeerblätter mehrfach einschneiden. Backofen auf 220° vorheizen. Die Hälfte Speck überlappend ausbreiten, mit 3 Lorbeerblättern belegen, Fleisch darauf legen. Restliche Lorbeerblätter auf dem Fleisch verteilen, restlichen Speck überlappend darauf geben. Fleisch zum Rollbraten verschnüren, in der Saftpfanne des Ofens (unten, Umluft 200°) 20–25 Min. braten.
2 Schalotte schälen, würfeln. Wein in einem Topf erhitzen, Schalotte darin 3 Min. dünsten, vom Herd nehmen, Brühe und Essig einrühren, in eine Wasserbadschüssel umfüllen. Estragon waschen, trockenschütteln, Blättchen abzupfen.
3 Fleisch in Alufolie wickeln, im ausgeschalteten Ofen 10 Min. ruhen lassen. Eigelbe nacheinander in die Sauce rühren, mit einem Schneebesen im heißen Wasserbad cremig aufschlagen, salzen und pfeffern. Estragon hacken und unterheben. Fleisch aufschneiden und mit der Sabayon servieren. Dazu passen Röstkartoffeln und ein Riesling aus dem Rheingau.

Klassiker Westfälischer Sauerbraten

1 Möhre
4 Zwiebeln
1/4 l Rotweinessig
3 Nelken
2 Lorbeerblätter
1 EL Senfkörner
1 kg Rindfleisch (Hochrippe ohne Knochen, Halsgrat)
100 g Räucherspeck
6 EL Öl
1/8 l Rotwein
1 Msp. gemahlene Nelken
Salz – Pfeffer

Zubereitung: 45 Min. (+ 4 Tage Marinierzeit + 2 Std. Schmorzeit)
Für 4 Personen / Pro Portion: ca. 740 kcal

1 Möhre schälen und in dünne Scheiben schneiden. 2 Zwiebeln schälen und achteln. Für die Marinade 1/2 l Wasser in einem Topf mit Essig, Zwiebeln, Möhre, Nelken, Lorbeerblättern und Senfkörnern aufkochen. Vom Herd nehmen und abkühlen lassen. Fleisch waschen und in die Marinade legen. Mindestens 4 Tage zugedeckt im Kühlschrank darin ziehen lassen.
2 Fleisch herausnehmen, gut trocknen, mit Salz und Pfeffer einreiben. Restliche Zwiebeln schälen. Speck und Zwiebeln in Würfel schneiden. In einem Bräter Öl erhitzen und das Fleisch bei starker Hitze ca. 15 Min. rundum anbraten.
3 Fleisch herausheben. Öl bis auf einen kleinen Rest abgießen. Speck- und Zwiebelwürfel darin anschmoren, das Fleisch und 1/8 l Marinade zugeben. Zugedeckt bei schwacher Hitze 1 1/2–2 Std. schmoren, dabei nach und nach Rotwein, ein Viertel der Marinade mit etwas Wasser verdünnt, nachgießen.
4 Fleisch aus der Sauce nehmen, warm halten, inzwischen Sauce durch ein Sieb streichen und mit Nelkenpulver, Salz und Pfeffer abschmecken. Dazu passen Kartoffelklöße und ein Blauburgunder aus Österreich.

asiatisch Kalbsbraten mit Honigkruste

1 kg Kalbsrücken (ohne Knochen)
4 Knoblauchzehen
1 Stück frischer Ingwer (ca. 3 cm)
2 rote Chilischoten
5 EL Sojasauce
1/8 l trockener Sherry (ersatzweise Gemüsebrühe)
3 EL Rotweinessig
3 EL Sesam-Würzöl
50 g flüssiger Honig
1 EL dunkler Saucenbinder
Salz – Pfeffer

Zubereitung: 1 Std. 30 Min. (+ 12 Std. Marinierzeit)
Für 4 Personen / Pro Portion: ca. 453 kcal

1 Schwarte mit scharfem Messer kreuzweise 1/2 cm tief einschneiden. Knoblauch und Ingwer schälen, Chilischoten entkernen, alles in Scheiben schneiden, mit 3 EL Sojasauce, Sherry, Essig, 2 EL Sesamöl und 1 l kaltem Wasser mischen. Mit dem Fleisch in einen großen Gefrierbeutel geben, über Nacht im Kühlschrank marinieren.
2 Fleisch aus Marinade nehmen, diese aufheben, trockentupfen, 30 Min. stehen lassen. Backofen und Saftpfanne auf 250° vorheizen. Fleisch salzen, mit Schwarte nach oben auf Saftpfanne legen, Hälfte der Marinade zugeben. Im heißen Ofen (unten, Umluft 230°) 30 Min. braten. Honig, restliche Sojasauce und restliches Öl verrühren. Fleisch damit bestreichen, restliche Marinade zugießen und weitere 15 Min. braten.
3 Fleisch in Alufolie wickeln, auf dem Rost im ausgeschalteten Backofen ruhen lassen. Bratensatz mit 1/8 l heißem Wasser lösen, passieren, aufkochen und mit Saucenbinder binden. Fleisch in Scheiben schneiden, mit Sauce servieren. Dazu passen Reis, süß-saures Gemüse (Seite 91) und Pflaumenwein.

für Festtage Gefüllter Schweinebraten

1 Bund glatte Petersilie
2 Frühlingszwiebeln
3 Scheiben Toastbrot
2 Knoblauchzehen
50 g gehackte Haselnüsse (ersatzweise Walnüsse)
1 TL abgeriebene unbehandelte Zitronenschale
1 Eigelb
1 kg Schweineschulter (mit eingeschnittener Tasche)
4 EL Weißweinessig
800 ml Brühe
1 EL dunkler Saucenbinder
Salz – Pfeffer
Holzspießchen, Küchengarn

Zubereitung: 1 Std. 15 Min. (+ 1 Std. 15 Min. Schmorzeit)
Für 4 Personen / Pro Portion: ca. 455 kcal

1 Für die Füllung Petersilie waschen, trocknen und hacken. Frühlingszwiebeln waschen und in Ringe schneiden. Knoblauch schälen, hacken. Toast würfeln. Alles mit Nüssen, Zitronenschale und Eigelb mischen, salzen und pfeffern.
2 Fettschwarte mit scharfem Messer kreuzweise 1/2 cm tief einschneiden. 2 cm hoch Wasser und Essig in einem großen Topf aufkochen. Schwartenseite darin 2 Min. kochen lassen, herausheben, trockentupfen. Backofen auf 250° vorheizen.
3 Füllung in die Tasche drücken, mit Spießchen und Küchengarn verschließen. Fleisch salzen und pfeffern, mit der Schwarte nach oben auf Saftpfanne legen, 400 ml Brühe zugeben. Im heißen Ofen (unten, Umluft 230°) 30 Min. braten. Restliche Brühe zugeben, bei 175° (Umluft 150°) 60–75 Min. schmoren lassen. Gelegentlich mit Brühe begießen.
4 Fleisch fest in Alufolie wickeln, auf dem Rost im ausgeschalteten Backofen ruhen lassen. Bratensatz mit 1/8 l heißem Wasser lösen, passieren, aufkochen und mit Saucenbinder binden. Fleisch in Scheiben schneiden, mit der Sauce servieren. Dazu passen Gnocchi und ein leichter Weißwein, z. B. Soave.

für Festtage Rehrücken mit Kräutern

1,5 kg küchenfertiger Rehrücken (mit Knochen)
4 Zweige Thymian
1 Zweig Rosmarin
2 EL abgeriebene unbehandelte Orangenschale
4 EL Olivenöl
3 EL Butterschmalz
Salz – Pfeffer

Zubereitung: 1 Std.
Für 4 Personen / Pro Portion: ca. 490 kcal

1 Fleisch waschen, trockentupfen, entlang des Knochens einschneiden. Thymian und Rosmarin waschen, trockenschütteln, Blättchen abzupfen und hacken. Mit Orangenschale, Öl, Salz und Pfeffer verrühren. Fleisch mit dem Kräuteröl bestreichen, mit Küchengarn zusammenbinden.
2 Backofen auf 160° vorheizen. Butterschmalz in einer großen Pfanne erhitzen, Fleischseite scharf anbraten. Mit der Knochenseite auf der Saftpfanne im heißen Backofen (unten, Umluft 160°) 35 Min. braten (Umluft 20 Min.). Fleisch fest in Alufolie wickeln und im ausgeschalteten Backofen 5 Min. ruhen lassen.
3 Filets mit einem scharfen Messer vom Knochen schneiden, schräg in Scheiben geschnitten servieren. Dazu passen eine Sauce hollandaise mit gehacktem Estragon, Spätzle oder Klöße und Rotkohl (Seite 88) sowie ein kräftiger Rotwein, z. B. italienischer Barolo.

Tipp
Servieren Sie anstelle der klassischen Preiselbeeren einmal frische, in Butter gebratene Feigenviertel zum Rehrücken.

für Gourmets Roastbeef mit Mandel-Petersilien-Kruste

50 g gehackte Mandeln
1 Bund glatte Petersilie
4 Scheiben Toastbrot
1 Knoblauchzehe
50 g weiche Butter
1 EL abgeriebene unbehandelte Zitronenschale
900 g Roastbeef
3 EL Butterschmalz
Salz – Pfeffer

Zubereitung: 30 Min. (+ 1 Std. Bratzeit)
Für 4 Personen / Pro Portion: ca. 580 kcal

1 Mandeln in einer Pfanne ohne Fett unter Rühren hellbraun rösten. Petersilie waschen, trockenschütteln, Blättchen abzupfen, fein hacken. Toastbrot entrinden, fein würfeln. Knoblauch schälen und durchpressen. Alles mit Butter und Zitronenschale verkneten, salzen und pfeffern. In einem Gefrierbeutel auf Fleischgröße ausrollen und ins Gefrierfach geben.
2 Backofen auf 250° (Umluft 230°) vorheizen. Fettrand des Roastbeefs gitterförmig einschneiden, Fleisch rundherum salzen und pfeffern. Butterschmalz in einem möglichst genau bemessenen Bräter erhitzen. Fleisch mit der Fettseite nach oben hineinlegen, im heißen Ofen (unten) 10 Min. braten. Temperatur auf 130° (Umluft 110°) reduzieren und weitere 50 Min. braten.
3 Backofengrill vorheizen. Roastbeef auf den Rost legen, Kräutermasse aus dem Gefrierfach nehmen. Beutel ringsum aufschneiden, eine Seite Folie entfernen. Kräutermasse auf das Fleisch legen, andrücken, Folie abziehen. Roastbeef unter dem heißen Grill in 5 Min. goldbraun grillen, in Scheiben schneiden und servieren. Dazu passen Bratkartoffeln, grüner Salat und ein würziger Rotwein, z. B. ein Corbières aus Frankreich.

für Gäste Lammkeule aus dem Ofen

1 Lammkeule mit Knochen (ca. 2 kg)
je 1 Bund Thymian und glatte Petersilie
2 Zweige Rosmarin
5 Knoblauchzehen
100 g weiche Butter
1 TL abgeriebene unbehandelte Zitronenschale
2 EL körniger Senf
1 Bund Suppengemüse
1 Zwiebel
200 ml Lammfond (aus dem Glas)
1/2 l Rotwein (ersatzweise Lammfond)
1 EL Crème fraîche
Salz – Pfeffer

Zubereitung: 30 Min. (+ 1 Std. 45 Min. Bratzeit)
Für 4–6 Personen / Bei 6 Personen pro Portion: ca. 795 kcal

1 Keule waschen, trockentupfen. Kräuter waschen, trocknen, die Hälfte Thymian beiseite legen. Übrige Kräuter abzupfen, hacken. Knoblauch schälen. Backofen auf 200° vorheizen.
2 Kräuter, Butter, Zitronenschale, Senf und 2 durchgepresste Knoblauchzehen vermengen. Mit einem Messer die Keule rundum zehnmal ca. 2 cm tief einstechen und je ein haselnussgroßes Stück Butter hineindrücken. Die Hälfte der übrigen Butter auf der Keule festdrücken.
3 Suppengemüse waschen, putzen, Zwiebel schälen, alles grob in Stücke schneiden. Keule salzen, pfeffern, mit Gemüse in Saftpfanne oder Bräter legen, im heißen Ofen (unten, Umluft 180°) 15 Min. braten. Ofen auf 180° (Umluft 160°) herunterschalten, Keule wenden, mit restlicher Butter bestreichen. Restlichen Thymian, Knoblauch, Fond und Hälfte Wein zugeben. 1 1/2 Std. braten, dabei immer wieder Wein zugießen.
4 Keule herausnehmen. Thymian aus Sauce fischen, mit Crème fraîche pürieren. Fleisch aufgeschnitten mit Sauce servieren. Dazu passen Ratatouille (Seite 94), Baguette und Bordeaux.

deftig Schweinehaxen aus dem Ofen

4 kleine Schweinehaxen (à ca. 500 g)
4 kleine Zweige Rosmarin
4 EL Olivenöl
50 g Räucherspeck
1 Zwiebel
2 Knoblauchzehen
1 dicke Möhre
2 Stangen Staudensellerie
1/8 l Weißwein (ersatzweise Fleischbrühe)
1/4 l Brühe
Salz – Pfeffer

Zubereitung: 15 Min. (+ 2 Std. Bratzeit)
Für 4 Personen / Pro Portion: ca. 1235 kcal

1 Backofen auf 250° vorheizen. Haxen mit Salz und Pfeffer einreiben, mit dem Rosmarin in einen passenden Bräter geben. Öl darüber verteilen. Im heißen Backofen (unten, Umluft 230°) 30 Min. braten.
2 Inzwischen Speck fein würfeln. Zwiebel und Knoblauch schälen, beides hacken. Möhre und Sellerie putzen, in 1/2 cm große Würfel schneiden. Alles zu den Haxen geben, bei 175° (Umluft 150°) weitere 30 Min. braten. Wein und Brühe zugeben, Haxen 1 Std. weiter schmoren lassen.
3 Haxen einzeln fest in Alufolie wickeln und auf dem Rost im ausgeschalteten Backofen ruhen lassen. Bratensatz mit 60 ml heißem Wasser und einem Backpinsel lösen, pürieren, passieren. Aufkochen, salzen und pfeffern. Mit den Haxen servieren. Dazu passen Klöße oder Gnocchi, Zucchinigemüse und ein leichter Rotwein, z. B. ein Piave aus Venetien.

1

2

3

für Festtage
Gebratene Gans

1 küchenfertige Gans (ca. 4,5 kg)
1 EL getrockneter Beifuß
2 kleine Äpfel
1 TL Speisestärke
Salz – Pfeffer
Küchengarn
Holzspießchen

Zubereitung: 25 Min. (+ 3 Std. Bratzeit)
Für 6 Personen / Pro Portion: ca. 1875 kcal

1 Backofen auf 180° vorheizen. Gans waschen, abtrocknen. Innen mit Salz, Pfeffer und Beifuß würzen. Äpfel waschen, in die Gans stecken, Öffnung zunähen. Außen salzen und pfeffern, mit der Brust nach unten in einen Bräter oder die Saftpfanne legen. 1/4 l heißes Wasser zugießen und zugedeckt im heißen Ofen (unten, Umluft 160°) 1 1/2 Std. braten.

2 Gans umdrehen, Haut unter den Flügeln mehrmals mit einem Holzspießchen einstechen, damit das Fett austritt. 1/4 l Wasser zugießen, weitere 1–1 1/2 Std. braten, zwischendurch mit Bratfond begießen. Ca. 1/2 Std. vor Garzeitende den Deckel abnehmen und Hitze auf 225° (Umluft 200°) erhöhen. Die Gans während dieser Zeit mehrmals mit kaltem Salzwasser bestreichen, so wird sie schön knusprig.

3 Gans aus Bräter nehmen und warm stellen. Bratensatz im Bräter mit einem Backpinsel ablösen, in einen Topf geben und Fett abschöpfen. Stärke mit 3 EL kaltem Wasser verrühren, Sauce damit binden, kurz aufkochen. Gans zerteilen und mit Sauce servieren. Dazu passen Klöße, Rotkohl mit Maronen und in Weißwein gedünstete Apfelspalten mit Preiselbeeren sowie ein kräftiger Rotwein, z. B. Burgunder.

Klassiker
Ente in Orangensauce

Für die Ente:
1 küchenfertige Ente (ca. 2,4 kg)
3 Orangen
1 Zweig Rosmarin
1/4 l leichter Rotwein (ersatzweise Geflügelfond)

Für die Sauce:
3 unbehandelte Orangen
1 TL Dijon-Senf
1 TL Speisestärke
1 EL Orangenmarmelade
Salz – Pfeffer
Holzspießchen

Zubereitung: 1 Std. 30 Min. (+ 1 Std. 10 Min. Bratzeit)
Für 4 Personen / Pro Portion: ca. 1215 kcal

1 Backofen auf 200° vorheizen. Ente waschen und trocknen. Innen und außen salzen und pfeffern. Flügel hinter den Rücken stecken. Orangen schälen, dabei auch weiße Haut entfernen, Rosmarin waschen, Nadeln abzupfen und hacken. Beides in die Ente stecken, Öffnung mit Holzspießchen gut zustecken.

2 Ente mit Brustseite nach unten in einen Bräter legen. 1/4 l heißes Wasser zugießen und im heißen Ofen (Mitte, Umluft 180°) 30 Min. braten. Zwischendurch Haut mehrmals mit einem Holzspießchen einstechen und mit Bratfond begießen.

3 Ente umdrehen, Rotwein zugeben, weitere 70 Min. braten, immer wieder mit Bratfond begießen, evtl. etwas Wasser nachgießen.

4 Für die Sauce Orangen waschen, von 1 Orange ca. zwei Drittel der Schale in feinen Streifen abziehen, Saft auspressen. Restliche Orangen schälen und mit scharfem Messer filetieren, Saft auffangen.

5 Ente aus dem Bräter nehmen, warm stellen. Bratensatz mit Backpinsel lösen, Sauce in einen Topf gießen, Fett abschöpfen. Orangenschale, -saft und Senf zugeben, 5 Min. köcheln. Stärke in 3 EL kaltem Wasser anrühren und Sauce damit binden. Orangenfilets und Marmelade zugeben. Sauce zur Ente reichen. Dazu schmecken Kartoffelklöße oder Kroketten und ein kräftiger Rotwein, z. B. ein Bordeaux.

Varianten:

1 **Zusätzlich:** 1 klein geschnittenen Bund Suppengemüse und 1 in Viertel geschnittene Zwiebel ca. 1 1/2 Std. vor Ende der Garzeit in den Bräter geben. Das Gemüse anschließend mit dem Bratfond pürieren

2 **Kirschsauce:** 350 g entsteinte Sauerkirchen aus dem Glas abgießen, die Hälfte davon mit dem Saft pürieren und mit 1/8 l Rotwein und dem entfetteten Bratenfond aufkochen. Auf ein Drittel einkochen lassen, restliche Kirschen und 1 EL gehäutete geriebene Mandeln zugeben, mit Nelkenpulver und Zimt abschmecken

3 **Preiselbeersauce:** 200 g Preiselbeeren (aus dem Glas) und Saft und abgeriebene Schale von 1 unbehandelten Orange mit dem entfetteten Bratenfond aufkochen und mit Nelkenpulver und Muskat abschmecken

Tipp
Zu beiden Braten schmecken glasierte Maronen. Dazu 250 g vorgegarte Maronen (Fertigprodukt) in 3 EL Butter erhitzen, 3 EL Zucker darüber streuen und ca. 10 Min. glasieren.

Desserts und Süßspeisen

Das Beste kommt bekanntlich zum Schluss. Wer es beim Dessert regelmäßig bereut, eigentlich schon zu gut gegessen zu haben, der schaue nach Österreich, wo die Nachspeise den Rang einer geheimen Hauptspeise genießt. Mehlspeisen, Pfannkuchen oder Aufläufe lassen Schlaraffenland-Träume aus Kindertagen wahr werden. Vielleicht hat es ja auch sein Gutes, wenn Süßes normalerweise erst am Ende der Mahlzeit gereicht wird: Das steigert die Vorfreude und hält die Spannung, ob der Dessertlöffel sich nun durch frostige Eiscreme-Landschaften, zartschmelzende Mousse-Berge oder sahnige Vanillesaucen-Seen zum Gipfel aller süßen Träume arbeiten muss.

fruchtig Pfannkuchen mit Beerenquark

Für den Teig:
4 Eier
400 ml Milch
200 g Mehl
2 EL Zucker
1 Prise Salz
1 EL abgeriebene unbehandelte Orangenschale
Butterschmalz zum Ausbacken
Puderzucker zum Bestäuben

Für die Füllung:
200 g gemischte Beeren (z. B. Himbeeren, Erdbeeren oder eine TK-Mischung)
150 g Magerquark
2 EL Zucker
1/2 Fläschchen Vanillearoma
100 g Sahne

Zubereitung: 40 Min.
Für 4 Personen / Pro Portion: ca. 575 kcal

1. Alle Zutaten für den Teig gut verrühren und 10 Min. quellen lassen.
2. Für die Füllung Beeren waschen und putzen. Etwa 100 g Früchte zum Garnieren beiseite legen. Den Rest mit Quark, Zucker und Vanillearoma pürieren. Sahne steif schlagen und unterziehen.
3. Butterschmalz in einer beschichteten Pfanne erhitzen und aus dem Teig darin nacheinander vier goldgelbe Pfannkuchen backen. Fertige Pfannkuchen im Backofen warm halten.
4. Pfannkuchen mit Beerenquark füllen, mit den übrigen Früchten garnieren und dick mit Puderzucker bestäuben.

Varianten:
Pfannkuchen mit süßer Füllung: Marmelade oder Nuss-Nougat-Creme verwenden
Pfannkuchen mit Fruchtfüllung: Früchte, Fruchtpürees und Kompotte verwenden
Pfannkuchen mit Eis: mit Eiskugeln, Sorbets oder tiefgekühlten Cremes füllen
Statt Quark und Vanillearoma: Vanillejoghurt für die Füllung verwenden
Statt Beeren: Pfirsiche enthäuten und pürieren

Tipp
Besonders dick und luftig werden die Pfannkuchen, wenn Sie die Eier trennen, die Eiweiße zu steifem Schnee schlagen und vorsichtig unter den Pfannkuchenteig heben.

Klassiker Crêpes Suzette

Für den Teig:
2 Eier
1/4 l Milch
4 EL Orangenlikör (nach Belieben)
120 g Mehl
1 EL Zucker
Butterschmalz zum Ausbacken

Für die Füllung:
2 Orangen
3 EL Butter
2 EL Zucker
4 EL Orangenlikör (nach Belieben)

Zubereitung: 40 Min.
Für 4 Personen / Pro Portion: ca. 406 kcal

1. Eier mit Milch, Orangenlikör, Mehl und Zucker zu einem glatten Teig verrühren. 10 Min. quellen lassen.
2. Orangen schälen, Filets aus den Trennhäuten schneiden, dabei den Saft auffangen.
3. Butterschmalz in einer Pfanne erhitzen, aus dem Teig darin nacheinander vier goldgelbe Crêpes backen. Fertige Crêpes im Backofen warm halten.
4. Während der erste Crêpe in der Pfanne brutzelt, Butter mit Zucker in einem kleinen Topf erhitzen und leicht braun werden lassen. Mit Orangenlikör und aufgefangenem Orangensaft ablöschen. Orangenfilets hineingeben und kurz erwärmen.
5. Crêpes zu Dreiecken zusammenfalten, Orangenfilets mit Sauce auf den Crêpes verteilen.

Tipp
Wer die Crêpes flambieren möchte, erhitzt etwas Orangenlikör, zündet ihn in einem großen Schöpflöffel vorsichtig an und gießt ihn dann brennend über die Crêpes.

für Gäste Crêpes-Torte mit Mohn

Für den Teig:
4 Eier
350 ml Milch
100 g Vanillejoghurt
160 g Mehl
1 EL Zucker
Butterschmalz zum Ausbacken
Zucker zum Bestreuen

Für die Füllung:
7 reife Aprikosen
1 EL Aprikosenkonfitüre
2 EL Marillen- oder Orangenlikör (nach Belieben)
220 g küchenfertige Mohnmasse (Fertigprodukt)

Zubereitung: 45 Min.
Für 6 Personen / Pro Portion: ca. 455 kcal

1. Alle Zutaten für den Teig verrühren. 10 Min. quellen lassen.
2. 6 Aprikosen mit kochendem Wasser überbrühen, schälen, halbieren und entsteinen. Mit Konfitüre und nach Belieben Likör pürieren. Übrige Aprikose in sechs Spalten schneiden, zum Garnieren beiseite legen.
3. Ofen auf 200° (Umluft 180°) vorheizen. Butterschmalz erhitzen. Aus dem Teig darin nacheinander vier goldgelbe Crêpes backen. Einen Crêpe in eine feuerfeste Form legen. Erst mit Mohn, dann mit Fruchtpüree bestreichen. Wieder einen Crêpe darüber legen, mit Mohn und Püree bestreichen, so fortfahren, bis alle Crêpes verbraucht sind. Letzte Crêpe-Schicht nicht bestreichen, sondern mit Zucker bestreuen. Im Ofen (Mitte) 10–15 Min. backen. Mit Aprikosenspalten garnieren und in Tortenstücke schneiden.

Klassiker Reiche Ritter

1 reife Birne (ca. 200 g)
1 Msp. Zimtpulver
1 Msp. gemahlene Nelken
8 Scheiben Toastbrot
2 Eier
7 EL Milch
80 g Mandelblättchen
Zucker – Zimtpulver zum Bestreuen
Butterschmalz zum Ausbacken

Zubereitung: 30 Min.
Für 4 Personen / Pro Portion: ca. 430 kcal

1 Birne schälen, vierteln, Kerngehäuse entfernen und klein schneiden. Mit Zimt- und Nelkenpulver pürieren. Wenn nötig, etwas zuckern.
2 Toastbrot entrinden. Die Hälfte der Brotscheiben mit dem Püree bestreichen, die restlichen Scheiben darüber legen, fest zusammendrücken, diagonal zu Dreiecken schneiden.
3 Eier mit Milch verquirlen und in einen Suppenteller gießen. Mandeln auf einen anderen Teller geben. Butterschmalz in zwei beschichteten Pfannen erhitzen. Brote in der Eiermilch wenden, leicht abtropfen lassen, dann in den Mandeln wenden und im Fett von jeder Seite ca. 5 Min. bei mittlerer Hitze goldgelb braten. Mit Zimtzucker bestreuen und möglichst warm servieren.

Varianten:
Arme Ritter: statt Fruchtpüree je 1 EL Konfitüre verwenden
Bettelarme Ritter: Birnenpüree weglassen und Brotscheiben einzeln in der Eiermilch wenden
Statt Birnen: andere Früchte pürieren oder Apfelmus bzw. Fruchtkompotte aus dem Glas verwenden

preiswert Apfelschmarren

4 Eier
1/4 l Milch
50 g saure Sahne
4 EL Zucker
200 g Mehl
4 säuerliche Äpfel
Salz
Butterschmalz zum Ausbacken

Zubereitung: 30 Min.
Für 4 Personen / Pro Portion: ca. 485 kcal

1 Eier trennen. Eiweiße steif schlagen. Eigelbe mit Milch, saurer Sahne, 2 EL Zucker, 1 Prise Salz und Mehl verquirlen. Eischnee unterziehen und Teig 10 Min. quellen lassen.
2 Inzwischen Äpfel schälen, vierteln und Kerngehäuse herausschneiden. Äpfel grob raspeln und unter den Teig rühren.
3 Butterschmalz in zwei großen beschichteten Pfannen erhitzen. Teig einfüllen und bei mittlerer Hitze von beiden Seiten goldgelb ausbacken. Mit zwei Löffeln in kleine Stücke zerreißen. Mit dem restlichen Zucker bestreuen. Leicht wenden, damit sich der Zucker gut verteilt.

Varianten:
Linzer Schmarren: Äpfel weglassen
Kaiserschmarren: Zusätzlich 3 EL Rosinen (am besten Rum-Rosinen) unterrühren

Tipp
Leichter lässt sich der Teig wenden, wenn Sie ihn in der Mitte durchschneiden.

gelingt leicht Quarkkeulchen auf Erdbeersauce

Für den Teig:
500 g Magerquark
4 Eier
5 EL Zucker
1 Päckchen Vanillezucker
120 g Mehl
Butterschmalz zum Ausbacken
Puderzucker zum Bestäuben

Für die Erdbeersauce:
1 Stängel Minze
300 g Erdbeeren (frisch oder TK)
1 Päckchen Vanillezucker
4 EL Orangenlikör (ersatzweise Orangensaft)

Zubereitung: 30 Min.
Für 4 Personen / Pro Portion: ca. 440 kcal

1 Quark mit Eiern, Zucker, Vanillezucker und Mehl verquirlen. 5 Min. quellen lassen.
2 Inzwischen die Minze waschen und trockenschütteln, Blättchen klein schneiden. Erdbeeren waschen, putzen, mit Vanillezucker und Orangenlikör pürieren. Nach Belieben zuckern und die Minze unterrühren.
3 Butterschmalz in zwei großen beschichteten Pfannen erhitzen. Teig mit einem Esslöffel portionsweise in die Pfanne geben und die Quarkkeulchen bei mittlerer Hitze von jeder Seite 6 Min. goldbraun ausbacken. Quarkkeulchen mit Puderzucker bestäuben und mit der Erdbeersauce anrichten.

Variante:
Statt Sauce: 5 EL Rosinen oder klein geschnittene Trockenfrüchte unter die Quarkmasse rühren

Klassiker Apfelküch erl

80 g kandierter Ingwer
2 Eier
200 ml Milch
50 g Sahne
2 EL Zucker
150 g Mehl
4 Äpfel (ca. 650 g)
Butterschmalz zum Ausbacken
Puderzucker zum Bestäuben

Zubereitung: 50 Min.
Für 4 Personen / Pro Portion: ca. 545 kcal

1 Ingwer im Blitzhacker pürieren oder ganz fein würfeln. Eier trennen. Eiweiße steif schlagen. Eigelbe mit Milch, Sahne, Zucker, Ingwer und Mehl verquirlen. Eischnee unterziehen.
2 Äpfel mit einem Apfelausstecher entkernen, schälen und jeden Apfel in ca. 6 Scheiben schneiden.
3 Butterschmalz in einer großen beschichteten Pfanne heiß werden lassen. Äpfel durch den Teig ziehen und portionsweise im Fett von jeder Seite ca. 3 Min. goldgelb backen. Sobald die Pfanne zu trocken wird, wieder etwas Butterschmalz hineingeben. Fertige Apfelkücherl am besten im Ofen warm halten. Mit Puderzucker bestäubt servieren.

Varianten:
Statt Äpfeln: Birnen verwenden
Statt Ingwer: Vanille, Zimt oder etwas Calvados verwenden
Zusätzlich: Kücherl nach dem Backen in Zimtzucker oder in einer Mischung aus Zucker und Vanillezucker wenden

Tipp
Apfelkücherl lassen sich auch gut in der Fritteuse zubereiten.

Klassiker Germknödel mit Mohn

250 g Mehl
20 g Hefe
1 EL Zucker
6 EL lauwarme Milch
1 Ei
abgeriebene Schale von 1/2 unbehandelten Zitrone
4 EL Pflaumenmus
4 EL Butter
50 g gemahlener Mohn
2 EL Puderzucker
Salz

Zubereitung: 45 Min. (+ 1 Std. Ruhezeit)
Für 4 Personen / Pro Portion: ca. 430 kcal

1 Mehl in eine Schüssel sieben, in die Mitte eine Mulde drücken, Hefe hineinbröckeln, Zucker und 2–3 EL lauwarme Milch hinzufügen. Etwas Mehl vom Rand darüber streuen und zugedeckt an einem warmen Ort ca. 15 Min. gehen lassen.

2 Ei mit restlicher Milch verquirlen. Zitronenschale und 1 Prise Salz hinzufügen. Zum Hefeansatz geben und zu einem Teig verkneten. Wenn nötig, noch etwas lauwarme Milch dazugießen. Zugedeckt 20 Min. gehen lassen.

3 Teig vierteln, flach drücken, jeweils 1 EL Pflaumenmus in die Mitte geben, zu vier Knödeln formen und weitere 20 Min. gehen lassen.

4 In einem großen Topf Salzwasser zum Kochen bringen. Germknödel hineingeben und offen bei schwacher Hitze in ca. 12 Min. gar ziehen lassen. Nach Hälfte der Garzeit umdrehen.

5 Butter in einer Pfanne schmelzen. Mohn gut mit Puderzucker vermischen. Fertige Germknödel aus dem Wasser heben, abtropfen lassen und mit einer Nadel mehrmals einstechen, damit sie nicht zusammenfallen. Germknödel mit Butter übergießen und mit gezuckertem Mohn bestreut servieren.

Klassiker Zwetschgenknödel mit Walnussbutter

1 kg gekochte geschälte Kartoffeln (abgekühlt)
80 g Mehl
80 g Grieß
1 Ei
1 kg Zwetschgen
12 Stück Würfelzucker
2 1/2 EL Zucker
1 Msp. Zimtpulver
1 Msp. gemahlene Nelken
80 g gemahlene Walnusskerne
50 g Butter
Salz
Mehl für die Hände

Zubereitung: 50 Min. (+ Kochzeit für die Kartoffeln)
Für 4–6 Personen / Bei 6 Personen pro Portion: ca. 420 kcal

1 Kartoffeln reiben oder durch die Kartoffelpresse drücken. Mit Mehl, Grieß, Ei und etwas Salz verkneten. Aus dem Teig mit bemehlten Händen zwei dicke Rollen formen, in je sechs Stücke schneiden.

2 Zwetschgen waschen, halbieren, vom Stein lösen. In je 12 Zwetschgen je 1 Stück Würfelzucker geben. Zudrücken, jeweils auf ein Teigstück setzen und mit bemehlten Händen fest mit dem Teig umhüllen. Wasser mit Salz in einem großen Topf zum Kochen bringen. Knödel hineingeben und zugedeckt in ca. 15 Min. bei geringer Hitze gar ziehen lassen.

3 Inzwischen die restlichen Zwetschgen in einem Topf mit 2 EL Zucker erhitzen. Mit Zimt- und Nelkenpulver abschmecken. Die Nüsse in einer Pfanne goldbraun anrösten. Butter zugeben und schmelzen lassen. Restlichen Zucker untermischen. Knödel gut abtropfen lassen, mit Walnussbutter und heißen Zwetschgen servieren.

asiatisch Kokos-Milchreis mit Mango

400 ml ungesüßte Kokosmilch (aus der Dose)
1/4 l Milch
1 Vanilleschote
Schale von 1/2 unbehandelten Zitrone
2 EL Zucker
200 g Milchreis
4 EL Kokosraspel
2 reife Mangos
6 EL Kokoslikör (z. B. Batida de Coco, nach Belieben)

Zubereitung: 30 Min.
Für 4 Personen / Pro Portion: ca. 405 kcal

1 Kokosmilch und Milch in einen Topf geben. Vanilleschote aufritzen und Mark herausschaben. Mark und Schote, Zitronenschale und Zucker zur Milch geben und zum Kochen bringen.
2 Reis und Kokosraspel zugeben, Hitze sofort auf kleinste Stufe reduzieren. Reis in ca. 25 Min. bei geschlossenem Deckel weich kochen, dabei ab und zu umrühren.
3 Inzwischen Mangos schälen, in Spalten vom Kern schneiden und auf Tellern anrichten. Topf vom Herd nehmen, nach Belieben Kokoslikör unterrühren und Reis in ca. 5 Min. ausquellen lassen. Vanilleschote und Zitronenschale herausfischen und den Reis mit den Mangos servieren. Schmeckt warm und kalt.

Varianten:
Statt Mangos: andere Exoten wie Ananasstücke, Papayaspalten, Kiwischeiben oder aber frische Erdbeeren verwenden
Statt Vanilleschote und Zitronenschale: 2–3 in kleine Würfel gehackte Stücke kandierten Ingwer und 1–2 in grobe Stücke geschnittene Stängel Zitronengras (am Ende herausfischen) verwenden

gelingt leicht Grießnockerl mit heißen Heidelbeeren

2 Eier
1/2 l Milch
1 EL Butter
2 EL Zucker
ausgekratztes Mark von 1 Vanilleschote
Saft und abgeriebene Schale von 1 unbehandelten Orange
140 g Hartweizengrieß
250 g Heidelbeeren (frisch oder TK)
1 Päckchen Vanillezucker

Zubereitung: 30 Min.
Für 4 Personen / Pro Portion: ca. 445 kcal

1 Eier trennen. Eiweiße steif schlagen. Milch mit Butter, Zucker, Vanillemark, Orangensaft und -schale zum Kochen bringen. Grieß unterrühren, kurz quellen lassen. Topf vom Herd nehmen, Eigelbe unterrühren, dann Eischnee unterziehen.
2 Heidelbeeren waschen und in einem Topf mit Vanillezucker erwärmen. Von der Grießmasse mit Hilfe von zwei Esslöffeln Nocken abstechen, auf Tellern anrichten. Mit den heißen Heidelbeeren servieren.

Varianten:
Mit Biskuitbröseln: 50 g Löffelbiskuits in eine Tüte geben, mit einem Nudelholz fein zerbröseln. Grießnockerl in den Biskuitbröseln wenden und in etwas Butterschmalz rundherum goldbraun braten
Statt Heidelbeeren: Erdbeeren, Himbeeren oder eine Beerenmischung zu den Nockerln servieren

Klassiker Apfel-Scheiterhaufen

1,2 kg Äpfel (z. B. Boskop)
Saft von 1 Zitrone
3 EL Butter
200 g Weißbrot (vom Vortag)
1/2 l Milch
4 Eier
75 g Zucker
1 TL Zimtpulver
4 EL Amaretto-Likör (nach Belieben)
100 g Amaretti (Mandelmakronen)
3 EL Mandelstifte

Zubereitung: 25 Min. (+ 45 Min. Backzeit)
Für 4 Personen / Pro Portion: ca. 705 kcal.

1 Äpfel waschen, schälen und in schmale Spalten schneiden, dabei Kerngehäuse entfernen. Mit Zitronensaft mischen. Backofen auf 180° vorheizen. Form mit 1 EL Butter fetten.
2 Weißbrot in ca. 1 cm dicke Scheiben schneiden, diese evtl. halbieren oder vierteln (je nach Größe des Brotes). Abwechselnd mit den Apfelspalten in die Form schichten.
3 Milch, Eier, Zucker, Zimt und nach Belieben Likör mit dem Schneebesen gut verquirlen. Amaretti zerbröseln und darunter mischen. Eiermilch über den Auflauf gießen, mit Mandelstiften bestreuen und die restliche Butter in Flöckchen darauf setzen.
4 Im heißen Backofen (Mitte, Umluft 160°) in 40–45 Min. goldbraun backen. Evtl. gegen Garzeitende mit Pergamentpapier abdecken. Dazu passt heiße Vanillesauce (Seite 208).

Varianten:
Statt Äpfeln: dieselbe Menge Kirschen (frisch oder aus dem Glas) verwenden
Statt Weißbrot: 4 Rosinenbrötchen oder Rosinenstuten verwenden

für Gäste Marzipan-Buchteln mit Weinschaumsauce

Für die Buchteln:
400 g Mehl
30 g Hefe
50 g Zucker
200 ml lauwarme Milch
120 g weiche Butter
3 Eigelbe
etwas abgeriebene unbehandelte Zitronenschale
150 g Marzipanrohmasse
Salz

Für die Weinschaumsauce:
3 Eigelbe
4 EL Zucker
1 EL Speisestärke
300 ml Weißwein
Fett für die Form

Zubereitung: 40 Min. (+ 1 Std. Ruhezeit + 30 Min. Backzeit)
Für 6 Personen / Pro Portion: ca. 690 kcal

1 Mehl in Schüssel geben, eine Mulde hineindrücken. Hefe zerbröckeln, mit 1 TL Zucker und etwas Milch verrühren, hineingießen. Mit Mehl bestäubt zugedeckt 20 Min. ruhen lassen.
2 Restlichen Zucker, restliche Milch, 80 g Butter, Eigelbe, 1 Prise Salz und Zitronenschale unterkneten. Zugedeckt 20 Min. gehen lassen.
3 Eine Bratreine fetten. Marzipan in 20 Stücke schneiden. Teig 1/2 cm dick ausrollen. 40 Kreise (5 cm Ø) ausstechen, die Hälfte mit Marzipan belegen. Restliche Kreise darauf festdrücken, in die Reine setzen. Zugedeckt 20 Min. gehen lassen.
4 Ofen auf 200° vorheizen. Restliche Butter zerlassen, Buchteln damit bepinseln. Im Ofen (unten, Umluft 180°) 30 Min. backen.
5 Inzwischen Eigelbe mit Zucker und Stärke in einem Schneekessel verrühren. Wein zugeben und über Wasserdampf unter ständigem Rühren schaumig schlagen. Die Sauce darf nicht kochen! Buchteln mit Weinschaumsauce servieren.

raffiniert Schoko-Birnen-Soufflé

750 g feste Birnen (z. B. Williams Christ)
1/8 l Weißwein (ersatzweise Birnensaft)
Schale von 1/2 unbehandelten Zitrone
1 Stange Zimt
2 Sternanis
80 g Zucker
50 g Zartbitterschokolade
1/8 l Milch
4 EL Butter
60 g Mehl
4 Eier
Salz
Butter und Paniermehl für die Form

Zubereitung: 35 Min. (+ 45 Min. Backzeit)
Für 4 Personen / Pro Portion: ca. 470 kcal.

1 Birnen waschen, schälen und längs in zwölf schmale Spalten schneiden, dabei Kerngehäuse entfernen. Mit Weißwein, Zitronenschale, Gewürzen und der Hälfte Zucker bei niedriger Hitze 5–7 Min. dünsten. Birnen aus dem Sud nehmen.
2 Schokolade zerbröckeln, in der Milch schmelzen, dann abkühlen lassen. Backofen auf 180° vorheizen. Ofenfeste Soufflé-Form ausfetten, mit Paniermehl ausstreuen.
3 Butter in einem Topf erhitzen, Mehl einrühren. Schokoladenmilch zugießen und mit dem Schneebesen so lange rühren, bis sich der Teig als Kloß vom Topfboden löst, dann sofort vom Herd nehmen.
4 Eier trennen. Eiweiße mit restlichem Zucker steif schlagen. Eigelbe, 5 EL Birnensud und eine Prise Salz nach und nach unter den Teig rühren. Eischnee vorsichtig unterheben.
5 Abgetropfte Birnen in der Form verteilen. Teig darauf geben und glatt streichen. Im heißen Ofen (Mitte, Umluft 160°) 40–45 Min. backen. Sofort servieren.

einfach Zwetschgen-Quark-Auflauf

600 g Zwetschgen (ersatzweise Pflaumen)
5 EL Zucker
1 TL Zimtpulver
3 Eier
500 g cremiger Ricotta
1/8 l Milch
2 EL Orangenlikör (nach Belieben)
80 g Grieß
1 Päckchen Vanillezucker
3 EL Mandelblättchen
Salz
Butter für die Form

Zubereitung: 25 Min. (+ 40 Min. Backzeit)
Für 4 Personen / Pro Portion: ca. 550 kcal.

1 Zwetschgen waschen, halbieren, dabei entsteinen und mit 2 EL Zucker und dem Zimt mischen. Backofen auf 200° vorheizen. Eine ofenfeste Auflaufform ausfetten.
2 Eier trennen. Eiweiße mit einer Prise Salz steif schlagen. Ricotta, Eigelbe, Milch, nach Belieben Likör, Grieß, Vanillezucker und restlichen Zucker verrühren, dann den Eischnee vorsichtig unterheben.
3 Zwetschgen mit der Schnittfläche nach oben in die Form schichten, Ricottamasse darüber geben. Im heißen Ofen (Mitte, Umluft 175°) in ca. 40 Min. leicht braun backen, ca. nach Hälfte der Backzeit mit Mandelblättchen bestreuen. Evtl. gegen Garzeitende mit Pergamentpapier abdecken.

Tipp

Dazu schmeckt Zwetschgenkompott: 750 g halbierte, entsteinte Zwetschgen mit 80 g Zucker, 1 Zimtstange und 1/4 l Zwetschgensaft 8–10 Min. bei schwacher Hitze köcheln lassen. Nach Belieben das Kompott mit 4 EL Orangenlikör abschmecken und abkühlen lassen.

Klassiker Bratäpfel mit Vanillesauce

Für die Bratäpfel:
4 große aromatische Äpfel (z. B. Boskop)
4 EL Honig
6 EL gehackte Walnusskerne
1 Msp. Zimtpulver
2 EL Sahne

Für die Vanillesauce:
1 EL Speisestärke
1/4 l Milch
2 Päckchen Vanillezucker
ausgekratztes Mark von 1 Vanilleschote
1 EL Zucker
2 Eigelb

Zubereitung: 55 Min.
Für 4 Personen / Pro Portion: ca. 330 kcal

1 Backofen auf 200° vorheizen. Äpfel waschen, trocknen, Kerngehäuse mit einem Apfelausstecher herausschneiden.
2 Honig mit Walnüssen, Zimt und Sahne verrühren. Bratäpfel in eine Auflaufform setzen und mit der Masse füllen. Im heißen Ofen (Mitte, Umluft 180°) 35–40 Min. backen.
3 Etwa 10 Min. vor Ende der Backzeit die Vanillesauce zubereiten: Speisestärke mit etwas Milch anrühren. Restliche Milch in einen Topf gießen, Speisestärke, Vanillezucker, Vanillemark und Zucker unterrühren. Eigelbe verquirlen, untermischen und die Sauce so lange unter Rühren erhitzen, bis sie kurz vor dem Kochen ist. Vom Herd nehmen und zu den heißen Bratäpfeln servieren.

Varianten:
Rum-Rosinen-Füllung: Mischung aus Rum-Rosinen, gehackten Haselnüssen, Zucker und Schmand verwenden
Aprikosenfüllung: Mischung aus getrockneten Aprikosen, gehackten Mandeln und Crème fraîche verwenden
Marzipanfüllung: pure Marzipan-Rohmasse verwenden

für Gäste Pfirsiche mit Makronenkruste

4 reife Pfirsiche
2 EL Amaretto-Likör (nach Belieben)
1 Ei
100 g Marzipanrohmasse
4 EL Puderzucker
1 EL Zitronensaft
30 g Kokosraspel

Zubereitung: 40 Min.
Für 4 Personen / Pro Portion: ca. 300 kcal

1 Backofen auf 200° vorheizen. Pfirsiche waschen, halbieren, vom Stein lösen. Nebeneinander in eine Auflaufform setzen. Fruchtfleisch mit einer Gabel mehrmals einstechen und nach Belieben mit Amaretto beträufeln.
2 Ei trennen. Eiweiß steif schlagen. Eigelb mit zerbröckeltem Marzipan, Puderzucker und Zitronensaft verquirlen. Kokosraspel und Eischnee unterrühren. Die Masse auf die Pfirsichhälften setzen und im Ofen (Mitte, Umluft 180°) 15–20 Min. backen. Dazu passt ein Gläschen Amaretto.

Varianten:
Statt Amaretto: Fruchtlikör verwenden
Statt Pfirsichen: 8 Aprikosen verwenden
Statt Kokosraspeln: gemahlene Mandeln oder Walnüsse verwenden

Tipp
Verwenden Sie nur vollreife, feste Früchte. Unreife oder überreife Pfirsiche schmecken erhitzt noch weniger als roh.

gelingt leicht

Rhabarber-Erdbeer-Gratin

400 g Rhabarber
200 g Erdbeeren
2 EL Sherry (nach Belieben)
4 EL Zucker
1 Msp. gemahlene Nelken
3 Eier
1 Päckchen Vanillezucker
3 EL gemahlene Mandeln

Zubereitung: 35 Min.
Für 4 Personen / Pro Portion: ca. 183 kcal

1 Backofen auf 180° vorheizen. Rhabarber putzen, schälen, in ca. 1 cm dicke Stücke schneiden und in eine feuerfeste Form geben. Erdbeeren waschen, putzen, in Scheiben schneiden, auf dem Rhabarber verteilen. Mit Sherry beträufeln. 1 EL Zucker mit Nelkenpulver mischen, über die Früchte streuen.
2 Eier trennen. Eiweiße steif schlagen. Eigelbe mit Vanillezucker und restlichem Zucker verquirlen. Mandeln und den Eischnee unterheben, Masse auf den Früchten verteilen und im Ofen (Mitte, Umluft 160°) ca. 20 Min. backen.

Variante:
Statt Ei-Mandel-Creme: Für eine Baiser-Haube 3 Eiweiß mit 3 EL Puderzucker steif schlagen. 2 EL gemahlene Pinienkerne untermischen und die Masse auf den Früchten verteilen

Tipp
Außerhalb der Saison können Sie TK-Erdbeeren und Rhabarberkompott aus dem Glas nehmen oder auf andere Früchte ausweichen, z. B. auf Zwetschgen, Johannisbeeren, Himbeeren, Birnen oder Äpfel.

gut vorzubereiten

Aprikosen-Lebkuchen-Crumble

500 g Aprikosen (frisch oder aus der Dose)
125 g Butter
125 g Zucker
200 g Mehl
3 TL Lebkuchengewürz
1/2 Fläschchen Bittermandel-Aroma

Zubereitung: 40 Min.
Für 4–6 Personen / Bei 6 Personen pro Portion: ca. 385 kcal

1 Ofen auf 200° vorheizen. Frische Aprikosen waschen, halbieren und vom Kern lösen oder Dosenfrüchte abtropfen lassen und nebeneinander in eine Auflaufform legen.
2 Butter mit Zucker, Mehl, Lebkuchengewürz und Bittermandel-Aroma zu Streuseln verkneten. Das geht am besten, wenn man alles zuerst mit den Knethaken des Handrührgerätes vermischt und dann mit den Fingern weiterknetet. Streusel über die Früchte verteilen und im heißen Ofen (Mitte, Umluft 180°) ca. 25 Min. backen. Dazu passt heiße Vanillesauce (Seite 208).

Varianten:
Statt Aprikosen: Äpfel, Birnen, Mangos oder Zwetschgen verwenden
Statt Lebkuchengewürz: Spekulatiusgewürz, Zimt oder Vanillearoma verwenden

Tipp
Aus dem Crumble wird ein Kuchen, wenn man die doppelte Menge Streusel zubereitet und eine Hälfte als Boden unter die Früchte legt.

für Gäste Ananas-Carpaccio

1 reife Ananas (ca. 1 kg)
2 EL Himbeeressig
2 EL Limettensaft
1 EL flüssiger Honig
2 EL Mandelöl
1 Vanilleschote
200 g Joghurt
100 ml ungesüßte Kokosmilch (aus der Dose)
1 EL Puderzucker
1 Eiweiß

Zubereitung: 20 Min.
Für 4 Personen / Pro Portion: ca. 240 kcal

1 Ananas schälen, längs vierteln und vom Strunk befreien. Viertel quer in dünne Scheiben schneiden, diese auf vier großen Tellern leicht überlappend ausbreiten.
2 Essig, Limettensaft, Honig und Öl gut verquirlen. Vanilleschote längs aufschlitzen, Mark herauskratzen und untermischen. Vanille-Vinaigrette gleichmäßig über die Ananas verteilen.
3 Joghurt mit Kokosmilch und Zucker verrühren. Eiweiß steif schlagen und unterheben. Auf den Ananasscheiben verteilen. Dazu passt ein Asti Spumante.

Variante:
Zusätzlich: mit 2 EL gerösteten Kokosraspeln und einigen Minzeblättern bestreuen

Tipp
Sie können die Ananas auch als Salat servieren: Dazu schneiden Sie sie in Stücke, machen sie mit der Vinaigrette an und verteilen den Kokosschaum darüber.

mediterran Obstsalat mit Nusskrokant

50 g Haselnüsse
4 EL Zucker
1 unbehandelte Orange
150 g Mascarpone
Saft von 1 Zitrone
1 EL Vanillezucker
1 säuerlicher Apfel
1 Birne
1 Banane
1 Kiwi
1 Nektarine
je 100 g grüne und blaue Weintrauben
200 g Erdbeeren

Zubereitung: 30 Min.
Für 4 Personen / Pro Portion: ca. 430 kcal

1 Für den Krokant Nüsse grob hacken und in einer beschichteten Pfanne ohne Fett goldbraun rösten. 3 EL Zucker dazugeben, schmelzen, leicht bräunen lassen und mit Nüssen vermischen, abkühlen lassen.
2 Orange heiß waschen, abtrocknen, Schale abreiben und Saft auspressen. Beides mit Mascarpone und übrigem Zucker verrühren.
3 Zitronensaft mit Vanillezucker verquirlen. Früchte waschen, putzen und zerkleinern. Behutsam in der Marinade wenden.
4 Obstsalat auf flachen Schüsseln mit Orangen-Mascarpone-Creme anrichten. Mit Nusskrokant bestreuen.

Varianten:
Statt Haselnüssen: Walnüsse oder Sesamsamen verwenden
Statt Orange: 2 unbehandelte Zitronen verwenden

gut vorzubereiten Grüne Fruchtsülze

1 kleine Ogen- oder Netzmelone (ca. 500 g)
200 g kleine kernlose grüne Weintrauben
1 grüner Apfel (z. B. Granny Smith)
2 EL Zitronensaft
4 Stängel Zitronenmelisse
7 Blatt weiße Gelatine
1/4 l weißer Traubensaft
50 g Zucker
250 g Sahne
2 EL Vanillezucker
50 g gemahlener Mohn

Zubereitung: 30 Min. (+ 3 Std. Gelierzeit)
Für 4 Personen / Pro Portion: ca. 380 kcal

1 Melone schälen, entkernen, eine Hälfte in kleine Stücke, die andere in Spalten schneiden. Spalten in den Kühlschrank stellen. Trauben waschen und halbieren, Apfel waschen, putzen und klein schneiden. Früchte mit Zitronensaft beträufeln. Melisse abbrausen, trocknen und abzupfen. Gelatine in kaltem Wasser einweichen.
2 Melonenstücke mit Traubensaft und Zucker ca. 3 Min. sanft köcheln lassen, dann pürieren. Gelatine abtropfen lassen und unterrühren.
3 Apfel, Trauben und Melisse mischen und in eine rechteckige Kuchenform (ca. 20 cm lang) füllen. Mit fast erkaltetem Gelee übergießen, ca. 3 Std. kalt stellen.
4 Vor dem Servieren Sahne und Vanillezucker halbsteif schlagen, Mohn unterheben. Sülze auf eine Platte stürzen und in Scheiben schneiden, mit etwas Mohnsahne und den Melonenspalten anrichten.

Variante:
Statt Hälfte der Weintrauben: 100 g grüne Stachelbeeren verwenden

erfrischend Marmorierte Pfirsich-Kaltschale

6 reife Pfirsiche (ca. 700 g)
1/4 l halbtrockener Riesling (ersatzweise Pfirsich- oder Aprikosennektar)
2 EL Zucker
1 Vanilleschote
20 g Speisestärke
100 g Sahne
100 g Brombeeren
2 Stängel Zitronenmelisse

Zubereitung: 30 Min. (+ 2 Std. Kühlzeit)
Für 4 Personen / Pro Portion: ca. 245 kcal

1 Pfirsiche überbrühen, abschrecken, häuten und halbieren. Steine entfernen, Fruchtfleisch in Stücke schneiden. Mit Wein, 1/4 l Wasser und Zucker zum Kochen aufsetzen. Vanilleschote aufschlitzen, Mark herauskratzen. Schote und Vanillemark dazugeben, zugedeckt 5 Min. bei schwacher Hitze köcheln.
2 Vanilleschote herausfischen. Pfirsiche im Topf pürieren. Stärke mit 3 EL Wasser verquirlen, einrühren und einmal aufkochen lassen, bis die Suppe dicklich ist. Im Kühlschrank ca. 2 Std. abkühlen lassen.
3 Suppe auf tiefe Teller verteilen. Sahne halbsteif schlagen. Je 1 EL darauf geben und mit Löffelstiel spiralförmig verziehen. Brombeeren abbrausen, verlesen und darauf verteilen. Mit abgezupften Zitronenmelisse-Blättchen garnieren.

Tipp
Hübsch sieht es aus, wenn Sie die Kaltschale mit je 5 Amarettini (Mandelmakrönchen) garnieren.

Klassiker Mousse au chocolat

180 g Zartbitterschokolade
3 ganz frische Eier
2 EL Puderzucker
2 EL flüssige Butter
2 EL Cognac (ersatzweise starker Kaffee)

Zubereitung: 35 Min. (+ 6 Std. Kühlzeit)
Für 4 Personen / Pro Portion: ca. 350 kcal

1 150 g Schokolade in Stücke brechen und mit 6 EL Wasser unter ständigem Rühren bei schwacher Hitze schmelzen.
2 Eier trennen. Eiweiße und 1 EL Puderzucker steif schlagen. Eigelbe und restlichen Puderzucker dickschaumig aufschlagen. Erst flüssige Schokolade, dann Butter nach und nach unterrühren. Cognac unterrühren. Eischnee unterheben.
3 Mousse in eine Schüssel füllen und zugedeckt mindestens 6 Std. kühl stellen.
4 Restliche Schokolade mit einem Sparschäler in Röllchen schneiden. Vor dem Servieren über die Mousse streuen.

Varianten:
Zusätzlich: 100 g gehackte Zartbitterschokolade unterziehen
Zusätzlich: 100 g gehackte, geröstete Haselnüsse unterziehen
Zusätzlich: 3 EL Eierlikör unterziehen
Zusätzlich: 40 g in Sirup eingelegten gehackten Ingwer unterziehen
Zusätzlich: 100 g Schokoladen-Mokkabohnen unterziehen
Zusätzlich: 100 g Haselnusskrokant unterziehen
Statt Cognac: Orangenlikör oder Rum verwenden

Tipps

Sie können die Mousse auch mit einer anderen Schokolade, z. B. Mokkaschokolade zubereiten. Bei weißer Schokolade muss man allerdings zusätzlich Gelatine verwenden, die Mousse wird sonst nicht fest.
Füllen Sie die Mousse in einen Spritzbeutel mit großer Sterntülle und spritzen Sie sie portionsweise in Dessertschälchen. Als kulinarisches i-Tüpfelchen reichen Sie dazu geschlagene Sahne.

raffiniert Mokka-Orangen-Tiramisu

1 unbehandelte Orange
80 g Löffelbiskuits
4 EL Orangenlikör (ersatzweise Orangensaft)
150 g Mokkaschokolade
2 ganz frische Eier
2 EL Puderzucker
1 EL Instant-Espressopulver
1/4 TL Ingwerpulver
2 EL flüssige Butter
200 g Schlagsahne
1 EL brauner Zucker

Zubereitung: 45 Min. (+ 4 Std. Kühlzeit)
Für 4 Personen / Pro Portion: ca. 550 kcal

1 Orange waschen, Schale abreiben, Saft auspressen (ca. 80 ml Saft). Biskuits in eine flache Form (ca. 22 x 16 cm) legen. Mit Likör und Saft beträufeln.
2 Schokolade in Stücke brechen und mit 6 EL Wasser unter ständigem Rühren bei schwacher Hitze schmelzen.
3 Eier trennen. Eiweiße und 1 EL Puderzucker steif schlagen. Eigelbe, übrigen Puderzucker, Espressopulver, Ingwer und 2 EL heißes Wasser cremig aufschlagen. Erst flüssige Schokolade, dann Butter nach und nach unterrühren. Eischnee unterheben. Mousse auf die Biskuits streichen. Mindestens 4 Std. kühl stellen.
4 Sahne steif schlagen und auf der Mousse verteilen. Vor dem Servieren mit braunem Zucker und Orangenschale bestreuen.

Variante:
Statt Orangensaft und -likör: Mangosaft und Kokoslikör verwenden

Tipp
Füllen Sie, falls nötig, den Orangensaft mit gekauftem Orangensaft auf 80 ml auf.

fruchtig Weiße Mousse mit Kirschkompott

5 Blatt weiße Gelatine
180 g Schattenmorellen ohne Stein (aus dem Glas)
180 ml Schattenmorellensaft (aus dem Glas)
1 Prise Zimtpulver
3 EL Kokoslikör (z. B. Batida de Coco, nach Belieben)
100 g weiße Schokolade
75 ml ungesüßte Kokosmilch (aus der Dose)
2 ganz frische Eigelb
4 EL Zucker
1 ganz frisches Eiweiß
100 g Schlagsahne
40 g Kokos-Chips
1 EL Butter

Zubereitung: 1 Std. (+ 4 Std. Kühlzeit)
Für 4 Personen / Pro Portion: ca. 445 kcal

1 Gelatine einweichen. Kirschen gleichmäßig in vier Gläser verteilen. 5 EL Saft erhitzen. 1 Blatt Gelatine ausdrücken und darin auflösen. Übrigen Saft, Zimt und nach Belieben 1 EL Likör unterrühren. Über die Kirschen gießen und kühl stellen.
2 Schokolade hacken und mit Kokosmilch und übrigem Likör unter Rühren bei schwacher Hitze schmelzen. Restliche Gelatine ausdrücken und darin auflösen.
3 Eigelbe, 2 EL Zucker und 1 EL heißes Wasser im heißen Wasserbad dickschaumig schlagen. Schokomilch nach und nach unter die Eicreme rühren. Kühl stellen.
4 Eiweiß mit 1 EL Zucker steif schlagen. Sahne ebenfalls steif schlagen. Erst Sahne, dann Eischnee unter die gelierende Schokoladencreme heben. Creme auf die Kirschen füllen und ca. 4 Std. kühl stellen.
5 Vor dem Servieren Kokos-Chips in Butter anrösten. Mit restlichem Zucker mischen und auf der Creme verteilen.

erfrischend Zitronengras-Panna-cotta

2 Stängel Zitronengras
1 Vanilleschote
500 g Schlagsahne
50 g Zucker
5 Blatt weiße Gelatine
Salz
4 Förmchen (à ca. 1/8 l Inhalt)

Zubereitung: 30 Min. (+ 5 Std. Kühlzeit)
Für 4 Personen / Pro Portion: ca. 445 kcal

1 Zitronengras waschen und faserig klopfen. Vanilleschote längs einritzen und das Mark herausschaben.
2 Sahne, Zucker, 1 Prise Salz, Zitronengras, Vanilleschote und -mark ca. 15 Min. köcheln lassen.
3 Gelatine in kaltem Wasser einweichen.
4 Zitronengras und Vanilleschote aus der Sahne nehmen. Gelatine ausdrücken und in der heißen Sahne auflösen. Sahne durch ein Sieb in die kalt ausgespülten Förmchen füllen und abkühlen lassen. Zugedeckt ca. 5 Std. kühl stellen.
5 Panna cotta mit einem Messer vom Rand der Förmchen lösen, Förmchen bis zum Rand kurz in heißes Wasser tauchen und Panna cotta auf Teller stürzen. Dazu schmecken Fruchtpüree, z. B. Himbeerpüree, oder mit Marsala marinierte Früchte.

Tipp
Lassen Sie das Zitronengras in der Sahne ca. 12 Std. ziehen, bevor Sie die Gelatine in der erwärmten Sahne auflösen: Sie erhalten so eine besonders erfrischende Note.

Klassiker Crème caramel

120 g Zucker
1 Vanilleschote
300 ml Milch
2 Eier
2 Eigelbe
4 ofenfeste Förmchen (à ca. 1/8 l Inhalt)

Zubereitung: 1 Std. 15 Min. (+ 3 Std. Kühlzeit)
Für 4 Personen / Pro Portion: ca. 215 kcal

1 70 g Zucker in einer Pfanne hellbraun karamellisieren lassen. Vorsichtig mit 2 EL Wasser verrühren, köcheln, bis sich der Karamell gelöst hat. Karamell in die Förmchen füllen und fest werden lassen.
2 Eine flache Auflaufform oder die Saftpfanne ca. 3 cm hoch mit Wasser füllen und in den Backofen schieben. Backofen auf 175° (Umluft 160°) vorheizen.
3 Vanilleschote längs einritzen und das Mark herausschaben. Milch, Vanilleschote und -mark sowie restlichen Zucker aufkochen, von der Kochstelle ziehen und etwas ziehen lassen. Vanilleschote entfernen.
4 Eier und Eigelbe verquirlen. Heiße Milch nach und nach zugießen. Eiermischung durch ein Sieb in die Förmchen gießen. Im Ofen (Mitte) im Wasserbad in ca. 40 Min. stocken lassen. Creme abkühlen lassen, mit einem spitzen Messer vom Formrand lösen und auf Teller stürzen.

Varianten:
Statt mit Wasser: Karamell mit Cognac auflösen
Statt 100 ml Milch: 100 g Schlagsahne verwenden

fruchtig Erdbeercreme

5 Blatt weiße Gelatine
1 Blatt rote Gelatine
1 unbehandelte Limette
1/2 Bund Minze
500 g Erdbeeren
4 EL Erdbeerlikör (ersatzweise Himbeersirup)
60 g Puderzucker
150 g Joghurt
200 g Schlagsahne
4 Förmchen (à ca. 200 ml Inhalt)

Zubereitung: 45 Min. (+ 4 Std. Kühlzeit)
Für 4 Personen / Pro Portion: ca. 315 kcal

1 Gelatine gemeinsam einweichen. Limette waschen, trocknen, die Schale abreiben, Saft auspressen. Minze waschen, trockenschütteln und Blättchen hacken.
2 Erdbeeren waschen und putzen. 250 g Erdbeeren, Likör und 40 g Puderzucker pürieren. Joghurt, Limettenschale und -saft und Minze unterrühren.
3 Gelatine ausdrücken, bei schwacher Hitze auflösen und mit 3 EL Erdbeercreme verrühren. In die übrige Creme rühren und kühl stellen.
4 Sobald die Erdbeercreme zu gelieren beginnt, Sahne steif schlagen und unterheben. Creme in die kalt ausgespülten Förmchen füllen und ca. 4 Std. kühl stellen.
5 Übrige Erdbeeren vierteln und mit restlichem Puderzucker mischen. Förmchen bis zum Rand kurz in heißes Wasser tauchen und die Erdbeercreme auf Teller stürzen. Mit Erdbeeren garnieren.

Variante:
Statt Minze und Erdbeerlikör: 1 Bund Zitronenmelisse und Orangenlikör verwenden

für Festtage Zimtcreme

4 Blatt weiße Gelatine
1 Vanilleschote
200 ml Milch
1 gehäufter TL Zimtpulver
1 Prise gemahlene Nelken
3 ganz frische Eigelb
4 EL Zucker
7 EL Armagnac
200 g Schlagsahne
150 g Trockenpflaumen
4 Förmchen (à ca. 180 ml Inhalt)

Zubereitung: 45 Min. (+ 4 Std. Kühlzeit)
Für 4 Personen / Pro Portion: ca. 410 kcal

1 Gelatine einweichen. Vanilleschote längs aufritzen und das Mark herausschaben. Milch mit Vanilleschote und -mark, Zimt- und Nelkenpulver aufkochen.
2 Eigelbe, 3 EL Zucker, 1 EL Armagnac und 2 EL heißes Wasser auf dem heißen Wasserbad cremig rühren. Vanilleschote aus der Milch nehmen. Heiße Milch nach und nach unter die Eigelbcreme rühren. Gelatine ausdrücken und darin auflösen.
3 Sahne und restlichen Zucker steif schlagen. Creme im kalten Wasserbad kalt rühren. Kurz bevor sie geliert, Sahne unterheben. Creme in die mit kaltem Wasser ausgespülten Förmchen füllen und ca. 4 Std. kühl stellen.
4 Inzwischen Pflaumen vierteln und in restlichem Armagnac einweichen.
5 Förmchen bis zum Rand in heißes Wasser tauchen und die Creme auf Teller stürzen. Mit Pflaumen garnieren.

Tipp
Wer keinen Alkohol verwenden möchte, lässt ihn in der Creme einfach weg und serviert statt der Armagnac-Pflaumen das Zwetschgenkompott (Tipp Seite 207).

gut vorzubereiten Rhabarber-Himbeer-Parfait

600 g Rhabarber
375 ml Himbeersirup
300 g Himbeeren (frisch oder TK)
6 ganz frische Eigelb
50 g Puderzucker
2 EL Himbeergeist (nach Belieben)
500 g Sahne
1 EL gehackte Pistazien
Kastenform (Inhalt 1,5 l)
Frischhaltefolie

Zubereitung: 50 Min. (+ 12 Std. Gefrierzeit)
Für 8 Personen / Pro Portion: ca. 440 kcal

1 Rhabarber putzen, schälen, in dünne Scheiben schneiden. Im heißen Sirup 1 Min. kochen lassen. 100 g Rhabarber herausheben, beiseite stellen. 200 g Himbeeren zum Sirup geben, aufkochen, dann 3 Min. zugedeckt kochen lassen, pürieren und durch ein Sieb streichen. 1/2 l Püree abmessen, restliches Püree beiseite stellen.

2 Eigelbe und Puderzucker mit den Quirlen des Handrührgeräts dickcremig aufschlagen. Heißes Püree unter Rühren zugeben, in einem Topf bei mittlerer Hitze mit dem Schneebesen bis kurz vor dem Kochen aufschlagen. (Vorsicht: Masse darf nicht kochen!) In eine Schüssel geben, Himbeergeist unterrühren und Eismasse im kalten Wasserbad kalt rühren.

3 400 g Sahne steif schlagen und unter die Eismasse heben. Kastenform mit Frischhaltefolie auslegen. 6 EL Püree hineingeben, Eismasse darauf glatt streichen und über Nacht gefrieren lassen.

4 Restliche Sahne steif schlagen. Parfait stürzen, in Scheiben schneiden, mit Sahne, Pistazien, restlichem Püree, Rhabarber und Himbeeren garnieren.

Tipps

Für ein kaltes Wasserbad geben Sie Eiswürfel und kühlschrankkaltes Wasser in eine Schüssel. Darauf stellen Sie die Schüssel mit der Eismasse und rühren, bis die Masse erkaltet ist.
In der Rhabarber-Saison können Sie Rhabarber prima einfrieren: Rhabarber putzen, waschen und sorgfältig trocknen, dann in Scheiben schneiden und auf einem Blech einfrieren. Gefrorene Scheiben in Gefrierbeuteln verpacken und bei Bedarf auftauen.

für Gäste Espresso-Parfait

40 g Puderzucker
3 EL Instant-Espressopulver
3 ganz frische Eigelbe
2 EL Orangenlikör (nach Belieben)
1 Päckchen Vanillezucker
350 g Sahne
100 g weiße Schokolade
30 g Schokoladen-Mokkabohnen
4 Tassen (à ca. 150 ml Inhalt)

Zubereitung: 1 Std. (+ 3 Std. Gefrierzeit)
Für 4 Personen / Pro Portion: ca. 550 kcal

1 10 g Puderzucker, Espressopulver und 3 EL kochendes Wasser verrühren. Eigelbe, Likör, Vanillezucker und restlichen Puderzucker mit den Quirlen des Handrührgeräts über einem heißen Wasserbad dickcremig aufschlagen.
2 Espressomischung unter Rühren zugeben, Eismasse in einem kalten Wasserbad kalt rühren. 250 g Sahne steif schlagen und vorsichtig unterheben. Masse auf die Tassen verteilen und mindestens 3 Std. einfrieren.
3 Tassen kurz in heißes Wasser stellen, Parfait herauslösen, auf Dessertteller geben und 30 Min. kalt stellen. 100 g Sahne erhitzen, weiße Schokolade zerbrechen und darin unter Rühren auflösen. Sauce über die Parfaits geben, sofort mit Mokkabohnen bestreuen und servieren.

Varianten:
Statt Orangenlikör: 1/4 TL abgeriebene unbehandelte Orangenschale und 2 EL Orangensaft zum Eigelb geben
Statt Vanillezucker: Mark von 1/2 ausgekratzten Vanilleschote und 50 g Puderzucker verwenden

exotisch Limetten-Parfait

50 g kandierter Ingwer
1/2 Ananas (ca. 600 g)
3 EL weißer Rum (nach Belieben)
3 ganz frische Eier
6 unbehandelte Limetten
165 ml ungesüßte Kokosmilch (aus der Dose)
2 Eigelb
100 g Puderzucker
250 g Sahne
125 g flüssiger Honig
1 EL Speisestärke
Salz
1 Kastenform (2 l Inhalt)

Zubereitung: 1 Std. 10 Min. (+ 12 Std. Gefrierzeit)
Für 8 Personen / Pro Portion: ca. 255 kcal

1 Ingwer fein hacken. Ananas schälen, vierteln, Strunk entfernen, Fruchtfleisch klein würfeln. Mit Ingwer und Rum mischen, beiseite stellen.
2 Eier trennen. Limetten heiß waschen, trocknen. Von 3 Limetten die Schale abreiben, Saft auspressen. Beides mit Kokosmilch, Eigelben und Zucker über einem heißen Wasserbad dickcremig aufschlagen. Im kalten Wasserbad kalt rühren.
3 Sahne steif schlagen. Eiweiße mit 1 Prise Salz steif schlagen. Ananas-Ingwer-Mischung unter die Eigelbcreme rühren, erst Sahne, dann Eischnee vorsichtig unterheben. Kastenform mit Frischhaltefolie auslegen, Eismasse darin glatt streichen, über Nacht gefrieren lassen.
4 Schale von restlichen Limetten abreiben, 100 ml Saft auspressen. Beides mit Honig aufkochen. Stärke mit 1/8 l kaltem Wasser verrühren, zum Honig geben und unter Rühren aufkochen. Abkühlen lassen. Parfait in Scheiben schneiden, mit Honigsauce servieren. Nach Belieben mit der restlichen, in Spalten geschnittenen halben Ananas servieren.

fruchtig Mango-Sorbet

1 unbehandelte Limette
2 kleine reife Mangos (à 300–400 g)
2 EL Zucker
100 ml kalter Weißwein (ersatzweise Mangosaft)
1 EL Puderzucker
Zitronenmelisse zum Garnieren

Zubereitung: 35 Min. (+ 30–40 Min. Gefrierzeit)
Für 8 Personen / Pro Portion: ca. 75 kcal

1 Mangos schälen und das Fruchtfleisch vom Stein schneiden. Ein Drittel in Spalten schneiden und abgedeckt kalt stellen. Restliche Mango würfeln. Limette waschen, trocknen, Schale abreiben, Saft auspressen. Zucker in 3 EL Wasser bei milder Hitze kochen, bis er sich gelöst hat. Mit 1 EL Limettensaft und Weißwein mischen.
2 1 EL Limettenschale zur Mango geben. Mit der Weinmischung pürieren und evtl. durch ein feines Sieb streichen.
3 In der Eismaschine (Gebrauchsanweisung beachten!) gefrieren lassen. Kugeln abstechen und mit Mangospalten und Zitronenmelisse servieren.

Variante:
Statt Mango: Papaya verwenden

Tipp
Falls Sie keine Eismaschine zur Verfügung haben, stellen Sie die Mangomasse in einer flachen Schüssel ins Gefriergerät. Nach 30 Min. arbeiten Sie sie mit dem Pürierstab durch und frieren sie wieder ein. Diesen Vorgang wiederholen Sie dreimal, dann alle 10 Min., bis die gewünschte Konsistenz erreicht ist.

erfrischend Erdbeer-Caipirinha-Sorbet

2 1/2 unbehandelte Limetten
120 g brauner Zucker
600 g Erdbeeren
2 Blatt rote Gelatine
5 EL Cachaca (brasilianischer Zuckerrohrschnaps)

Zubereitung: 40 Min. (+ 20–30 Min. Gefrierzeit)
Für 8 Personen / Pro Portion: ca. 100 kcal

1 Limetten heiß waschen, trocknen. 2 Limetten achteln, mit 20 g Zucker in einer Schüssel zerdrücken und 15 Min. ziehen lassen. Erdbeeren waschen, trockentupfen, putzen und vierteln. Gelatine in kaltem Wasser einweichen. 80 g Zucker und 50 ml Wasser unter Rühren aufkochen, bis sich der Zucker gelöst hat. Vom Herd nehmen, Gelatine ausdrücken und im Zuckerwasser auflösen.
2 Erdbeeren und Zuckerwasser pürieren und mit den zerdrückten Limetten durch ein Sieb streichen. In der Eismaschine (Gebrauchsanweisung beachten!) gefrieren lassen. Restliche 1/2 Limette in Scheiben schneiden. Sorbet in einen Spritzbeutel mit Sterntülle füllen und in gekühlte Gläser spritzen. Mit den Limettenscheiben garnieren und mit restlichem Zucker bestreut servieren.

Variante:
Erdbeer-Mojito-Sorbet: 6 Stängel Pfefferminze mit den Limetten zerdrücken und Cachaca durch weißen Rum ersetzen

exotisch Pistazieneis

5 grüne Kardamomkapseln
100 g Zucker
250 g Kondensmilch
250 g Crème double
50 g gehackte Pistazien
1 unbehandelte Limette
1 Papaya

Zubereitung: 45 Min. (+ 6 Std. Gefrierzeit)
Für 4 Personen / Pro Portion: ca. 515 kcal

1. Kardamomkapseln mit dem Nudelholz zerdrücken. Kardamom, Zucker und Kondensmilch in einen kleinen Topf geben und aufkochen. Zugedeckt bei kleinster Hitze 10 Min. köcheln lassen. Kardamommilch in eine Schüssel geben und im kalten Wasserbad unter Rühren abkühlen lassen.
2. Crème double mit den Quirlen des Handrührgeräts cremig aufschlagen. Kardamommilch durch ein Sieb gießen, Pistazien unter die Milch mischen. Crème double vorsichtig unterheben.
3. Masse mindestens 6 Std. einfrieren. Während der ersten 3 Std. ungefähr alle 30 Min. mit einem Teigschaber durchrühren. Limette heiß waschen, trocknen und 1 EL Schale abreiben, Saft auspressen. Papaya halbieren und entkernen, Fruchtfleisch schälen und in Spalten schneiden. Mit etwas Limettensaft beträufeln und Limettenschale untermischen. Vom Eis Kugeln abstechen und mit Papayaspalten garniert servieren.

Tipp

Aus der Hälfte der Eismasse können Sie Stieleis zubereiten: Füllen Sie die Masse in 6 Stieleis-Förmchen (Haushaltswarenhandel), die Sie verschließen und anschließend gefrieren lassen.

gelingt leicht Sekt-Minze-Granita

60 g Puderzucker
1 Flasche trockener Sekt (0,75 l)
8 Stängel Minze
6 EL Zitronensaft
8 EL Pfefferminzlikör
Erdbeeren oder Himbeeren zum Garnieren (nach Belieben)

Zubereitung: 20 Min. (+ 6 Std. Gefrierzeit)
Für 8 Personen / Pro Portion: ca. 135 kcal

1. Puderzucker in eine Schüssel sieben. Sekt darauf gießen. (Vorsicht: Es schäumt!) Minze waschen, trockenschütteln, Blättchen von 6 Stängeln abzupfen und hacken. Mit dem Zitronensaft zum Sekt geben und mischen. In einer flachen Form ins Gefriergerät stellen.
2. Nach 1 Std. ungefähr alle 30 Min. mit einem Teigschaber die sich am Rand bildenden Eiskristalle zur Mitte schaben. Diesen Vorgang so lange wiederholen, bis alle Flüssigkeit gefroren ist. Die Eiskristalle sollten so trocken sein, dass sie nicht aneinander kleben, sondern locker auseinanderfallen. Likör auf gut gekühlte Gläser verteilen, Granita darauf geben und mit restlicher Minze und nach Belieben mit Beeren garniert servieren.

Tipp

Ein toller Ersatz für Sekt ist Holunderblütensirup. Für 1 l Sirup: 500 ml Wasser und 500 g Zucker aufkochen. Je 1/2 unbehandelte Zitrone und Limette in Scheiben schneiden, mit 3–4 großen Holunderblütendolden und 5 g Zitronensäure (Apotheke) in ein großes Glas geben und mit dem Zuckersirup übergießen. Offen 5 Tage in der Sonne stehen lassen. Durch ein Sieb gießen, in Flaschen füllen und verschließen.

Zwei leichte Frühjahrsmenüs

4 Gänge:
Frühlingssalat S. 77
Weiß-grüne Spargelsuppe S. 64
Gedünstetes Gemüse mit Kräutersauce und Lammfilet S. 92
Rhabarber-Himbeer-Parfait S. 216

Aperitif: Holunderblütensirup, mit Sekt aufgegossen
Getränk: frisch-fruchtiger Weißwein, z. B. französischer Sauvignon Blanc

3 Gänge:
Spargelterrine S. 55, evtl. auf einem Rucola- oder Wildkräutersalat angerichtet
Schollenröllchen in Petersiliensahne S. 152, dazu Reis und gedünstete Zuckerschoten
Erdbeercreme S. 215

Aperitif: mit etwas Puderzucker pürierte Erdbeeren und Ananassaft, mit Sekt aufgegossen
Getränk: leichter, frischer Weißwein z. B. Chablis oder Riesling

Zwei südliche Sommermenüs

4 Gänge:
Rucola mit Parmesan S. 78, evtl. mit Pilz-Bruschetta S. 26
Pasta mit Tunfischsauce S. 123
Hähnchenkeulen mit Tomaten S. 188, dazu frisches Ciabatta
Espresso-Parfait S. 217

Aperitif: Campari mit Eis, etwas Zitronensaft und Orangenschalenspirale
Getränk: trockener, nicht allzu kräftiger Rotwein, z. B. Chianti

3 Gänge:
Paprika-Tomaten-Suppe S. 66
Tunfisch andalusische Art S. 161, dazu frisches Bauernbrot
Obstsalat mit Nusskrokant S. 210

Aperitif: pürierter Pfirsich, mit einem Schuss Pfirsichlikör und Sekt aufgegossen
Getränk: kräftig-fruchtiger Rosé, z. B. ein spanischer Rosado de Navarra

Zwei deftige Herbstmenüs

4 Gänge:
Feldsalat mit Speck und Pilzen S. 80
Zwiebelkuchen S. 38
Kürbis-Mangold-Auflauf S. 100, dazu evtl. grüner Salat mit Vinaigrette
Zwetschgen-Quark-Auflauf S. 207

Aperitif: Gleiche Teile Vermouth bianco und Cynar (Artischockenbitter), mit Eiswürfeln gemischt und mit Orangenvierteln serviert
Getränke: Federweißer oder kühles Bier

3 Gänge:
Sellerie-Kartoffelcreme-Suppe S. 66
Gulasch mit Backpflaumen S. 185, dazu Salzkartoffeln oder Spätzle
Apfelkücherl S. 203, dazu Vanillesauce

Aperitif: je 2 Teile Vermouth rosso und Calvados, 1 Teil Vermouth dry, mit Eiswürfeln und mit Zitronenschale gemischt
Getränke: Cidre oder Apfelmost

Zwei festliche Wintermenüs

4 Gänge:
Chicorée mit Birne und Gorgonzola S. 79
Möhrensuppe mit Sekt S. 65
Gefüllter Wolfsbarsch S. 162, dazu Butterreis oder Kroketten
Zimtcreme S. 215

Aperitif: Kir (Weißwein mit Johannisbeerlikör)
Getränk: gehaltvoller Weißwein, z. B. ein deutscher Grauburgunder

3 Gänge:
Lachs-Täschchen S. 33
Gebratene Gans S. 197, dazu Kartoffelklöße und Rotkohl
Bratäpfel mit Vanillesauce S. 208

Aperitif: je 2 Teile Portwein und Orangensaft, 1 Teil Brandy, mit Champagner aufgegossen
Getränk: ein kräftig-voller Rotwein z. B. ein deutscher Spätburgunder

Zwei vegetarische Menüs

4 Gänge:
Spargel-Zuckerschoten-Salat S. 77
Misosuppe mit Tofu S. 62
Radicchio-Tomaten-Gratin S. 103
Grüne Fruchtsülze S. 211

Aperitif: pürierte Kiwi, mit einem Schuss Blue-Curaçao-Likör und Prosecco aufgegossen
Getränk: frischer, leichter Rotwein, z. B. italienischer Bardolino

3 Gänge:
Brokkoli-Mousse S. 54, evtl. auf Rucolasalat mit Walnüssen angerichtet
Spinat-Pilz-Cannelloni S. 131
Marzipan-Buchteln mit Weinschaumsauce S. 206

Aperitif: 3 Teile Sherry, 2 Teile spanischer Brandy und 1 Teil Rum, mit Eiswürfeln gemischt und mit Zitronenschale serviert
Getränk: frischer, leichter Weißwein, z. B. italienischer Frascati

Einladung zum Wok-Abend

Vorspeise: Hähnchen-Satés S. 46, Garnelen-Bällchen S. 34 und Frühlingsrollen S. 35, evtl. mit Feuriger Paprikasauce S. 49, Mango-Chutney S. 49 oder gekauften Fertigsaucen aus dem Asienladen (z. B. süß-saure Chilisauce oder Pflaumensauce)
Hauptgericht: Alle Zutaten für ca. 2–3 Wok-Gerichte – je nach Personenzahl halbieren oder verdoppeln – zurechtschneiden und in Schälchen oder auf Platten bereitstellen: z. B. für Tintenfisch-Nudeln S. 126, Gemüse-Kokos-Curry S. 90 und süß-saure Entenbrust S. 180, dann mit den Gästen gemeinsam wokken. Dazu Basmati-, Jasmin- oder Duftreis reichen.
Nachtisch: Platte mit aufgeschnittenem frischen Obst, z. B. Ananas, Mango, Papaya, Melone, Lychees und Kiwis und/oder gekühlter Kokos-Milchreis S. 205 oder Zitronengras-Panna-cotta S. 214

Aperitif: eisgekühlter Pflaumenwein, evtl. mit Sekt aufgefüllt
Getränke: Jasmintee, grüner Tee, Ginger Ale oder Bier

Einladung zum Tapas-Büfett

Eine Auswahl der auf den Seiten 56–59 vorgestellten Gerichte in kleinen Schälchen bereitstellen. Sie lassen sich ergänzen durch Knoblauch-Garnelen mit Melonendip S. 46, Dattel-Schinken-Spieße S. 47, Lammbällchen mit Apfelmus S. 47, Polenta-Parmesan-Krapfen S. 34, Tortilla S. 44, Linsensalat mit Chorizo S. 84. Da die Gerichte im Regelfall als Vorspeise für 4 Personen berechnet sind, je nach Gästezahl halbieren oder verdoppeln, um eine möglichst große Vielfalt bieten zu können.
Zusätzlich Schälchen mit Käsestückchen (Parmesan oder Manchego), Chorizo- oder Salamiwürfeln, Serranoschinken-Scheiben, Oliven und gesalzenen Mandeln bereitstellen und pro Person ca. 100 g frisches Landbrot oder Ciabatta einrechnen.
Nachtisch: frisch aufgeschnittene Melone, Weintrauben oder Crème caramel S. 214

Aperitif: Sherry oder spanischer Cava
Getränke: spanischer Rot- und Weißwein, Sangria

Einladung zum orientalischen 1001-Nacht-Mahl

Vorpeisen: eine Auswahl folgender Gerichte in kleinen Schälchen: Lammbällchen mit Apfelmus S. 47, Honigmöhren S. 56, Auberginenröllchen S. 56, Sherry-Hähnchen S. 58, Tabouleh S. 85, Spinat-Möhren-Salat mit Schafkäse S. 78, dazu Hummus S. 51 und Safran-Aïoli S. 51
Zusätzlich frische Gurken- und Tomatenscheiben, Oliven, Schafkäsewürfel und türkisches Fladenbrot anbieten.
Hauptgericht: Gerstenpilaw mit Aprikosen S. 143 oder Couscous mit Lamm S. 143 oder Lammhaxen-Tajine S. 189 oder Lammcurry mit Kichererbsen S. 187 oder Mandelforelle mit Ajvarsauce S. 155 oder Doraden auf Safranfenchel S. 162
Dazu Couscous, Reis oder Fladenbrot und mit Knoblauch, Kreuzkümmel, Salz und Pfeffer abgeschmeckten Joghurt reichen.
Nachtisch: Orangenspalten, mit Honig und gehackten Pistazien oder Mandeln bestreut, Pistazieneis S. 219 oder türkisches Gebäck (z. B. Baklava)

Getränke: Hibiskus-, Minztee oder mit Kardamomkapseln und Zimtstangen aromatisierter Schwarztee

Béchamelsauce

Der helle Saucenklassiker, der in keiner Lasagne fehlen darf, besteht aus Mehl, Butter und Milch:

➤ 1 EL Butter bei mittlerer Hitze schmelzen, 1 EL Mehl mit dem Schneebesen einrühren, bis die Mischung keine Klümpchen mehr zeigt. 1/4 l kalte Milch nach und nach dazurühren. Wichtig: Alles gründlich aufkochen lassen, das nimmt den Mehlgeschmack. Dann Hitze herunterschalten und Sauce 20 Min. quellen lassen, nach Belieben ein Lorbeerblatt, Petersilienstiele oder eine kleine, mit 2 Nelken gespickte Zwiebel dazugeben. Achtung: Sauce nicht aus den Augen lassen. Sie brennt leicht an. Die klassische Béchamel zum Schluss mit Salz, Pfeffer und Muskatnuss würzen.

➤ Wer nicht auf Kalorien achten muss, rührt noch Sahne unter.

➤ Der Anteil tierischer Fette lässt sich reduzieren, wenn man das Mehl in Öl anschwitzt und mit Brühe und Milch aufgießt.

Blanchieren

Kurzes Kochen mit anschließendem schnellen Abkühlen von Gemüse, Obst, Fleisch oder Meeresfrüchten. So wird's gemacht: Lebensmittel waschen. Gemüse auch putzen oder verlesen, falls nötig schälen und in gleich große Stücke schneiden oder teilen. Reichlich Wasser in einem großen Topf aufkochen. Vorbereitete Lebensmittel darin je nach Sorte und Rezept 1–5 Min. sprudelnd kochen, dann abgießen und mit eiskaltem Wasser abbrausen.

➤ Profis tauchen Lebensmittel in einem Blanchierkorb ins sprudelnd kochende Wasser, anschließend in einen großen Topf mit Eiswasser. Durch den Kälteschock wird der Garprozess blitzschnell gestoppt. So bleiben Farbe und Konsistenz der Lebensmittel erhalten.

➤ Die meisten Gemüse müssen vor dem Einfrieren blanchiert werden. Das ist nötig, um Enzyme auszuschalten, die Tiefgekühltes schneller verderben lassen.

➤ Durchs Blanchieren sollen auch Bitterstoffe herausgelöst oder Lebensmittel vorgegart werden (z. B. für Quiche oder Auflauf).

Blätterteig

Selbermachen lohnt sich kaum. Denn um die bis zu 200 hauchdünnen Teigschichten zuzubereiten, braucht man viel Zeit. Tiefgekühlte Teigplatten lassen sich leicht verarbeiten: nebeneinander ausbreiten und in knapp 20 Min. auftauen lassen. Dann je nach Rezept ausrollen oder -schneiden. Wichtig: Zum Schneiden sehr scharfe Messer verwenden. Sonst wird der Blätterteig zu sehr gequetscht und kann sich beim Backen nicht entfalten.

➤ Soll TK-Teig auf Blechgröße ausgerollt werden, entweder alle kleinen Platten – bis auf eine – mit Wasser bestreichen, dann mit der trockenen Platte zuoberst übereinander legen und dünn ausrollen. So wird der Teig besonders luftig. Oder aufgetaute Platten so nebeneinander legen, dass die Ränder überlappen. »Nähte« mit Wasser bepinseln und leicht zusammendrücken, dann alles ausrollen. So erhält man eine flachere Platte. Wichtig: Teigreste nie zusammenkneten, sondern stapeln und neu ausrollen.

➤ Den Teig vor dem Backen mit einer Gabel mehrmals einstechen, damit er nicht spannt und sich beim Backen verzieht. Teig vorsichtig mit Eigelb bepinseln, Ränder aussparen, denn Eigelb klebt die Schichten zusammen.

➤ Blätterteig am besten auf mit etwas Wasser besprenkeltem Backpapier backen, Wasserdampf lässt ihn schön hochgehen.

Blattsalate

Müssen beim Kauf frisch und knackig aussehen. Achten Sie auf die Schnittstelle des Strunks: Ist sie bräunlich verfärbt, wurde der Salat schon länger gelagert. Freilandsalate enthalten mehr Vitamine und weniger Nitrate als Treibhausware. Salat bald genießen, er verliert rasch Vitamine. Wenn nötig, Salat in einem Plastikbeutel im Gemüsefach des Kühlschranks aufbewahren. Verarbeitung: Welke Blätter entfernen, übrige Blätter vom Strunk lösen. Dickere Rippen aus den Blättern schneiden, sie enthalten am meisten Nitrat. Beim Feldsalat Wurzeln entfernen. Blätter in stehendem Wasser mehrmals waschen, erst dann kleiner zupfen oder schneiden. So werden Vitamine nicht ausgelaugt. Salat gut abtropfen lassen, am besten trockenschleudern. Eisbergsalat oder Chicorée in Streifen schneiden.

➤ Blattsalate immer erst kurz vor dem Servieren mit dem Dressing vermischen, sie fallen sonst zusammen.

Bouillon, Brühe

Ob Hühner-, Fleisch-, Fisch- oder Gemüsebrühe: Am besten schmeckt selbst gekochte. Für eine Gemüsebrühe 2 Möhren, 1 Stange Lauch, 2 Petersilienwurzeln, 1 Zwiebel und 3 Stangen Staudensellerie putzen, waschen, grob zerkleinern und in 1 EL Öl anrösten, mit 2 l Wasser und 1 EL Pfefferkörnern aufkochen und 1 Std. sanft kochen lassen. Dann abseihen und salzen. Auf Vorrat: Frisch gekochte Brühe abkühlen lassen, portionsweise einfrieren (hält 6 Monate) oder wie Marmelade kochend heiß in dicht schließende Gläser füllen.

Wer Zeit sparen will: Brühwürfel oder Pulver liefern in Sekundenschnelle einen – allerdings nicht ganz ebenbürtigen – Ersatz. Würfel kurz mit Wasser aufkochen, Pulver mit kochend heißem Wasser übergießen. Die Produkte enthalten Fleischextrakt, wenn der Name auf Fleisch verweist, z. B. Rindfleisch-Bouillon im Gegensatz zu Delikatess-Brühe. So genannte klare Suppen werden mit Quellstoffen leicht gebunden, Brühen nicht. Weitere Zutaten bei Brühen und Suppen sind in der Regel tierische und pflanzliche Fette, Gemüse, Kräuter und Gewürze, Salz und Geschmacksverstärker wie Glutamat. Im Bio-Laden und im Reformhaus bekommt man Brühen ohne Zusatzstoffe. Feine, aber teure Basis für Suppen und Saucen: Fonds aus dem Glas.

Braten

Für die wohl älteste Garmethode nur Fett verwenden, das hohe Temperaturen verträgt. Es muss eiweiß- und wasserfrei sein wie Pflanzenöl oder Schmalz. Auch Öle mit vielen gesättigten Fettsäuren kommen in Frage, etwa Erdnussöl. Butter und Margarine verbrennen dagegen bei hohen Temperaturen. Kaltgepresste Öle sind ebenfalls nicht hitzebeständig.

➤ Damit das Fett weder abkühlt noch spritzt, müssen Fleisch, Fisch oder Gemüse beim Anbraten trocken sein – falls nötig, mit Küchenkrepp trockentupfen.

➤ Alles, was nicht paniert ist, erst nach dem Anbraten salzen, denn Salz entzieht Flüssigkeit.

Bratkartoffeln

Die einfachste Möglichkeit: Gekochte und in der Schale abgekühlte Kartoffeln pellen, in Scheiben oder Spalten schneiden und 4–6 Min. offen und bei großer Hitze in mind. 2 EL Fett anbraten. Erst dann wenden und – nach Belieben mit Kräutern oder Zwiebelwürfelchen – weitere 4–6 Min. braten. Zum Schluss mit Salz und Pfeffer würzen. Wichtig: Die Pfanne muss groß sein, denn die Kartoffeln sollen nebeneinander, nicht übereinander liegen. Bei beschichteten Pfannen reicht 1 EL Fett. Sie können Speck auslassen, Butterschmalz, Oliven- oder Sonnenblumenöl verwenden, aber bitte weder Butter noch kaltgepresstes Öl. Kartoffeln auf Küchenkrepp entfetten.

➤ Immer erst nach dem Braten salzen. Sonst ziehen sie zu viel Wasser und kochen, anstatt zu braten.

Dämpfen

Das Garen im Wasserdampf schont Vitamine, Nährstoffe und Aroma. Zum Dämpfen benötigt man einen Kochtopf mit dicht schließendem Deckel und einen dazu passenden Sieb- oder Dämpfeinsatz, den man in Küchengeschäften bekommt. Preiswert und gut sind Bambuseinsätze aus dem Asienladen.

➤ Wer nicht extra einen Dämpfkorb kaufen will, stellt eine Kaffeetasse umgedreht in einen Topf, darauf einen Teller mit dem Lebensmittel. Zum Dämpfen: 1–2 Tassen Flüssigkeit in den Topf gießen, z. B. Wasser mit Wein, Kräutern oder Gewürzen aromatisiert. Dämpfeinsatz mit Butter oder Öl bepinseln und Kräuter, Fisch, Gemüse oder auch Teigtäschchen darauf legen. Topf mit Deckel gut verschließen, Flüssigkeit aufkochen und Lebensmittel im Dampf garen.

➤ Deckel nicht anheben! Dämpfflüssigkeit nicht wegschütten, sondern sieben und evtl. einkochen. Sie ist eine tolle Saucenbasis.

Fisch

Fisch muss frisch sein, also auf fest anliegende Kiemen, klare, glänzende Augen und glatte Schleimhaut achten. Fisch darf nicht riechen und auch im heimischen Kühlschrank nicht lange lagern.

➤ Filets vor der Zubereitung noch mal auf Gräten überprüfen. Mit den Fingern Gräten aufspüren, mit Pinzette herauszupfen.

➤ Filets immer gut unter kaltem Wasser abspülen, ganze Fische zusätzlich von innen ausspülen. Nach Belieben mit Zitronensaft beträufeln und erst kurz vor dem Zubereiten salzen. Sonst zieht das Salz zu viel Wasser aus dem Fisch.

➤ Ob aus Meer, See oder Fluss an Land gezogen: Fisch will schnell gegart werden, sonst wird er trocken und geschmacklos. Filets also nicht lange auf dem Herd schmoren lassen, sondern besser in einer Pfanne bei starker Hitze von beiden Seiten anbraten (meist reichen wenige Minuten). Vorsichtig mit einem Pfannenwender wenden, Fisch zerfällt leicht.

Auch schonend: Fisch kurz bei schwacher Hitze zugedeckt in Sud oder mit Gemüse dünsten.

Fleisch

Feines Fleisch wie Lende oder Filet nur kurz garen. Steaks sollten gut fingerdick sein, sonst werden sie trocken. Bratfett, Butterschmalz oder Pflanzenöl (keine Butter!) in einer Pfanne erhitzen. Das Fleisch darin von beiden Seiten bei starker Hitze anbraten, bei mittlerer Hitze weiterbraten.

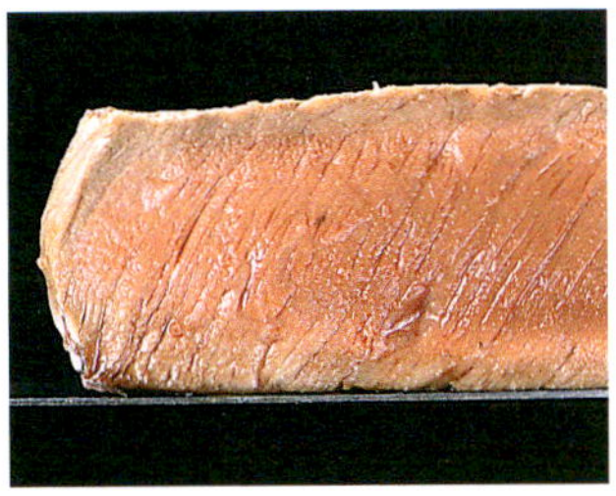

➤ Ein etwa 3,5 cm dickes, knapp 200 g schweres Filetsteak ist nach ca. 2 Min. Bratdauer pro Seite innen noch roh und blutig (rare), nach 4 Min. innen rosa (medium), nach 5 Min. ganz durchgebraten (well done).

➤ Zum langsamen Schmoren – egal ob von Ragout oder großem Braten – kräftiges Muskelfleisch, z. B. aus Nacken, Schulter oder Keule nehmen. Fleisch in heißem Fett bei starker Hitze von allen Seiten anbraten – am besten in einem schweren, dickwandigen Schmortopf mit gut schließendem Deckel.

➤ Für eine knusprige Kruste Fleischwürfel für Gulasch oder Ragoutwürfel nacheinander portionsweise braten. Sonst kühlt das Fett ab und das Fleisch bräunt nicht. Evtl. klein geschnittenes, festes Gemüse (Sellerie, Zwiebel, Möhre, Paprika) kurz mitbraten, dann Hitze herunterschalten, Flüssigkeit angießen und das Fleisch im geschlossenen Topf sanft schmoren lassen. Das kann je nach Fleisch und Rezept 1–3 Std. dauern.

Frittieren

Fleisch-, Fisch-, Kartoffel- oder Gemüsestückchen werden beim Ausbacken in heißem Fett (mind. 3/4 l) besonders knusprig.

➤ Was fürs Braten (siehe dort) wichtig ist, gilt auch fürs Frittieren: Nur hitzebeständiges Fett, etwa Kokosfett, Pflanzen- oder Erdnussöl verwenden, keine kaltgepressten Öle. Wichtig: Das Öl muss sehr heiß sein, sonst saugt sich das Gargut voll Fett. Zur Probe einen hölzernen Kochlöffelstiel oder ein Holzstäbchen ins heiße Öl halten. Wenn sich Bläschen bilden, hat das Fett die richtige Temperatur. Die Lebensmittel trockentupfen, dann nacheinander schwimmend ausbacken, und zwar in kleinen Portionen, sonst kühlt das Fett ab.

➤ Frittierte Knusperstückchen auf einer dicken Lage Küchenpapier abfetten lassen.

➤ Das Frittierfett darf noch ein- bis zweimal verwendet werden. Altes Fett nicht in den Ausguss schütten.

Garnelen (Krustentiere)

Geschälte, gegarte Garnelen einfach abtropfen lassen. Rohe Scampi oder Garnelen – sie heißen auch Hummerkrabben oder Prawns – aus der Schale lösen: Zunächst den Kopf mit einer leichten Drehung aus der Schale ziehen. Dann mit den Fingern die Schale aufbrechen und abpulen.

➤ Falls am Rücken der Tiere ein dunkler Strich zu sehen ist, Garnelen dort einritzen. Den dunklen Darm dann mit der Messerspitze anheben und entfernen. Rohe Garnelen braten, grillen, mitkochen oder für Salat kurz mit Schale blanchieren (siehe dort).

Garziehen

Schonendes Garen unter 100° für Klöße, Gnocchi und alles, was nicht sprudelnd gekocht werden darf.

➤ Zum Garziehen zunächst reichlich Wasser in einem großen Topf aufkochen, Gargut in die siedende Flüssigkeit geben. Dann Hitze zurückschalten. Jetzt darf das Wasser nicht mehr kochen. Falls es aufwallt, etwas kaltes Wasser dazugießen und die Temperatur so senken. Aber nicht zu viel! Denn unter 80° sollte die Temperatur nicht fallen, sonst bleiben die Klöße roh.

Gelatine

Ob Blatt- oder gemahlene Gelatine: Beide müssen 5–10 Min. in kaltem Wasser eingeweicht, dann ausgedrückt und in heißer Flüssigkeit aufgelöst werden.

➤ Für heiß zubereitete Speisen eingeweichte Gelatine einfach in die heiße Masse einrühren.

➤ Für kalte Desserts aufgelöste Gelatine zunächst mit einigen Löffeln Creme oder Saft verrühren. Dann erst die übrige Masse untermischen. Sonst gibt's Klümpchen oder Schlieren.

➤ Um 1/2 l Flüssigkeit zu binden, brauchen Sie 6 Blatt (das sind 10 g) oder 1 Päckchen gemahlene Gelatine.

➤ Bereits zubereitete Gelatine, die schon fest geworden ist, lässt sich durch Erwärmen wieder verflüssigen.

➤ Fruchtsülzen, die Kiwi oder frische Ananas enthalten, werden mit Gelatine nicht fest.

➤ Gelatine verliert mit der Zeit ihre Gelierkraft. Nach dem Mindesthaltbarkeitsdatum nicht mehr verwenden.

➤ Vegetarier nehmen statt Gelatine lieber Agar-Agar, einen Extrakt aus Meeresalgen. In großen Supermärkten gibt es auch ein Flüssiggeliermittel auf pflanzlicher Basis, das Sie kalt verarbeiten können. Es eignet sich aber nicht, um schnittfeste Sülzen oder Desserts herzustellen.

Gemüse

➤ Nur ganz frisches Gemüse kaufen, am besten wenn es in unseren Breitengraden Saison hat. Frische-Kennzeichen bei Blattgemüse: schöne Farbe und knackige Blätter. Frischer Kohl hat feste Blätter. Brokkoli ist fest und dunkelgrün. Möhren, Wurzelgemüse und Fenchel mit fedrigem Grün bevorzugen. Frische Paprikaschoten und Auberginen glänzen mit fester, glatter Haut. Lassen Sie Rosenkohlröschen mit gelben Blättchen im Supermarkt. Zwiebeln und Schalotten müssen ganz fest sein, dürfen nicht keimen. Erntefrische Spargelstangen quietschen, wenn man sie aneinander reibt. Kleine Zucchini schmecken meist aromatischer als große. Bohnen dürfen nicht biegsam sein.

➤ Gemüse nicht auf Vorrat kaufen. Nur Kohl darf lange lagern. Blattgemüse, Möhren und andere Wurzeln sowie Kohlköpfe in Plastiktüten locker verpackt im Gemüsefach des Kühlschranks lagern. Auch Fruchtgemüse wie Paprika, Auberginen oder Tomaten sind dort für kurze Zeit gut aufgehoben.

➤ Möhren, Paprika, Kohlrabi, Staudensellerie, Gurken, Fenchel, Rettich und Radieschen nach dem Putzen, Waschen und Schälen auch mal als Rohkost knabbern; jungen Blattspinat, geraspelte Rote Bete oder fein geschnittenen Weißkohl ungegart als Salat genießen. Auberginen und Bohnen sind roh unverträglich.

➤ Blattgemüse immer in kaltem stehendem Wasser waschen. Gelbe oder verwelkte Blätter entfernen. Andere Gemüsearten unter fließendem Wasser waschen. Weißen Spargel schälen, am besten mit einem Sparschäler. Holzige Stellen entfernen. Grünen Spargel nur etwas kürzen. Er muss nicht geschält werden.

Hackfleisch

Auch in Zeiten moderner Kühlanlagen gilt: Hackfleisch am besten beim Metzger frisch durchdrehen lassen. Nie länger als ein paar Stunden im Kühlschrank lagern. Und immer gut durchbraten. Denn fein zerkleinertes Fleisch bietet Bakterien ideale Lebensbedingungen.

➤ Tiefgekühlt hält Hackfleisch 4 Wochen (am Besten portionsweise einfrieren).

Hefeteig

Hefepilze brauchen Nahrung, Wärme und etwas Zeit, dann lassen sie Kuchen- und Pizzateig schön aufgehen, egal ob man Trockenbackhefe aus dem Tütchen oder Würfel mit Frischhefe verwendet. Wichtig: Alle Backzutaten sollten Zimmertemperatur haben. Trockenhefe einfach damit vermischen. Hefewürfel zunächst in lauwarmer Flüssigkeit (Wasser oder Milch) anrühren. Vorsicht: Ist das Wasser zu heiß, werden die Pilze abgetötet. Hefe und übrige Zutaten zunächst locker vermischen. Dann den Teig kräftig verkneten, bis er schön geschmeidig und glatt ist – am besten einfach mit den Händen oder mit den Knethaken des Handrührgeräts.

➤ Ist der Teig zu fest, wenig lauwarmes Wasser zugeben; klebt er an den Händen, noch etwas Mehl untermischen.

➤ Den fertigen Teig in einer Schüssel – zugedeckt mit einem Küchentuch – gehen lassen, bis er etwa doppelt so groß geworden ist. Das dauert 1/2–1 Std. Teig dann noch einmal durchkneten, formen und – je nach Rezept – weitere 10–20 Min. gehen lassen, dann backen.

➤ Hefepilze vertragen Kälte nicht. Deshalb Teig nicht in zugigen Räumen zubereiten.

➤ Hefewürfel nicht auf Vorrat kaufen, sie verlieren rasch ihre Wirkung. Trockenbackhefe darf dagegen lange lagern. Übrigens: Einen Vorteig, der früher oft gemacht wurde, brauchen nur schwere Kuchen mit vielen Zutaten, z. B. ein üppiger Gugelhupf oder Weihnachtsstollen.

Hollandaise

So gelingt die feine Sauce, die hervorragend zu Spargel, Blumenkohl, Fisch und Meeresfrüchten passt: 250 g Butter schmelzen und aufkochen lassen, Schaum mit einer Kelle abschöpfen. Ein Wasserbad (siehe dort) vorbereiten. 2 Eigelbe und 4 EL Wasser oder Weißwein neben dem Herd in einer Schüssel verrühren. Die Schüssel ins heiße Wasserbad setzen, die Eiermasse mit dem Schneebesen schaumig schlagen. Die flüssige Butter (darf nicht mehr kochen oder sieden!) nach und nach unterrühren. Sauce mit Zitronensaft, Salz und Pfeffer abschmecken.

➤ Wird sie zu dick, etwas lauwarmes Wasser unterrühren. Erste Hilfe, falls die Sauce gerinnt: Schnell einige Tropfen eiskaltes Wasser unterschlagen und so die Temperatur absenken. Wenn das nicht hilft, die ganze Prozedur mit einem Eigelb und etwas Wein neu beginnen und die missglückte Sauce dann vorsichtig unterrühren.

Kartoffelbrei

Für fein-luftiges Püree 1 kg mehlig kochende Kartoffeln schälen, klein schneiden und in wenig Salzwasser sehr weich kochen. Kartoffeln abgießen, wieder in den Topf füllen und mit 1–2 Tassen heißer Milch und 1 EL Butter mit dem Schneebesen oder dem Handrührgerät glatt verquirlen. Brei mit Salz und Muskat würzen.

➤ Wer lieber gröberen Kartoffelbrei mag, zerdrückt die gekochten Kartoffeln mit einem Stampfer (aus dem Küchengeschäft) und rührt etwas Milch und Butter unter.

➤ Kartoffeln nie mit dem Pürierstab oder im Mixer zerkleinern, das Püree wird sonst klebrig.

Kartoffeln

➤ Mehlig kochende Kartoffeln (z. B. Irmgard, Aula, Datura, Monza) haben eine dicke Schale und den höchsten Stärkegehalt. Sie eignen sich gut für Püree, Suppe, Eintopf oder Knödel. Wer selbst Pommes frites machen will, sollte Bintje wählen.

➤ Vorwiegend fest kochende Typen (z. B. Berolina, Christa, Granola, Grata, Jetta, Grandifolia, Carola, Gloria) sind echte Allround-Künstler. Salz- und Pellkartoffeln, Gratins und Folienkartoffeln lassen sich mit ihnen gut zubereiten.

➤ Fest kochende Kartoffeln (z. B. Sieglinde, Linda, Nicola, Selma, Hansa) enthalten am wenigsten Stärke und eignen sich gut für Bratkartoffeln, Rösti, Aufläufe und Salate.

➤ Frühkartoffeln lassen sich nicht lange lagern. Sie sind meist vorwiegend fest kochend und zum Schälen zu schade. Einfach unter dem Wasserstrahl abbürsten und kochen.

➤ Zum Aufbewahren im Keller oder kühlen Vorratsraum mittelfrühe und späte Sorten verwenden. Wenn Keime sprießen oder sich grüne Stellen zeigen, Kartoffeln nicht gleich wegwerfen, sondern »Augen« und Grünes großzügig herausschneiden. Sie enthalten das gesundheitsschädliche Solanin.

Mayonnaise

Selbst gemachte schmeckt um Klassen besser als gekaufte. Das einfachste Rezept: 4 frische Eigelbe mit einer kräftigen Prise Salz, 1 TL Zitronensaft und evtl. etwas Senf kräftig durchschlagen. Dann 1/4 l gutes Pflanzenöl in dünnem Strahl dazufließen lassen, bis die Mischung dick-cremig ist. Wichtig: Damit die Mayonnaise gut gelingt, sollten alle Zutaten Zimmertemperatur haben. Und wegen der Salmonellengefahr müssen die Eier superfrisch sein. Sind sie allerdings erst 1 oder 2 Tage alt, verbinden sich die Zutaten nicht.

Mürbeteig

Besteht immer aus den Grundzutaten Mehl, Butter, Ei in gleichem Grund-Mischverhältnis: 2 Teile Mehl (250 g) auf 1 Teil Butter oder Margarine (125 g), dazu 1 Ei, 1 Prise Salz und 4–5 EL kaltes Wasser. Wer es noch knuspriger haben will, gibt weniger Wasser, dafür noch 1–2 EL Essig dazu. Das mit Salz gemischte Mehl auf eine Arbeitsfläche geben, das Ei in eine Mulde ins Mehl und die Butter in kleinen Flöckchen darum verteilen. Alle Zutaten mit einem Messer zusammenhacken. Wasser zugeben und schnell mit der Hand verkneten.

➤ Nicht zu lange kneten, sonst wird das Fett zu weich und der Teig verliert seine Konsistenz. Teig anschließend für mind. 1/2 Std. in den Kühlschrank stellen.

➤ Bei sehr flüssigen Füllungen dann vorbacken. Dazu den Teig in eine gefettete Spring- oder Tarte-Form drücken, ein Pergamentpapier auf den Teig und darauf Bohnen oder andere trockene Hülsenfrüchte legen. Den so beschwerten Teig 15 Min. »blindbacken«. So bleibt der Boden in Form und der Rand rutscht nicht herunter.

➤ Eine andere, einfachere Möglichkeit: Nur den Boden belegen, mehrmals mit der Gabel einstechen, backen, abkühlen lassen und dann den Rand nachformen und am Boden festdrücken.

Muscheln (Schalentiere)

Ob Venus-, Herz- oder Miesmuscheln: Für zwei Personen brauchen Sie ca. 1 kg. Muscheln unter fließendem kaltem Wasser waschen, dabei kräftig abbürsten. Muscheln mit ca. 1/2 l kochendem Wein oder Wasser bei starker Hitze 5–8 Min. garen, bis sich die Muscheln geöffnet haben, dann in ein Sieb abgießen.

➤ Muscheln, die beim Kochen geschlossen bleiben, unbedingt wegwerfen. Wenn Sie den Sud verwenden wollen, Flüssigkeit beim Abgießen auffangen, dann durch eine Filtertüte schütten. Sud nach Belieben mit Knoblauch, Chili, Salz oder Kräutern aromatisieren und etwas einkochen lassen.

➤ Jakobsmuscheln am besten frisch ausgelöst mit Schale kaufen. Sie haben von November bis März Saison. Das Fleisch tiefgefrorener Muscheln wird beim Garen leicht faserig. Falls noch vorhanden, die schwarzen Innereien und den Bart entfernen.

➤ Das frische weiße Muskelfleisch und den orangefarbenen bis roten Rogen (Corail) vor dem Zubereiten unter fließend kaltem Wasser waschen, trockentupfen und evtl. in Scheiben schneiden. Fleisch und Corail dann braten, dämpfen, überbacken, grillen oder frittieren und in der Schale servieren.

Panieren

So gelingt die knusprige Hülle für Schnitzel & Co.: Drei tiefe Teller bereitstellen, in den ersten Mehl schütten, im zweiten ein Ei mit wenig Wasser verquirlen, in den dritten Semmelbrösel (Paniermehl) geben. Nun dünn geschnittenes Fleisch oder Fischfilet im Mehl wenden, durch das Ei ziehen, anschließend in die Semmelbrösel legen. Panade leicht andrücken. Wichtig: Schnitzel nicht lange stehen lassen, sondern gleich bei mittlerer Temperatur braten. Semmelbrösel auf Haltbarkeit überprüfen: Sind sie zu alt, schmeckt die Panade muffig.

Pochieren

Supersanftes Garziehen in heißer Flüssigkeit. Für pochierte Eier: Salzwasser mit einem Schuss Essig aufkochen, Topf vom Herd nehmen. Ei in einer Tasse aufschlagen und in das nicht mehr kochende Wasser gleiten lassen. Bei ganz schwacher Hitze in 4–5 Min gar ziehen, dann mit einer Schaumkelle herausnehmen. Um Fisch zu pochieren: In einem großen Topf reichlich Wasser oder Gemüsesud aufkochen. Topf vom Herd ziehen und Fisch mit der Schaumkelle in die heiße Flüssigkeit geben. Je nach Rezept den Fisch dann neben dem Herd oder bei ganz schwacher Temperatur gar ziehen lassen.

Polenta

Blubbernde Polenta kann die ganze Küche verspritzen. Damit das nicht passiert, Maisgrießbrei immer in einem möglichst hohen Topf zubereiten. Flüssigkeit darin aufkochen, Maisgrieß einrieseln lassen und nach und nach unterrühren. Dann Temperatur herunterschalten und Polenta bei ganz schwacher Hitze quellen lassen, dabei immer mal wieder rühren. Falls die Herdplatte noch zu heiß ist, Topf lieber zugedeckt für einige Minuten neben den Herd stellen.

➤ Vorsichtige verwenden Instant-Polenta, die schneller fertig ist.

Reis

Langkornreis aus dem Supermarkt eignet sich für Reispfannen und als Beilage, weil er locker und körnig ist und nach dem Garen noch Biss hat. Nach Packungsanleitung mit der zwei- bis dreifachen Menge Flüssigkeit garen.

➤ Geschälter »parboiled« Reis braucht etwa 20 Min., ungeschälter Naturreis bis zu 45 Min. Garzeit.

➤ Basmatireis ist der feinste und teuerste unter den Langkorn-Sorten: 250 g Reis in einem Sieb waschen, bis das Wasser klar abläuft, dann in einer Schüssel mit Wasser bedecken und 30 Min. einweichen lassen. Abgießen, mit 1/2 l frischem Wasser aufkochen, dann bei ganz schwacher Hitze zugedeckt 15 Min. garen, bis der Reis das Wasser vollständig aufgesogen hat.

➤ Risotto gelingt mit Rundkornreis (am besten Arborio oder Vialone) perfekt: 1 l Brühe erhitzen, klein gewürfelte Zwiebel in 2 EL Butter andünsten, 350 g Reis dazurühren und glasig dünsten – bei sanfter Hitze. Nun eine Schöpfkelle Brühe zum Reis gießen, aufkochen und verdampfen lassen. Nach und nach restliche Brühe unterrühren und jeweils verdampfen lassen. Es dauert etwa 20 Min, bis die Reiskörner gar sind, aber noch Biss haben. Risotto mit frisch geriebenem Parmesan und Butter abrunden.

Rührei

Nur ganz frische Eier, am besten aus Freilandhaltung, mit einem Schuss Milch, Salz und Pfeffer verquirlen, am besten mit einem Schneebesen. 1–2 EL Butter in einer Pfanne schmelzen.

➤ Damit das Rührei schön locker wird, darf die Pfanne nicht zu heiß, aber auch nicht lauwarm sein. Die Eiermasse hineingießen, mit einem Löffel oder Pfannenwender verrühren und stocken lassen, bis sie weich und großflockig, aber nicht trocken ist.

Saucen binden

Mehlbutter hilft, wenn die Sauce zu flüssig ist: 1 EL weiche Butter mit 1 EL Mehl verkneten, in die heiße Sauce quirlen und einmal aufkochen lassen. Kalorienärmer bindet man mit Stärkemehl: 1–2 TL Stärkemehl in etwas kalter Flüssigkeit, z. B. Wasser oder Wein, ohne Klümpchen anrühren. Mischung in die Sauce gießen und alles unter Rühren aufkochen lassen. Besonders samtig schmeckt »legierte« Sauce. Dazu Eigelb mit etwas Sahne verrühren, einige TL heiße Sauce dazurühren. Diese Mischung dann in die übrige Sauce rühren. Vorsicht: Die Sauce darf nun nicht mehr kochen, sonst gerinnt sie. »Montieren« macht Saucen cremig und gehaltvoll. Dazu die Sauce nach und nach mit Butterflöckchen aufschlagen.

Spätzle

Spätzleteig aus Mehl und Eiern herstellen. Sollen die Spätzle vom Brett geschabt werden, muss der Teig in dicken Tropfen vom Löffel fallen. Sollen sie mit dem Hobel zubereitet werden, darf der Teig flüssiger sein (dann etwas mehr Wasser unterrühren). In jedem Fall reichlich Salzwasser mit 1 EL Öl aufkochen.

➤ Um Spätzle zu schaben, braucht man ein Holz- oder Spätzlebrett und ein langes Messer. Brett abspülen, Teig dünn draufstreichen, dann mit dem Messer dünne Streifen in das kochende Wasser schaben.

➤ Spätzlehobel kalt abspülen. Teig über einer Schüssel in den rechteckigen Behälter füllen. Dann den Hobel auf den Topf legen und durch Hin- und Herschieben des Behälters die Spätzle ins kochende Wasser hobeln.

➤ Fertige Spätzle (schwimmen an der Wasseroberfläche) mit einem Schaumlöffel herausnehmen, abtropfen lassen und warm stellen.

Speiseeis

Fruchteis lässt sich leicht selber machen: einfach Saft mit etwas Zuckersirup verrühren, in Eisbehälter oder Plastikförmchen füllen und tiefkühlen.

➤ Cremeeis und Parfait müssen zunächst meist im Wasserbad (siehe dort) zubereitet werden. Wichtig: Nur ganz frische Eier verwenden.

➤ Je mehr Fett das Eis enthält, desto cremiger wird es.

➤ Wer keine Eismaschine besitzt, füllt Eismasse in eine Schale und stellt sie ins Gefrierfach. Mind. 4 Std. gefrieren lassen, dabei jede Stunde durchrühren. Je häufiger man rührt, desto kleinere Eiskristalle entstehen.

Tintenfisch

Tintenfische am besten küchenfertig kaufen. Neben Sepia gibt es noch Kalmar und Oktopus. Bei allen sind der schlauchartige Körper sowie die mit Saugnäpfen besetzten Arme genießbar. Kleine Tiere haben meist zarteres Fleisch. Alle Tintenfische vor der Zubereitung gründlich waschen. Tiere nach harten Stellen abtasten und diese herausschneiden. Kleine Tiere kurz garen.

➤ Garprobe: Lässt sich das Tintenfischfleisch mit einer Gabel leicht einstechen, ist es weich genug.

Wasserbad

Cremes und Saucen mit frischen Eiern, Butter oder Sahne können bei allzu großer Hitze leicht gerinnen oder anbrennen. Sie müssen deshalb im Wasserbad gegart werden. Dafür braucht man einen Topf und eine dazu passende Edelstahlschüssel, am besten eine mit halbrundem Boden. Den Topf zur Hälfte mit Wasser füllen und dieses zum Sieden bringen. Währenddessen Eier oder andere Zutaten zunächst neben dem Herd in der Edelstahlschüssel verrühren. Dann die Schüssel ins heiße Wasserbad setzen. Die Masse nun erhitzen und dabei – je nach Rezept auch mit weiteren Zutaten – dick-cremig schlagen.

➤ Wer häufig Sabayon und andere Saucen aus dem Wasserbad genießen möchte, kauft im Küchengeschäft eine »Bain-Marie«, einen Simmertopf mit integriertem Wasserbad; eignet sich auch gut zum Warmhalten von Speisen.

Wokken

Fürs Pfannenrühren bei großer Hitze Erdnuss- oder Pflanzenöl verwenden.

➤ Zuerst den Wok, dann das Öl erhitzen. Vor dem Braten alle Zutaten vorbereiten: Fleisch in Streifen, Gemüse in feine Scheiben, Würfel oder ebenfalls Streifen schneiden. Langsam garendes Gemüse wie Bohnen, Blumenkohl- oder Brokkoliröschen vorher blanchieren (siehe dort). Ingwer und Knoblauch hacken, Kräuter waschen und klein schneiden. Auch Saucenzutaten (Soja-, Fisch- oder Austernsauce, Reisessig, Brühe, Kokosmilch o. Ä.) abgemessen bereitstellen.

➤ Zunächst Fleisch oder Fisch anbraten und evtl. an den Rand schieben oder aus dem Wok nehmen. Dann Ingwer, Knoblauch und Frühlingszwiebeln in den Wok rühren. Es folgen feste Gemüsesorten wie Fenchel, Paprika oder Möhre, anschließend zartere wie Zucchini, zum Schluss Blattgemüse.

➤ Zwischendurch den Wok ruhig mal rütteln.

Garzeiten Für Fisch und Fleisch

Garmethode	Temperatur	Zeit
Garzeiten für Fisch und Meeresfrüchte		
Pochieren (in Sud gar ziehen lassen)/Dämpfen		
Fischfilet, Röllchen	schwache Hitze	3–5 Min.
Portionsfische, je 300 g	schwache Hitze	10 Min.
Großer Fisch, 1 kg	schwache Hitze	30 Min.
Schmoren/Dünsten		
Fischwürfel, etwa 3 cm groß	schwache Hitze	2–3 Min.
Fischfilet, 200 g, 1 cm dick (z. B. Scholle)	schwache/mittlere Hitze	1–2 Min.
Fischfilet, 300 g, 3 cm dick (z. B. Lachs)	schwache/mittlere Hitze	10 Min.
Portionsfische, je 300 g	schwache/mittlere Hitze	10 Min.
Großer Fisch, 1 kg	schwache/mittlere Hitze	20–25 Min.
Muscheln	starke Hitze	5–7 Min.
Garnelen, 3–7 cm lang	schwache Hitze	2–3 Min.
Braten in der Pfanne		
Fischfilet natur, 200 g, 2–3 cm dick	mittlere Hitze	2–3 Min. pro Seite
Fischfilet paniert, 2 cm dick	mittlere Hitze	3–4 Min. pro Seite
Portionsfische, je 300 g	mittlere Hitze	4–5 Min. pro Seite
Garnelen, 3–7 cm lang	mittlere Hitze	1–1 1/2 Min. pro Seite
Frittieren		
Tintenfische (Ringe)	starke Hitze	1–2 Min.
Garnelen, 3–7 cm lang	starke Hitze	1 Min.
Pfannenrühren		
Fischwürfel, -streifen, 3 cm dick/1 cm breit	starke Hitze	1–2 Min.
Garnelen	starke Hitze	1 1/2 Min.
Garen im Backofen		
Fischfilets, 2–3 cm dick, 200 g	225°	7–8 Min.
Portionsfische, je 300 g	225°	8–10 Min.
Großer Fisch, 1 kg	225°	20 Min.
Garzeiten für Fleisch		
Braten in der Pfanne		
Hähnchenschenkel, 150–200 g	mittlere Hitze	10–15 Min. pro Seite
Hähnchenbrustfilet/Putenschnitzel, 150 g	mittlere Hitze	4–5 Min. pro Seite
Entenbrust, 400 g	schwache–mittlere Hitze	10–11 Min. pro Seite
Entenbrustfilet, 300 g	starke Hitze mittlere Hitze dann 180° Backofen	3–4 Min. (Hautseite) 2–3 Min. (Fleischseite) 10 Min. garen (Hautseite oben)
Reh- oder Hirschfilet, 250 g	starke Hitze	5 1/2–6 Min. pro Seite
Reh- oder Hirschmedaillons, 2 cm dick	starke Hitze	2 1/2–3 Min. pro Seite
Rindersteak, 200g, raw, très saignant = innen noch roh, außen dünne braune Kruste	starke Hitze	1–2 Min. pro Seite
very rare, saignant = im Kern noch blutig, außen herum noch rosa, braune Kruste	starke Hitze	2–3 Min. pro Seite
medium, à point = innen rosa	mittlere Hitze	4–5 Min. pro Seite
well done, bien cuit = völlig durchgebraten	mittlere Hitze	5–6 Min. pro Seite

Garmethode	Temperatur	Zeit
Kurzbraten/Grillen	nach 1,5 Min. starken Anbratens	
Schnitzel unpaniert, 1 cm dick	starke Hitze	dann 1 Min. pro Seite
Schnitzel paniert, 1/2 cm dick	mittlere Hitze	dann 1 1/2–2 Min. pro Seite
Kotelett, 1,5 cm dick	mittlere Hitze	dann 1 1/2–2 Min. pro Seite
Frikadellen	mittlere Hitze	dann 5–7 Min. pro Seite
Kurzbraten/Grillen	mit unterschiedlichen Anbratzeiten	
Porterhouse-Steak, 750 g, 3–3,5 cm dick	bei starker Hitze anbraten, dann bei mittlerer Hitze	2 1/2 Min. pro Seite 6–7 Min. pro Seite
Leber 100-150 g	bei starker Hitze anbraten, dann bei schwacher Hitze	1/2 Min. pro Seite 1–2 Min. pro Seite
Grillen		
Hähnchen, 750–1200 g	Grillstufe	45–55 Min.
Hähnchenhälfte, etwa 600 g	Grillstufe	25–30 Min.
Hähnchenschenkel, 150–200 g	Grillstufe	etwa 20 Min.
Schmoren	nach Anbraten	
Rindfleisch, 1 kg	schwache Hitze	2–3 Std.
Kalb-, Lamm- oder Schweinefleisch, 1 kg	schwache Hitze	1 1/2 Std.
Rinderschmorbraten, 1–1,2 kg	schwache Hitze	2 Std.
Rinderschmorbraten, 2–2,5 kg	schwache Hitze	3 Std.
Schweineschmorbraten, 1–1,2 kg	schwache Hitze	1–1 1/2 Std.
Schweineschmorbraten, 2–2,5 kg	schwache Hitze	2 Std.
Rindergulasch, -ragout, -rouladen	schwache Hitze	1 1/2 Std.
Schweinegulasch, -ragout, -rouladen	schwache Hitze	30–35 Min.
Kalbsgulasch, -rouladen	schwache Hitze	1 1/2 Std.
Lammhaxe, 1 kg	schwache Hitze	1 1/2 Std.
Hähnchen von 1600 g, zerlegt	schwache/mittlere Hitze	50–60 Min.
Kaninchen von 1400 g, zerlegt	schwache/mittlere Hitze	40–50 Min.
Braten im Ofen		
Roastbeef/Rinderlende, 1 kg (pro 500 g mehr, jeweils 15 Min. länger)	zuerst 250° dann 200°	15 Min. 15–20 Min.
Schweine-/Rollbraten 1 kg (z. B. Halsgrat)	zuerst 220° dann 180°	15 Min. 1 1/2–2 Std.
2 kg	zuerst 250° dann 200°	10 Min. 2 Std.
Schweinshaxe, 1 kg	zuerst 250° dann 220°	15 Min. 1 1/2 Std.
Kalbshaxe, 1,5 kg	220°	1 1/2 Std.
Gefüllte Kalbsbrust	220°	1 1/2 Std.
Lammkeule, -rücken, 1,2 kg	180°	2 Std.
Hackbraten, 1 kg	200°	1 1/2 Std.
Hähnchen, 750–1200 g	220°	45–60 Min.
Poularde, 1200–1800 g	220°	60–75 Min.
Ente, etwa 2,5 kg	220°	80–100 Min.
Gans, etwa 3,5 kg	220°	150–160 Min.
Rehrücken, etwa 2 kg	200°	etwa 45 Min.
Pochieren		
Suppenhuhn, etwa 1500 g	schwache Hitze	etwa 90 Min.

Rezeptregister

Zum Gebrauch

Damit Sie Rezepte mit bestimmten Zutaten noch schneller finden können, stehen in diesem Register zusätzlich beliebte und häufig verwendete Zutaten wie z. B. Äpfel oder Garnelen – ebenfalls alphabetisch geordnet und **halbfett** gedruckt – über den entsprechenden Rezepten.

Rezeptregister

Hinweis:
Die Temperaturstufen bei Gasherden variieren von Hersteller zu Hersteller. Welche Stufe Ihres Herdes der jeweils angegebenen Temperatur entspricht, entnehmen Sie bitte der Gebrauchsanweisung.

Abkürzungen:
TL=Teelöffel
EL=Esslöffel
Msp.=Msp.
kcal=Kilokalorien

KOCHVERGNÜGEN

… für noch mehr Spaß und Ideen am Herd

ISBN 3-7742-5464-8
128 Seiten | € 9,90 [D]

ISBN 3-7742-5463-X
128 Seiten | € 9,90 [D]

ISBN 3-7742-2013-1
128 Seiten | € 9,90 [D]

ISBN 3-7742-4915-6
96 Seiten | € 6,50 [D]

ISBN 3-7742-3258-X
96 Seiten | € 6,50 [D]

ISBN 3-7742-2018-2
96 Seiten | € 6,50 [D]

ISBN 3-7742-2719-5
96 Seiten | € 6,50 [D]

Appetit bekommen? Hier die Bücher für alle, die noch mehr genießen, wissen und experimentieren möchten – einfach clever!

GU

Gutgemacht. Gutgelaunt.

Impressum

Die Autoren

Susanne Bodensteiner studierte Literatur, Zeitungs- und Theaterwissenschaft und fand durch die Mitarbeit an einem Gourmet-Magazin Geschmack an kulinarischen Themen. Sie war lange bei einer großen Publikumszeitschrift tätig und arbeitet seit über 10 Jahren als Autorin und Lektorin. So konnte sie bei den »Tipps und Tricks« in diesem Buch aus einem großen Wissensschatz schöpfen und vieles aus ihrer eigenen Erfahrung als begeisterte Köchin beitragen.

Tanja Dusy machte ihr Hobby zum Beruf. Nach abgeschlossenem Germanistikstudium und mehrjähriger Tätigkeit als Fernsehredakteurin wagte sie den endgültigen Sprung in den Food-Bereich. Als Kochbuchredakteurin im Gräfe und Unzer Verlag entwickelte sie das Konzept für »Das Kochbuch«, erweiterte ihren kulinarischen Horizont beim Schreiben der Einführungstexte und nutzte die Rezeptentwicklung als kreative Denkpause am Herd.

Volker Eggers entdeckte früh seinen Hang zu gutem Essen: Die Eltern führten einen Gasthof in Schleswig-Holstein und nichts machte ihm mehr Spaß, als seiner Mutter beim Kochen zuzusehen und mitzuhelfen. Nach seiner Kochlehre studierte er Ernährungswissenschaften und war anschließend 10 Jahre Food-Redakteur in einem großen Hamburger Verlag, bevor er sich selbstständig machte. Heute arbeitet er frei für Buchverlage, Zeitschriften und Firmen. Er bevorzugt eine klassische, bodenständige Küche mit einem Hauch Raffinesse.

Christina Kempe war nach dem Studium der Ernährung und Hauswirtschaft in zahlreichen namhaften Verlagen, Fotostudios und einer Food-PR-Agentur tätig. Seit einigen Jahren arbeitet sie in ihrem Münchner Büro als freie Autorin, Beraterin und Redakteurin für renommierte Buch- und Zeitschriftenverlage sowie für Industriekunden. Als Food-Stylistin zeigt sie, was außerdem an Kreativität in ihr steckt. Inzwischen sind mehrere Bücher von ihr erschienen.

Martina Kittler machte nach dem Studium der Ernährungs- und Sportwissenschaften in Gießen ihre Leidenschaft Kochen zum Beruf. Fast acht Jahre lang war sie in der Redaktion der größten deutschen Kochzeitschrift tätig. Inzwischen ist sie Mutter von zwei Kindern und arbeitet als freie Food-Journalistin in München. Ihre Schwerpunkte: moderne und gesunde Ernährung sowie schnelle und unkomplizierte Rezepte für jeden Tag.

Christiane Kührt liebt schnelle, unkomplizierte Rezepte mit Pep. Und weil sie gerne reist, lässt sie sich immer wieder von den Küchen anderer Länder und Regionen inspirieren. Nach ihrem Studium wurde sie Redakteurin im Kochressort einer großen Frauenzeitschrift und machte damit ihre Liebe zu Genuss und Gastlichkeit zum Beruf. Seit der Geburt ihrer beiden Kinder arbeitet sie als freie Journalistin und Kochbuchautorin in der Nähe von München.

Kay-Henner Menge ist studierter Ernährungswissenschaftler. Nach dem Studium zog er das Kochen der trockenen Analyse vor und begann als Rezeptentwickler und Food-Stylist im Ressort »Haushalt und Küche« des Frauenmagazins BRIGITTE. Heute arbeitet er in der Versuchsküche einer großen deutschen Food-Zeitschrift. Daneben schreibt er Kochbücher zu verschiedenen Themen.

Der Fotograf

Dirk Albrecht ist ein renommierter Werbe- und Industriefotograf, der sich vor allem während seines achtmonatigen Aufenthalts in Paris auf den Bereich der Food-Fotografie und Kochbuchproduktionen spezialisierte. In seinem Studio sind Arbeiten entstanden, die bei zahlreichen namhaften Redaktionen, Verlagen und Werbeagenturen publiziert wurden.

Pierre Wulff arbeitete nach seiner Ausbildung zum Koch in großen deutschen Restaurants als Koch, Küchenchef und Küchen-Direktor. Seit 1998 ist er als Food-Stylist für namhafte internationale Kunden sowie für diverse Kochbuchverlage tätig.

Bildnachweis: Michael Wissing, Waldkirch: Titelfoto, S. 5 unten
Michael Boyny, München: S. 4
Peter Nielsen, Freiburg: S. 5 oben, S. 220/221
Oliver Schwarzwald, Hamburg: S. 112/113
Teubner Foodfoto: S. 25 Mitte, S. 53 Mitte, S. 73 Mitte, S. 107 Mitte, S. 145 Mitte, S. 165 Mitte, S. 199 Mitte, S. 222–227
Alle anderen: Dirk Albrecht, Meinerzhagen

Das Original mit Garantie

Ihre Meinung ist uns wichtig. Deshalb möchten wir Ihre Kritik, gerne aber auch Ihr Lob erfahren. Um als führender Ratgeberverlag für Sie noch besser zu werden.
Darum: Schreiben Sie uns!
leserservice@graefe-und-unzer.de
Wir freuen uns auf Ihre Post und wünschen Ihnen viel Spaß mit Ihrem GU-Ratgeber.

Unsere Garantie: Sollte ein GU-Ratgeber einmal einen Fehler enthalten, schicken Sie uns das Buch mit einem kleinen Hinweis und der Quittung innerhalb von sechs Monaten nach dem Kauf zurück. Wir tauschen Ihnen den GU-Ratgeber gegen einen anderen zum gleichen oder ähnlichen Thema um.

Ihr Gräfe und Unzer Verlag
Redaktion Kochen
Postfach 86 03 25
81630 München
Fax: 0 89/4 19 81 - 113

Redaktionsleitung: Birgit Rademacker
Redaktion, Konzeption und Text: Tanja Dusy
Lektorat: Anne Löhr-Gößling
Korrektorat: Waltraud Schmidt
Herstellung: Markus Plötz
Layout, Typografie
und Umschlaggestaltung: Thomas Jankovic, engels verlagsbüro in München
Satz: Johannes Kojer, München
Reproduktion: Repro Schmidt, Dornbirn
Druck: Appl, Wemding
Bindung: Buchbinderei Monheim

ISBN 3-7742-5467-2

Auflage	4.	3.	2.	1.
Jahr	2005	04	03	02

GRÄFE UND UNZER
Ein Unternehmen der
GANSKE VERLAGSGRUPPE